A CAÇADA

A CAÇADA

COMO DERRUBAMOS PABLO ESCOBAR

STEVE MURPHY
E JAVIER F. PEÑA

ALTA CULT
EDITORA

Rio de Janeiro, 2021

A Caçada: Como derrubamos Pablo Escobar
Copyright © 2021 da Starlin Alta Editora e Consultoria Eireli.
ISBN: 978-85-5081-567-1

Translated from original Manhunters. Copyright © 2019 by Stephen E. Murphy and Javier F. Peña. ISBN 9781250202888. This translation is published and sold by permission of St. Martin's Press, an imprint of St. Martin's Publishing Group, the owner of all rights to publish and sell the same. PORTUGUESE language edition published by Starlin Alta Editora e Consultoria Eireli, Copyright © 2021 by Starlin Alta Editora e Consultoria Eireli.

Todos os direitos estão reservados e protegidos por Lei. Nenhuma parte deste livro, sem autorização prévia por escrito da editora, poderá ser reproduzida ou transmitida. A violação dos Direitos Autorais é crime estabelecido na Lei nº 9.610/98 e com punição de acordo com o artigo 184 do Código Penal.

A editora não se responsabiliza pelo conteúdo da obra, formulada exclusivamente pelo(s) autor(es).

Marcas Registradas: Todos os termos mencionados e reconhecidos como Marca Registrada e/ou Comercial são de responsabilidade de seus proprietários. A editora informa não estar associada a nenhum produto e/ou fornecedor apresentado no livro.

Impresso no Brasil — 1ª Edição, 2021 — Edição revisada conforme o Acordo Ortográfico da Língua Portuguesa de 2009.

Erratas e arquivos de apoio: No site da editora relatamos, com a devida correção, qualquer erro encontrado em nossos livros, bem como disponibilizamos arquivos de apoio se aplicáveis à obra em questão.

Acesse o site **www.altabooks.com.br** e procure pelo título do livro desejado para ter acesso às erratas, aos arquivos de apoio e/ou a outros conteúdos aplicáveis à obra.

Suporte Técnico: A obra é comercializada na forma em que está, sem direito a suporte técnico ou orientação pessoal/exclusiva ao leitor.

A editora não se responsabiliza pela manutenção, atualização e idioma dos sites referidos pelos autores nesta obra.

Dados Internacionais de Catalogação na Publicação (CIP) de acordo com ISBD

M978c	Murphy, Steve
	A Caçada: Como derrubamos Pablo Escobar / Steve Murphy, Javier F. Peña ; traduzido por Cibelle Ravaglia. - Rio de Janeiro, RJ : Alta Books, 2021.
	352 p. ; 16cm x 23cm.
	Tradução de: Manhunters
	ISBN: 978-85-5081-567-1
	1. Biografia. I. Peña, Javier F. II. Ravaglia, Cibelle. III. Título.
	CDD 920
	CDU 929
2021-2716	

Elaborado por Vagner Rodolfo da Silva - CRB-8/9410

Rua Viúva Cláudio, 291 — Bairro Industrial do Jacaré
CEP: 20.970-031 — Rio de Janeiro (RJ)
Tels.: (21) 3278-8069 / 3278-8419
www.altabooks.com.br — altabooks@altabooks.com.br

Produção Editorial
Editora Alta Books

Gerência Comercial
Daniele Fonseca

Editor de Aquisição
José Rugeri
acquisition@altabooks.com.br

Produtores Editoriais
Illysabelle Trajano
Larissa Lima
Maria de Lourdes Borges
Paulo Gomes
Thiê Alves
Thales Silva

Equipe Ass. Editorial
Brenda Rodrigues
Caroline David
Luana Goulart
Marcelli Ferreira
Mariana Portugal
Raquel Porto

Diretor Editorial
Anderson Vieira

Coordenação Financeira
Solange Souza

Equipe Comercial
Adriana Baricelli
Daiana Costa
Kaique Luiz
Tairone Oliveira
Victor Hugo Morais

Marketing Editorial
Livia Carvalho
Gabriela Carvalho
Thiago Brito
marketing@altabooks.com.br

Atuaram na edição desta obra:

Tradução
Cibelle Ravaglia

Copidesque
Wendy Campos

Capa
Larissa Lima

Revisão Gramatical
Hellen Suzuki
Thaís Pol

Diagramação
Joyce Matos

Ouvidoria: ouvidoria@altabooks.com.br

Editora afiliada à:

"Bem-aventurados os pacificadores, porque serão chamados filhos de Deus."

— Mateus 5:9

Para Connie, por seu amor e apoio infinitos.

—Steve Murphy

Para os verdadeiros heróis: a Polícia Nacional da Colômbia e nossos colegas agentes da DEA. E em memória de todas as pessoas inocentes mortas por Pablo Escobar.

—Javier F. Peña

AGRADECIMENTOS

Existe um velho ditado: "Escolha um trabalho que você ama e nunca terá que trabalhar um dia sequer na vida."

Eu e Javier fomos abençoados por escolher esse emprego, trabalhar como agentes especiais da DEA (Agência Norte-Americana de Combate às Drogas).

Gostaríamos de agradecer à DEA por nos fornecer os meios e a retaguarda na caçada a Pablo Escobar. Em particular, ao nosso chefe Joe Toft, que se destaca por sua liderança e coragem obstinadas.

Enquanto Javier e eu éramos "agentes na linha de frente" em Medellín, testemunhamos o sacrifício diário de homens e mulheres da DEA durante a operação de Escobar, que nunca receberam o devido reconhecimento. Todos os colegas agentes, analistas, investigadores e equipe de apoio estavam comprometidos, e cada pessoa desempenhou um papel especial direta e indiretamente, a fim de nos ajudar a alcançar um desfecho satisfatório para esse caso.

A Polícia Nacional da Colômbia merece reconhecimento especial e a maior parte do crédito da busca por Escobar. Javier e eu tivemos a honra de ser convidados a participar da investigação liderada por eles. Milhares de oficiais da PNC foram mortos ou feridos na perseguição ao primeiro narcoterrorista do mundo, mas isso nunca abalou a convicção da PNC de lutar contra as forças do mal. Sua liderança triunfou, porque eles tiveram a coragem de impedir que seu país chegasse ao fundo do poço.

Nossas famílias também merecem nossos mais profundos agradecimentos. Minha esposa, Connie, desistiu reiteradamente de sua carreira como enfermeira para me acompanhar em minhas novas atribuições e missões. Passou noites a fio sozinha enquanto eu estava viajando, sem saber se eu estava seguro, ferido ou morto. Só um tipo muito especial de pessoa consegue conviver com esse nível de estresse. Connie manteve minha mente focada na missão e meus pés no chão.

Ser um agente da DEA não é apenas um trabalho, é um estilo de vida. As exigências desse estilo de vida fizeram com que Javier e eu perdêssemos muitos eventos em família. No meu caso, significou perder festas escolares importantes e datas especiais com meus filhos. Agradecemos a todos os nossos familiares pela paciência e compreensão durante nossas intermináveis ausências.

Quando aceitamos participar do projeto deste livro, não sabíamos nada sobre o mundo editorial e da escrita, mas felizmente fomos apresentados a um grupo de profissionais que tinham o conhecimento e a expertise necessários para fazer com que *A Caçada* se tornasse realidade; essas pessoas agora são nossas amigas. Agradecemos sinceramente à nossa escritora, Isabel Vincent, que pegou histórias tresloucadas e fragmentadas e as transformou em uma obra de arte; a Luke Janklow, nosso agente literário, e Claire Dippel, da Janklow & Nesbit, que dedicaram seu tempo a nos ajudar durante todo este processo e ainda o fazem hoje; e ao criador e produtor executivo de *Narcos*, Eric Newman, que se interessou pela nossa história e nos apresentou seu amigo de longa data, Luke Janklow. Agradecemos também a Marc Resnick, Hannah O'Grady, Michelle Cashman e a toda a equipe da St. Martin's Press, que decidiu se arriscar com dois caras velhos para revelar a verdade e colocar as coisas em pratos limpos. Obrigado a todos pelo apoio e discernimento!!!

Por último, queremos agradecer a Deus pela sua proteção e condução divinas. Quando as pessoas nos perguntam como sobrevivemos, pensamos em muitas razões diferentes, mas sempre atribuímos primeiramente a Deus o louvor e a glória por nos manter vivos nas circunstâncias mais adversas que já vivenciamos. Acreditamos que Deus tem um plano para cada pessoa e, para nós, seu plano incluía não sermos mortos no decurso do que costumava ser uma busca lancinante e mortal pelo criminoso mais impiedoso do mundo.

INTRODUÇÃO

JAVIER

Eu sabia que alguma coisa estava muito errada quando atendi o telefone em meu novo apartamento, em Bogotá.

"Javier?"

Reconheci a voz do supervisor do meu grupo, Bruce Stock, do outro lado da linha, mas senti um leve nervosismo, uma pitada de hesitação na forma como pronunciou meu nome.

Bruce tinha um pouco mais de 50 anos e trabalhou como agente na Agência Norte-Americana de Combate às Drogas ao redor do mundo durante boa parte de sua carreira. Ele era um homem grande, tinha cerca de 1,95m de altura, e uma das pessoas mais amáveis que já conheci — um gigante gentil. E também era inabalável. Tinha que ser; liderava uma das missões mais perigosas da história da DEA. A prioridade de Bruce era capturar

Pablo Escobar, o bilionário chefe do Cartel de Medellín, responsável pelos incontáveis atentados com carros-bomba por toda a Colômbia, sem mencionar o tráfico de toneladas de cocaína para a América do Norte e a Europa. Escobar e seus *sicarios* atrozes — a maioria deles assassinos adolescentes provenientes das favelas que circundavam a cidade de Medellín — matavam qualquer um que atravessasse seu caminho. Já haviam assassinado a tiros o ministro da Justiça da Colômbia, massacraram grande parte dos juízes do Supremo Tribunal do país e mataram um proeminente editor de jornal que se atreveu a denunciar o poder do cartel. Todos esses magnicídios ocorreram antes de minha chegada a Colômbia, mas ainda dava para sentir o desassossego em todos os lugares. Havia tanques de guerra no aeroporto, e soldados de aparência ameaçadora e armados com metralhadoras nas ruas.

No início de 1989, quando Bruce me ligou em casa, eu já estava na Colômbia há oito meses e, como todo mundo na sede da DEA na embaixada dos EUA, eu estava totalmente obcecado por minha nova atribuição — pegar Pablo Escobar. Era meu dever ajudar a capturá-lo e colocá-lo em um avião para os Estados Unidos, onde seria julgado por todos os seus crimes. Foi a ameaça de extradição que levou à guerra de Escobar — seu reinado de terror — contra o governo colombiano e contra os agentes de repressão ao crime norte-americanos.

Cheguei a Bogotá depois de meu primeiro trabalho na DEA em Austin, Texas, onde me concentrava em traficantes mexicanos inexpressivos de metanfetamina e cocaína. Eu sabia que a Colômbia seria o maior desafio da minha carreira e achava que estava preparado. Eu já havia me unido ao *Bloque de Búsqueda*

— ou Bloco de Busca —, formado por policiais e oficiais de inteligência colombianos de elite, que contava com seiscentos homens procurando Escobar praticamente 24 horas por dia. O *Bloque de Búsqueda* trabalhava a partir de uma guarnição policial em Medellín, e eu passava boa parte da semana lá, com a Polícia Nacional da Colômbia, enquanto eles caçavam o sanguinário narcotraficante em sua cidade natal. Fui alertado de que alguns membros da corporação policial eram corruptos e estavam na folha de pagamento de Escobar, por isso, eu era bastante cauteloso com quem andava e com quem falava.

Nos finais de semana, se não estava trabalhando, ficava sentado por horas em minha residência em Bogotá. Eu amava meu amplo apartamento de 370m^2, em um cruzamento movimentado no centro da cidade. Tinha uma vista estonteante de toda a cidade e da imponente Cordilheira dos Andes, do outro lado. Da janela da minha sala, com aproximadamente 12 metros de largura, parecia que poderia estender a mão e tocar aquelas montanhas suntuosas. A verdade é que me sentia no topo no mundo naquele palacete de quatro quartos com dependências de empregada no coração da vida noturna de Bogotá. Era um imóvel grande e majestoso para um solteiro do Texas, no entanto, era um ótimo local para meus encontros casuais. Elas sempre ficavam boquiabertas com a vista, o que, sinceramente, facilitava e muito o jogo da sedução. Era completamente diferente do meu apartamento de um quarto e sem graça em Austin, que não impressionava ninguém — muito menos eu.

Mal sabia eu que minha vida luxuosa estava prestes a acabar naquele sábado à tarde, quando ouvi a voz hesitante de Bruce ao telefone.

Ele não disse muita coisa, mas pude perceber pela sua respiração que ele estava tentando falar com a voz firme, para se manter o mais calmo possível. Naquele momento, eu sabia que minha vida corria um perigo iminente.

"Javier, me escuta: pegue a sua arma, deixe tudo para trás e dê o fora daí o mais rápido que você puder", disse ele. "Desculpe, mas não tenho tempo para explicar. É Escobar. Ele sabe onde você está."

É Escobar. Ele sabe onde você está.

Saí procurando minha arma — uma pistola semiautomática 9mm — e fui em direção ao elevador, verificando os corredores como um fugitivo apavorado, atento para ver se havia alguém à espreita nos cantos ou atrás de uma porta. Quando pressionei o botão do elevador, minhas mãos tremiam, e eu tocava o coldre em minha cintura a cada segundo, a fim de ter certeza de que minha arma estava lá. Por algum motivo, era reconfortante encostar as pontas dos dedos no metal frio.

Calma, calma, Javier! Tranquilo, hombre.

Ouvi a voz da minha *abuela,* uma das pessoas mais duronas que já conheci. Ela já havia enfrentando supostos ladrões em nossa casa em Laredo e também havia me salvado de inúmeras situações difíceis.

Tranquilo, tranquilo!

Corri apressado pela garagem, verificando furtivamente o perímetro, para garantir que ninguém me seguia. Conferi minha arma e destranquei a porta do meu OGV — veículo oficial do governo —, que no meu caso era um Ford Bronco à prova de balas. Quando dei partida e escutei o barulho do motor, imediatamente me dei conta de que não havia me preocupado em verificar se havia explosivos sob o chassi. Felizmente, a caminhonete não foi pelos ares e saí cantando pneu da garagem subterrânea, pisando no acelerador rumo à embaixada dos EUA, que ficava a poucos quilômetros de distância.

Pensei em minha avó e me forcei a respirar fundo, preso em meio ao que parecia ser um trânsito interminável de Bogotá. Optei pelo percurso mais congestionado até a embaixada, pois achei que poderia facilmente passar despercebido em um engarrafamento e me tornar anônimo. Suspirei aliviado quando avistei os portões de ferro da embaixada, que mais parecia uma fortaleza. Quando cheguei, Bruce me encontrou no escritório da DEA, que ficava próximo à garagem da embaixada.

Nunca descobri se Escobar havia planejado me matar ou apenas me sequestrar — eu era uma peça norte-americana importante no jogo de xadrez que se transformara sua batalha contra a extradição. Nossa informação era que ele havia ordenado a seus *sicarios* que encontrassem "o cara mexicano da DEA", que só poderia ser eu, uma vez que eu era o único norte-americano de origem mexicana na equipe. Os homens de Escobar não tinham o endereço exato, mas sabiam que eu morava na esquina da avenida 7 com a rua 72, e seria questão de dias ou até horas para localizarem meu prédio, onde eu era um dos únicos moradores gringos. Entre a PNC e os especialistas em inteligência da DEA, tentamos ao máximo identificar o motivo da ameaça, no entanto, não conseguimos encontrar nada.

Naquela noite, me mudei para um esconderijo que a embaixada reservava para emergências como a minha. Depois de algumas semanas sem novas ameaças do pessoal de Escobar, Bruce encontrou um apartamento para mim em Los Rosales, próximo da residência do embaixador dos EUA. Era uma parte mais requintada da cidade, com sebes bem cuidadas e aparadas, mansões luxuosas e seguranças particulares parrudos vestidos de preto, armados até os dentes e com walkie-talkies. Senti falta do meu ninho de águia no centro da cidade.

Mas não tanta falta assim. Saber que o maior narcotraficante do mundo está obstinadamente à sua procura chega a ser, no mínimo, angustiante. Semanas após a ameaça e a fuga do meu amado apartamento, eu não conseguia relaxar. Mal conseguia pegar no sono.

No entanto, se quer saber a verdade, meu maior medo era que a DEA me mandasse de volta para casa. Para minha própria proteção.

Assim, eu minimizava a ameaça, ignorando-a sempre que saía para beber com meus colegas agentes. Mas eu verificava constantemente as nossas informações a fim de descobrir se o cartel ainda estava me procurando. Fingia que estava tudo bem. Hoje, posso admitir: estava morrendo de medo.

Mas sabe de uma coisa? De jeito nenhum eu deixaria Escobar levar a melhor. De jeito nenhum eu voltaria para casa quando estava trabalhando no caso da minha vida.

Pensei mais uma vez em minha *abuelita* e segui em frente.

STEVE

O Renault azul nos deu uma fechada e nos jogou para fora da estrada, e eu e Connie fomos arrastados para nosso pior pesadelo.

Eu estava dirigindo um dos carros antigos concedidos pela embaixada. Era um utilitário esportivo grande, com aqueles espelhos enormes que se acentuavam nas laterais. Se estivéssemos na Califórnia, poderíamos passar por surfistas a caminho de uma praia deserta. Mas estávamos na Colômbia, e o automóvel estava equipado como um tanque de guerra por um motivo. Brinquei com Connie que o utilitário resistiria a um tiroteio e até mesmo ao apocalipse. Ainda assim, seu lastro me transmitia segurança. Ele tinha chapas de aço em todas as portas, embaixo do veículo e embutidas no teto. Todas as janelas eram à prova de balas, com um vidro extremamente grosso que as tornava impossíveis de abrir. A frente e a traseira eram equipadas com barras de aço cromadas, conhecidas como quebra-mato. Com todos esses dispositivos de segurança integrados, ele pesava mais ou menos o dobro de um veículo normal.

Connie e eu estávamos voltando da embaixada para casa e decidimos pegar uma das vias paralelas, próximas a uma base militar, com o intuito de evitar o tráfego caótico e pararmos no nosso restaurante favorito para levar uma quentinha de frango assado para o jantar. Ambos tínhamos tido um longo dia e estávamos ansiosos para relaxar na frente da TV com frango apimentado, batatas assadas e uma taça de vinho. Por eu estar em Medellín na maioria das semanas, era raro termos uma noite só nossa, e realmente desejávamos ficar juntos em nosso apartamento, na região norte da cidade.

Quando o Renault parou inesperadamente na minha frente, pisei no freio e apertei a embreagem, tentando parar antes de bater no carro minúsculo. Como o veículo era pesado, não era muito difícil perder o controle, e eu sabia que, se batesse no Renault, os passageiros sofreriam ferimentos graves. Talvez até morressem. Consegui desviar o veículo e parei a poucos centímetros do carro pequeno.

Depois de verificar se Connie estava bem, eu estava furioso e pronto para sair do carro e falar poucas boas. Mas, quando levantei os olhos, vi que os três passageiros do carro caminhavam ameaçadoramente em nossa direção. Vestiam jaquetas leves e calças jeans, e, à medida que se aproximavam, pude ver que cada um deles tinha uma pistola escondida na cintura da calça.

Depois de chegar à Colômbia para trabalhar no caso de Pablo Escobar, mais de um ano antes, eu fiz muitos inimigos. O criminoso mais procurado do mundo sabia o meu nome e o do meu parceiro, Javier Peña. Sabíamos disso porque a inteligência colombiana havia interceptado o chefão das drogas falando ao telefone com um de seus capangas a respeito de "dois gringos" da base de Carlos Holguín, em Medellín. Durante uma conversa, ele até mencionou "Peña e Murphy".

Desse modo, quando os três homens se aproximaram da porta do lado do motorista e começaram a gritar em espanhol para que saíssemos do carro, fiquei agoniado de que aquilo não fosse uma mera briga de trânsito. Era uma emboscada e estávamos em desvantagem. Além do mais, a pessoa que eu mais amava no mundo estava sentada ao meu lado. Eu precisava proteger Connie, independentemente do que acontecesse comigo.

A princípio, me recusei a abrir a porta e mostrei a eles meu distintivo de identificação da polícia colombiana, esperando que isso os afugentasse. Mas eles se recusaram a se afastar, e foi quando tentei desesperadamente pedir reforços da embaixada por rádio. Cada carro da embaixada era equipado com rádios portáteis de emergência, a fim de que pudéssemos ligar para os fuzileiros navais, se nos metêssemos em alguma encrenca. Eu esperava que os fuzileiros simplesmente enviassem uma patrulha móvel e colocassem para correr os delinquentes que nos mantinham reféns dentro do carro.

Mas liguei uma vez. Liguei duas. Liguei três vezes. Ninguém atendia.

A essa altura, os três homens estavam chutando os pneus e tentando abrir as portas. Olhei para Connie, que tentava manter a calma, mas dava para perceber que ela estava extremamente apavorada. A verdade é que eu também estava.

Logo após as tentativas de entrar em contato com a embaixada, a esposa de um agente da DEA nos chamou no rádio portátil para ter certeza de que estávamos bem. Eu lhe disse onde estávamos e pedi que ela solicitasse ajuda por rádio imediatamente. Poucos minutos depois, nosso supervisor da DEA estava no rádio. Eu lhe disse para se apressar e trazer a "margarita" com ele — nosso codinome para a submetralhadora Mini Uzi que guardávamos no escritório justamente para ocasiões como aquela.

Enquanto aguardávamos, impotentes, ao mesmo tempo em que os homens continuavam nos insultando e chutando as portas do carro, minha querida esposa me pegou de surpresa, como sempre fazia quando enfrentávamos situações em que aparentemente todas as chances estavam contra nós.

"Eles não são tão grandes", disse ela, apontando para os homens. "Posso acabar com aquele ali, se você cuidar dos outros dois."

Eu poderia ter dito que sim, só que todos estavam armados, e se eu abrisse a porta do carro, estaria expondo Connie a levar um tiro ou coisa pior.

Assim que o supervisor da DEA chegou ao local com a margarita e parou o carro atrás de nós, eu me preparei para sair do carro e enfrentar os três homens. Nós dois éramos bons atiradores, e, caso eles tentassem alguma gracinha, eu sabia que poderíamos matá-los facilmente. Só que nenhum de nós queria matar alguém. Só queríamos chegar em casa e comer nosso frango!

No momento em que eu estava abrindo minha porta, uma patrulha de motocicletas da Polícia Nacional da Colômbia se aproximou. Vi que olhavam para nós, mas não mostravam nenhum sinal de que parariam. Comecei a buzinar sem parar, a fim de chamar sua atenção, o que fez a patrulha dar meia-volta para investigar. Quando olhei de rabo de olho, vi nosso supervisor, segurando firme a margarita.

Peguei a pistola e a enfiei na cintura, fui até a polícia, mostrei o distintivo e lhes disse quem eu era: agente da DEA trabalhando na captura do criminoso mais procurado da Colômbia. Disse a eles que tínhamos sido interpelados repentinamente pelos três homens no Renault e fiquei preocupado que pudessem ser *sicarios* a mando de Escobar

Afinal, apenas alguns anos antes o agente especial da DEA, Enrique "Kiki" Camarena Salazar, fora sequestrado por policiais corruptos no México, torturado e assassinado a mando do narcotraficante Miguel Ángel Félix Gallardo. Após a morte de Kiki, todos os agentes da DEA que trabalhavam na América Latina temiam que o mesmo pudesse acontecer com eles.

Falei aos policiais que os homens no Renault azul estavam todos armados.

Ao ouvirem a palavra "armados", a polícia cercou os homens com as armas em punho.

Levou um tempo para cair a ficha, mas, quando os policiais perceberam quem eu era e que tinha contatos nos altos escalões da polícia colombiana, começaram a se desculpar conosco. Quanto aos três homens que por pouco não causaram um acidente grave, eram membros de baixo escalão das Forças Armadas Colombianas curtindo um passeio de carro. Acabou sendo nada mais do que uma briga de trânsito, e três jovens que queriam nos intimidar. Eles nem imaginam o quanto chegaram perto da morte naquela noite.

Passei-lhes um esculacho com o meu melhor espanhol de rua e ameacei ligar para seu comandante. Todos se desculparam e me imploraram para não ligar para ninguém. Acredito que sabiam que acabariam na prisão militar por suas atitudes, e tudo que queriam era sair dali o mais rápido possível.

Depois de agradecer à polícia, Connie e eu voltamos para casa, abalados com toda a experiência. Enquanto nos sentávamos em nossa sala de estar com nossas caixas de isopor de frango e batatas, e Connie nos servia um copo de vinho, pensei em como seria a próxima ameaça.

E, desta vez, eu sabia que um veículo blindado da embaixada não seria capaz de me proteger. Não contra o apocalipse, e certamente não contra Pablo Escobar.

PARTE UM

PARTE UM

STEVE

Quando menino, eu era obcecado pela polícia. Morria de inveja de seus uniformes engomados de estilo militar e de suas viaturas que passavam a toda velocidade com as luzes piscando e as sirenes ressoando.

Eu sonhava em ser policial e capturar bandidos, principalmente se eles tirassem partido de gente inocente. Para mim, policiais eram super-heróis. Mesmo quando era um rapazinho crescendo no Tennessee, eu já sabia que a polícia era a minha vocação.

Nasci em Memphis, mas, quando tinha 3 anos, nós — meus pais, minha irmã mais velha e eu — nos mudamos para Murfreesboro, um pequeno município com vastos gramados e fazendas decadentes anteriores à Guerra de Secessão, ao sul de Nashville, no úmido interior do estado. Nada de mais acontecia lá desde a Guerra Civil. Na escola, aprendemos sobre a Batalha de Stones River, que ocorreu em Murfreesboro durante três dias no final de 1862 e no início de 1863 — um dos combates mais sangrentos da guerra, resultando em mais de 23 mil baixas tanto para os Confederados quanto para a União.

Aos 11 anos, enfrentei minha própria batalha histórica em um quintal do subúrbio. Ao relembrar o passado, não foi bem uma batalha, e sim um momento decisivo da minha juventude. Foi quando fui pego em flagrante, semicerrando os olhos sob o clarão ofuscante das lanternas policiais — meu primeiro encontro com a lei.

Nos verões, eu e meus amigos acampávamos nos quintais uns dos outros. Deitávamos com nossos sacos de dormir na grama recém-cortada e observávamos as estrelas, ou nos amontoávamos em uma barraca pequena e assustávamos uns aos outros com nossas histórias inventadas de fantasmas, zumbis e assassinatos macabros até cairmos no sono ao som dos grilos e das rãs-touro-americanas. Os verões no Tennesse eram quentes, e não refrescava muito ao anoitecer, então, na maioria das noites, levávamos nossos sacos de dormir para fora das barracas e acordávamos de manhã cobertos de orvalho.

Em uma noite de verão, estava tão quente e abafado que ninguém conseguia dormir, então alguns de nós decidiram entrar sorrateiramente em uma das casas de nossos colegas de acampamento. Não sei bem por que fizemos aquilo, embora eu me lembre de que queríamos pegar de volta algo que achamos ser importante naquela ocasião. Enquanto discutíamos, cochichando ruidosamente, na tentativa de arrombar a janela de um dos quartos, ouvimos do nada o barulho de um carro se aproximando no escuro e soubemos que estávamos encrencados. Era uma viatura policial. Alguém deve ter chamado a polícia quando ouviu o alvoroço. Ficamos paralisados, amedrontados demais até para nos virarmos. Eu mal conseguia distinguir os dois policiais que saíram da viatura, já que os faróis me cegavam. Eles disseram para ficarmos parados, ainda que não precisassem ter dito nada, porque estávamos morrendo de medo até de nos mexer. Gotas de suor escorriam pelo meu rosto enquanto eu levava minhas mãos à cabeça. Quando meus olhos se ajustaram à claridade, pude ver que os policiais eram altos e musculosos. Eles me pareciam ainda mais imponentes em suas fardas perfeitamente engomadas e suas botas pretas bem engraxadas. Respondemos ao mesmo tempo quando nos perguntaram se preferíamos ser levados ao gabinete do xerife do condado de Rutherford e colocados no xadrez ou se preferíamos que ligassem para os nossos pais. Todos sabiam o que aconteceria se os pais se envolvessem, então escolhemos, por unanimidade, ir para a cadeia. Os policiais tiveram uma crise de riso. Ficamos em posição de sentido, morrendo de vergonha e desconfortáveis, enquanto os policiais anotavam nossos nomes e endereços e nos escoltavam de volta para nossas respectivas casas, onde acordaram nossas mães e pais. De um jeito ou de outro, todos sobrevivemos àquela noite catastrófica, mas perdemos a vontade de acampar. Pelo menos durante aquele verão.

Ao longo dos anos, sempre pensei naquele primeiro encontro com a lei e no quanto admirei aqueles policiais por apelarem para o bom senso com um grupo de meninos baderneiros. Eu queria ser policial mais do que qualquer outra coisa, mas, anos depois, descobri que meus pais tinham planos diferentes para mim.

Cresci em um rígido lar da religião batista, o caçula de três filhos. Ou melhor, o caçula de dois. Um irmão mais velho morreu com apenas 3 anos, antes do meu nascimento. Minha irmã era 8 anos mais velha do que eu e passamos boa parte de nossa infância brigando intensamente.

Meu pai tinha 1,95m de altura e era a pessoa mais forte e inteligente que já conheci. Meus tios gostavam de contar que, quando jovem, ele adorava brigar e não perdia uma. Ele não tinha medo de nada nem de ninguém, e uma vez o convidaram para fazer um teste no Washington Redskins — oportunidade que ele rejeitou educadamente, visto que não considerava o futebol americano profissional uma carreira promissora.

Quando tinha idade suficiente, meu pai se voluntariou para o Exército dos Estados Unidos, mas teve que trapacear em seu exame físico para entrar. Meu velho tinha a visão do olho esquerdo comprometida. Ao fazer o exame, o médico pediu que ele cobrisse o olho esquerdo com a mão esquerda e lesse a tabela oftalmológica. Até aí, tudo certo. Mas, quando pediram para fazer o inverso no olho direito, ele simplesmente usou a mão direita para cobrir o olho esquerdo e passou no teste de visão!

Ele começou na infantaria e foi enviado para a Europa depois que o ataque a Pearl Harbor arrastou os Estados Unidos para a Segunda Guerra Mundial, em 1941. Devido ao seu porte e vigor físicos, ele trabalhou com os médicos socorristas militares na França e na Bélgica, transportava os soldados feridos para um lugar seguro e, quando necessário, os continha durante os procedimentos médicos.

Ao retornar da Europa, meu pai decidiu se matricular na Universidade Bob Jones, em Greenville, Carolina do Sul, para se tornar pastor. Ele foi o primeiro da família a cursar o ensino superior e, depois de se formar, se mudou com minha mãe e irmã para sua primeira igreja em Memphis, onde nasci. Mais tarde, em

Murfreesboro, ele passou por diversas igrejas pequenas e fazia trabalhos temporários com o intuito de ganhar uns trocados extras. Recordo-me dele indo de porta em porta para vender aspiradores de pó. Ele era muito bom naquilo e reafirmava constantemente que Deus o guiava e lhe dizia o que falar para fazer seu trabalho.

Com o tempo, Deus guiou meu pai para fora do ministério e rumo ao negócio de carpetes. Após conseguir um emprego em uma loja de revestimentos em Nashville, ele incentivou persistentemente seu irmão mais novo, reformado da Força Aérea dos Estados Unidos, a começar um negócio com ele. Os dois se saíram bem com sua incipiente loja de carpetes em Nashville, no entanto, existia bastante concorrência na cidade para que conseguissem expandir os negócios em grande escala, então decidiram procurar outro lugar.

Dois anos depois do meu encontro com a polícia, deixamos o Tennessee e nos mudamos para o Norte, para o estado natal dos meus pais, a Virgínia Ocidental, onde meu pai e meu tio estavam prontos para criar um império de carpetes e revestimentos. Fomos morar em Princeton, uma pacata cidade ferroviária, com mais ou menos 6 mil habitantes, circundada por jazidas de carvão e aninhada nas Cordilheiras dos Apalaches. Tínhamos fortes raízes familiares no estado, onde meus avós maternos se estabeleceram após emigrarem da Inglaterra. Meu avô trabalhou nas jazidas de carvão durante toda a sua vida adulta.

Não fiquei nem um pouco contente com a mudança. Como adolescente, fiquei triste em deixar meus amigos para trás, ainda mais por ser lugar onde eu era um dos garotos populares. Quando as aulas começaram em Princeton, fui para o ensino médio, mas não foi uma experiência acolhedora. A molecada tirava sarro do meu sotaque do Tennessee, o que me parecia um comportamento típico da região Extremo Sul. Fiz de tudo e mais um pouco para me enturmar e acabou que aprendi a moderar o meu sotaque para igualar ao jeito como as crianças de Princeton falavam. Salvo os esportes e a igreja, parecia que minha nova cidade não tinha quase nada a oferecer para os jovens, embora mais tarde os líderes comunitários tenham reaberto uma antiga pista de boliche como centro juvenil e montado mesas de pingue-pongue, uma pequena lanchonete e uma pista de dança, onde dancei pela primeira vez com uma garota.

Em Princeton, meu pai e meu tio começaram a transformar sua loja em um negócio familiar bem-sucedido, e todos fomos recrutados para ajudá-los. Minha mãe se encarregava da contabilidade, atendia os clientes na loja, agendava a instalação dos serviços e encomendava os suprimentos da loja, enquanto meu pai e meu tio saíam para vender revestimentos de linóleo e carpetes aos seus clientes. Verdade seja dita, minha mãe era o corpo e a alma do negócio, e, se não fosse seu entusiasmo e trabalho árduo, o negócio poderia ter ido por água abaixo. Minha irmã também trabalhava meio período na loja. Ao completar 14 anos, comecei a trabalhar lá também. Meu pai nutria esperanças de que eu assumisse o negócio e acreditava que eu precisava começar de baixo. Entre as minhas tarefas estava varrer e esfregar o chão, limpar os banheiros e retirar o lixo. Com o tempo, passei para as visitas aos clientes, orientando-os na escolha dentre centenas de amostras de carpetes e linóleo.

Até hoje, lojas de carpetes me deixam claustrofóbico.

No final dos anos 1960 e início dos anos 1970, enquanto outros adolescentes deixavam os cabelos crescerem, fumavam maconha, protestavam contra a guerra no Vietnã e lastimavam a separação dos Beatles, eu vivia em uma redoma de vidro em uma cidade apalachiana conservadora. Meu pai continuava sendo um disciplinador extremamente rígido, ainda que tivesse abandonado o ministério havia muito tempo. Até os 18 anos, eu não podia ir ao cinema e não podíamos jogar jogos de cartas — nem mesmo jogo do mico — em nossa casa. Meus pais proibiam minha irmã de usar calças ou shorts, e os vestidos tinham que ser bem abaixo do joelho. Quando nos pegavam fazendo alguma coisa errada, meu pai nos dava uma surra daquelas. Talvez para algumas pessoas pareça excessivamente rigoroso e, se isso ocorresse na sociedade liberal de hoje, talvez meus pais fossem acusados de maus-tratos. Mas foi assim que eu e minha irmã crescemos — com limites espartanos. Sabíamos o que podíamos ou não fazer, e o que era esperado de nós.

Como no Tennessee, nossa família frequentava a Primeira Igreja Batista em Princeton. Na época, eu não tinha o menor interesse em nada que tivesse a ver com religião ou reuniões da igreja, até assistir a uma apresentação do coral infantil. O coral se chamava Sounds of Conviction, conhecido pela abreviação Sounds. A primeira vez que os assisti, fiquei tão sensibilizado com a encenação profissional, com a iluminação e com o canto que entrei para o coral e só saí no meu último ano do ensino médio. Eu não era o melhor do coral, mas adorava o contato entre os jovens e fazer parte de um time. Viajamos por toda a Virgínia Ocidental e Virgínia nos apresentando em escolas e igrejas. O show era tão popular que o coral aumentou de quarenta jovens, quando entrei, para mais de quatrocentos, quando saí.

Após o ensino médio, fui para a West Virginia University, em Morgantown, empolgado por estar sozinho e morar em um dormitório com outros jovens da minha idade. Segui a orientação dos meus pais e me matriculei em administração de empresas, só que eu não tinha interesse em aprender economia e finanças. Em retrospecto, reconheço que passei meu primeiro semestre em uma eterna festa. Quando saiu o resultado das minhas notas, meus pais decidiram que não gastariam mais um centavo com um caso perdido. Não posso culpá-los. Nas férias de Natal, empacotei a contragosto minhas coisas, deixei a West Virginia University e retornei para casa.

As amostras de carpetes se tornaram meu futuro.

Apesar disso, eu estava interessado em seguir a carreira policial e me matriculei na Bluefield State College (BSC). Sem o conhecimento dos meus pais, me inscrevi no curso recém-criado de administração de justiça criminal da faculdade. E, caramba, eu amei! Em 1975, no segundo semestre, me voluntariei para ser o primeiro aluno da BSC de um novo programa de estágio de verão no Gabinete do Xerife do Condado de Mercer e no Departamento de Polícia de Bluefield (BPD). Acabei conhecendo subdelegados e policiais de ambas as agências que me incentivaram a prestar o exame de admissão para me tornar policial. Estudei às escondidas e fiz o exame sem que meus pais soubessem. Quando os resultados saíram, tive a nota mais alta, e meu nome era o primeiro de uma lista de possíveis contratações para o gabinete do xerife e para o departamento de polícia.

A BPD foi a primeira agência a me ligar e me chamar para uma entrevista de emprego. Foi então que tive que confessar aos meus pais que estava cursando a faculdade e que havia me candidatado em segredo para o exame de admissão à polícia. Meus pais eram bem mais espertos do que eu pensava e já haviam descoberto o que eu estava aprontando. Depois de passar no exame físico e na investigação de antecedentes, fui integrado como policial patrulheiro do BPD em novembro de 1975. Eu tinha apenas 19 anos de idade.

No dia em que fui experimentar meu novo uniforme, fiquei em êxtase, embora tenham me dito que eu era jovem demais para adquirir uma arma. No estado, a idade mínima para comprar uma arma era de 21 anos, o que significava que eu teria que convencer um dos policiais mais velhos a comprar minha primeira arma — um revólver Colt Python calibre .357 de aço inoxidável e 4 polegadas. Eu não esperava que meu pai ficasse contente com o meu sucesso, mas, de alguma forma, ele estava orgulhoso de mim, porque saiu e comprou a munição.

Apesar de ser um policial novato, patrulhar uma parte da cidade e ainda ter a minha cota de serviços administrativos, o que despertava a minha atenção eram os traficantes de drogas. O ano era 1976, e me parecia que as drogas ilícitas eram onipresentes. Mesmo naquela época, eu via o quanto as drogas eram nocivas à sociedade e como o tráfico de drogas e a dependência química destruíam a vida dos jovens. Em meados de 1970, a cocaína passava por um renascimento, tornando-se a droga recreativa preferida das socialites e celebridades nas discotecas e festas luxuosas em todo o país, principalmente no Studio 54 de Nova York. Em outros lugares, o *freebasing*, que significa inalar os vapores da cocaína em seu ponto de fusão, deixava os dependentes ainda mais chapados. Químicos clandestinos estavam fazendo experiências com o refino da cocaína em pedra, misturando bicarbonato de sódio e outras substâncias a fim de produzir o crack, entorpecente que teria consequências avassaladoras nas cidades interioranas norte-americanas na década de 1980. Além disso, com o fim da Guerra do Vietnã em 1975, centenas de soldados voltavam para casa completamente entregues ao vício em heroína.

No entanto, como jovem policial, a maconha já era tormento o bastante para mim e, em meu tempo livre, me via perseguindo indivíduos que encorajavam pessoas a fumarem maconha e passavam drogas. Em 1976, acabei conhecendo um informante que me contou a respeito de um traficante que estava vendendo quantidades maiores que meio quilo de erva. Naquela época, 454 quilos de maconha rendiam mais de US$1.300. Liguei para Jack Walters, outro policial novato que era meu amigo mais próximo da corporação, e traçamos um plano para prender o delinquente em nosso dia de folga. Trabalhamos com o nosso informante e pedimos que ele entrasse em contato com o alvo.

Naquela noite, o informante telefonou para o alvo com o intuito de saber o preço de cerca de meio quilo de maconha. Passados menos de vinte minutos, combinamos de encontrá-lo em um posto de gasolina local para efetuar a compra. Eu e Jack nos escondemos nos fundos do posto de gasolina enquanto o delator conduzia a transação com o alvo.

Logo que avistamos o alvo tirando uma sacola pequena do carro, corremos para efetuar a prisão. O criminoso era um estudante do ensino médio de 17 anos, que morava em uma casa de classe média alta. Ele não precisava do dinheiro, mas assistia a filmes demais e achou que poderia se safar com seu pequeno empreendimento criminoso em uma cidade pequena, onde ele achava que os policiais não eram de nada.

Eu e Jack algemamos o adolescente apavorado e solicitamos a presença de um detetive. O detetive ficou perplexo com o fato de dois policiais novatos estarem envolvidos em uma apreensão de drogas bem-sucedida em seu dia de folga.

O garoto de 17 anos foi indiciado e, mais tarde, entregue aos seus pais. Felizmente para ele, chegou-se a um acordo judicial e ele obteve a suspensão condicional da pena. Por ser jovem, seu registro criminal foi apagado quando atingiu a maioridade e cumpriu sua suspensão condicional.

Apesar do meu sucesso, percebi que meu pai não estava tão feliz com a área de atuação que escolhi e estava claramente decepcionado por eu não ter seguido seus passos nos negócios da família. Depois de dezoito meses no departamento de polícia, a culpa tomou conta de mim e, em 1977, tirei uma licença de noventa dias para voltar à loja do meu pai e tentar mais uma vez trabalhar com revestimentos. Só que não durei nem dois meses; eu estava visivelmente infeliz e retornei ao departamento de polícia antes de minha licença acabar.

Então, quando eu já trabalhava como policial há cinco anos, meu pai finalmente me disse o quanto estava orgulhoso. Isso fez toda a diferença e me deu forças para seguir em frente.

E nunca mais olhei para trás.

JAVIER

Chorei durante todo o trajeto de cinco horas de Hebbronville até Huntsville — que deveria ser o primeiro grande passo na minha carreira policial.

Eu era estudante de sociologia na Texas A&M University, em Kingsville, e tinha conseguido um estágio de três meses no departamento penitenciário do estado. Eu recebia crédito na faculdade e um pequeno salário para trabalhar na prisão onde o estado abrigava seus prisioneiros mais famosos, todos no corredor da morte.

Eu estava animado.

No entanto, meus pais se preocuparam com minha segurança e tentaram me convencer a não ir. Na verdade, havia outras coisas me segurando na minha cidade do sul do Texas. Minha família estava passando por maus bocados, porque minha mãe, Alícia, tinha acabado de ser diagnosticada com câncer de mama. Era um destino cruel para uma mulher temente a Deus, que levava uma vida saudável e nunca havia bebido uma gota de álcool ou fumado um cigarro. Ela ia à igreja todo domingo e sempre se preocupava em deixar uma refeição pronta para meu irmão mais velho, Jorge; meu pai; e eu. Não era fácil equilibrar o orçamento em Hebbronville. Tínhamos uma fazenda familiar que não dava muito dinheiro, e em todos os verões meu irmão e eu ajudávamos meu pai a reparar cercas e a lidar com o gado. Após anos de vacas magras, minha mãe ainda continuava bastante otimista, mesmo depois de ter perdido os dois seios devido ao câncer. Ela adorava ir ao bingo na igreja nas noites de sexta-feira. Sempre voltava dizendo que estava a um número de fechar a cartela, ainda que nunca ganhasse um centavo.

Lutando para conter os soluços, ela me implorou que ficasse. Meu pai, cujo nome era Jesus, mas a quem todos chamavam Chucho, advertiu que eu também estava cometendo um erro. Ele temia que meu estágio entre os prisioneiros mais cruéis do estado não fosse uma boa ideia. Era muito perigoso, disse ele. Isso vindo do meu pai, que era um cowboy e deixou sua marca na capital vaqueira do Texas! Ele não tinha medo de ninguém. Só que eu queria mais do que a fazenda que havia sido passada do meu avô para o meu pai, e onde minha família mal conseguia sobreviver. Tive que deixar os confins da minha cidadezinha ferroviária do Texas. Não podia deixar escapar a oportunidade de trabalhar pela primeira vez no setor penitenciário.

Fiz as malas com apenas algumas mudas de roupas, como se quisesse mostrar aos meus pais que em breve eu voltaria, que aquilo não era para sempre. Eu cumpriria minha promessa de estar ao lado da minha mãe para ajudá-la nos tratamentos de quimioterapia que ela estava prestes a fazer em Laredo. No entanto, meus pais me deram as costas e se recusaram a falar comigo.

Foi assim que deixei a casa em que vivi da infância aos 18 anos, com pesar no coração e imaginando se algum dia veria minha mãe viva novamente. Agora, ao olhar para trás, através do prisma de tantos anos, sei que eles devem ter ficado tão tristes quanto eu.

Assim que coloquei a chave na ignição e segurei o volante do meu Chevy Nova 1974, desatei a chorar. Eu havia comprado meu possante carro esportivo, marrom reluzente, com a grana que guardei colhendo melancias durante as férias de verão em Hebbronville, possivelmente a capital mundial de melancia, visto que campos intermináveis de frutas circundam a cidade. Desde os 15 anos, eu fazia o trabalho extenuante de ficar agachado em meio à plantação empoeirada o verão inteiro debaixo de um sol escaldante. O caminhão dos trabalhadores chegava na minha casa às 6h da manhã e deixava a equipe, composta em sua maioria de imigrantes mexicanos, nas fazendas próximas e só retornávamos às 8h da noite.

Em média, as melancias pesavam de 4,5 a 7 quilos e, quando o verão acabava, eu tinha braços parecidos com os do Popeye. Não raro, eu esbarrava com cascavéis que gostavam de se esconder debaixo das melancias para se refrescar do sol. Nunca fui picado, mas cheguei perto. Quando uma delas tentou me atacar, joguei uma melancia nela e a esmaguei até a morte. Até hoje não consigo comer melancia e tenho fobia de cobras.

Aos 17 anos, fiquei tão bom no meu trabalho que, de colhedor, passei a cortador — parte de uma equipe de reconhecimento avançado, formada por trabalhadores mais velhos que vasculham os campos em busca de frutas mais maduras. Mais tarde, me tornei empilhador e ajudava a carregar as melancias em uma carroceira — era um tipo de arte, uma vez que cada pilha tinha que ser uma camada perfeita de melancia e estar alinhada horizontalmente do chão até mais ou menos 2,5 metros de altura. Para cada carroceria que empilhava de melancia, eu recebia US$300, e, como conseguia empilhar duas delas em um dia, meus salários eram recheados. Eu dava boa parte do meu dinheiro para a minha mãe e guardava o resto para comprar meu carro.

Naquele longo trajeto, à medida que me afastava do lugar que eu conhecia tão bem, chorei. Ao passar pelos campos de melancia; pelas escolas do ensino fundamental e médio, onde eu havia jogado futebol e beisebol; e pelo boteco da esquina, onde tomei minha primeira cerveja; chorei porque de algum modo devia saber que estava deixando minha juventude para trás. Quando acelerei rumo ao Norte pela rodovia US59, as lágrimas escorreram incontrolavelmente pelo meu rosto e embaçaram a minha visão. Pelo lado de fora da janela do meu carro, passavam os quilômetros de fazendas, os borrões de cowboys empoeirados montados em seus cavalos e seus rebanhos de gado. Eram como cenas de um filme de uma vida distante que se repetiam.

Passei por Houston e dirigi para o Norte até Huntsville, sede do Departamento de Justiça Criminal do Texas, que comanda todas as penitenciárias do estado para adultos. Alguém — não lembro quem — já a chamou de cidade empresarial à prova de recessão, porque a principal atividade econômica é abrigar criminosos.

Na realidade, a cidade tinha 38 mil habitantes e aproximadamente 7 mil deles trabalhavam no sistema prisional. Outras centenas trabalhavam na universidade local. Em Huntsville, existem 7 prisões que alojam mais de 13 mil detentos. Os moradores gostam de fazer piada que "metade da população de Huntsville está no xilindró e a outra metade é paga para mantê-los lá". Isso faz parte do humor ácido dos moradores e também do orgulho que têm de viver e trabalhar em um lugar que se tornou uma espécie de monumento nacional à justiça criminal, independentemente do partido que se toma quando o debate é a pena de morte.

No Texas Prison Museu, a pistola que Bonnie Parker estava segurando quando foi baleada por um xerife na Louisiana em 1934 está em exibição. No entanto, a atração principal é a Old Sparky, a cadeira elétrica em que 361 prisioneiros foram executados entre 1924 e 1964. Antes da Old Sparky, os detentos a serem executados eram simplesmente enforcados em diferentes condados do estado do Texas.

Eu não sabia o que esperar quando parti para Huntsville, e ainda estava com os olhos vermelhos e marejados de minha viagem de Hebbronville, quando entrei nas ruas principais da cidade. Era uma cidade do Texas bastante agradável, não muito diferente de tantas outras que conheci quando criança — plana e extensa, com picapes enferrujadas estacionadas em frente à loja de ferragens e da máquina de refrigerante. Parei para esticar as pernas e passei pelo que parecia ser o antigo Teatro Old Town que fechou, na Twelfth Street, perto da estação de ônibus Greyhound, onde posteriormente eu assistiria aos presos recém-libertados hesitantes à espera do ônibus e tomando latas de cerveja embrulhadas em um saco de papel marrom — o primeiro gosto da liberdade após cumprirem a pena.

Na tarde de domingo em que cheguei, algumas lanchonetes estavam lotadas de estudantes da Universidade Estadual Sam Houston. Pelas janelas, observei alguns deles se empanturrarem com suas tortas e cafés, concentrados na lição de casa ou em conversas animadas. Mas eu soube na hora que estava no lugar mais sinistro que já estivera quando avistei o meu novo local de trabalho, um prédio imponente de tijolos vermelhos que dominava o centro da cidade. Construída em 1849, a Unidade Huntsville com 225 celas ostenta o título de prisão mais antiga do estado. E desde 1982, quando o Texas restituiu à pena de morte, a prisão, mais conhecida por seu apelido — Unidade Walls —, abrigava a câmara de execução mais ativa do país.

Eu não tinha onde ficar e fiz o check-in no quarto de hotel mais barato que encontrei. Na manhã seguinte, me apresentei muito cedo para o meu estágio e fui designado para a Unidade Ellis, uma prisão a 20km ao norte de Huntsville, que alojava os presos mais violentos do corredor da morte. Ao regressar ao meu hotel, depois de preencher a documentação necessária, encontrei um pequeno trailer avariado, estacionado a um quarteirão da Unidade Walls. Mal tinha seis metros de comprimento e estava caindo aos pedaços. Aparentemente, não era limpo há anos. Ainda assim o aluguei na mesma hora da dona, uma senhora. Talvez ela tenha reparado em meus olhos vermelhos. Minhas bochechas ainda estavam manchadas de lágrimas? Não sei por quê, ela confiou em mim de primeira e, encabulada, pediu somente US$100 por mês. Nos meus dias livres, eu podia caminhar do pequeno trailer até a prisão principal e usar meus tickets para almoçar e jantar de graça.

No meu primeiro dia de trabalho, dirigi até a Unidade Ellis e fui designado para o corredor da morte. Não recebi nenhum treinamento ou aviso sobre o que isso implicaria, caminhei vacilante na passarela de um metro de extensão que separava as celas dos detentos de ambos os lados, e não tenho vergonha de admitir que estava me borrando de medo. Minhas mãos suavam frio e meu coração acelerava a cada movimento da passarela, e eu nem sequer me atrevia a espiar as celas. Mantive os olhos fixos na lista de nomes em minha prancheta, os quais eu tinha que chamar. Ao começar cuidadosamente a chamada para pronunciar de forma adequada todos os nomes, tive certeza de que os prisioneiros podiam sentir o cheiro do meu medo e perceber minha voz hesitante. Eles sabiam que eu era o cara novo e que estava em apuros, porque, quando chamei o terceiro nome e não ouvi nada além de um silêncio ensurdecedor, alguém subitamente gritou um sonoro "Buu!".

Aquele "Buu!" foi a gota de água e eu saí correndo. Dei meia-volta imediatamente e retornei pela passarela o mais rápido que pude. Quando me dei conta, todos — os guardas e os outros detentos — estavam passando mal de tanto rir às minhas custas. Suspirei aliviado, mas não me sentia à vontade. Afinal, a brutalidade dos crimes que aqueles detentos haviam cometido não era nem um pouco engraçada.

E os perigos espreitavam em todos os lugares na prisão. Cheguei a Huntsville alguns anos após a tomada de reféns, em julho de 1974 — o motim mais longo na história das penitenciárias dos EUA —, quando Fred Gómez Carrasco, um famoso narcotraficante de San Antonio conhecido como El Señor, levou 16 reféns para a biblioteca da Unidade Walls. Carrasco, na época com 34 anos, era um famoso barão da heroína, responsável pela morte de 57 pessoas no Texas e em algumas regiões do México. Carrasco e seus companheiros presidiários Rodolfo Dominguez e Ignacio Cuevas haviam subornado agentes penitenciários a fim de contrabandear três pistolas Magnum .357 em uma lata de presunto. Mais de trezentos cartuchos de munição foram contrabandeados em latas de pêssegos.

Os sequestradores negociaram com funcionários da prisão por onze dias, ameaçando matar os reféns, que variavam desde outros detentos e bibliotecários até o capelão da prisão.

Carrasco exigiu que as autoridades providenciassem para ele e seus dois comparsas coletes à prova de balas, ternos e, por mais estranho que pareça, sapatos Nunn Bush para sua audaciosa fuga. No dia 3 de agosto, eles deixaram a prisão protegidos por um escudo improvisado por dois quadros-negros sobre rodinhas, reforçados com grossos livros jurídicos e papelão colados do lado de fora para maior proteção. Eles batizaram sua engenhoca de "a Piñata" e "o Taco de Troia". Os réus condenados se algemaram a três mulheres — a bibliotecária Julia Standley e as professoras Yvonne "Von" Beseda e Novella Pollard — e entraram debaixo da fortaleza de quadros-negros, junto do capelão da prisão, padre O'Brien. Ao redor da Piñata, eles amarraram uma corda e algemaram outros quatro reféns para servir de escudo humano, caso as autoridades do Texas decidissem abrir fogo. O plano era chegar ao pátio, onde um carro blindado que Carrasco exigira estava aguardando.

Mas, quando o comboio de quadros-negros e de reféns desceu a rampa da biblioteca no terceiro andar, a escuridão era total e a polícia decidiu usar uma mangueira de alta pressão que dispersou os reféns para o lado oposto. Os sequestradores começaram imediatamente a disparar de dentro das engenhocas, e a polícia exigiu que os detentos se entregassem. Durante quinze minutos intensos, os disparos continuaram. No caos que se seguiu, Dominguez atirou em Julia Standley quatro vezes pelas costas. Ela morreu na hora, antes que o próprio Dominguez fosse alvejado e morto pelas autoridades. Carrasco matou Yvonne Beseda e depois apontou a arma para si mesmo. Cuevas atirou e feriu o padre O'Brien antes de desmaiar e cair em cima de Pollard. Cuevas, filho analfabeto de um camponês mexicano, que cumpria pena de 45 anos por assassinato, foi o único sequestrador a sobreviver à dramática fuga da prisão. Ele foi sentenciado à morte pelo homicídio doloso qualificado de Standley, uma mãe de 43 anos de idade. Apesar de duas das condenações serem convertidas em grau de recurso, Cuevas foi julgado pelo assassinato de Standley nos termos de uma lei do Texas que responsabiliza os cúmplices por todos os crimes cometidos no mesmo incidente. Em 23 de maio de 1991, Cuevas foi executado por injeção letal, a poucos metros de onde ocorreu a fatídica fuga da prisão.

Meu estágio também coincidiu com a detenção de um homem branco e gordo a quem todos no corredor da morte chamavam de Candyman. Logo soube que a imprensa o apelidara de "o homem que matou o Halloween", porque ele envenenou seu próprio filho com doces embebidos em cianeto visando receber um vultoso seguro de vida.

Seu nome era Ronald Clark O'Bryan e ele era optometrista do subúrbio de Deer Park, em Houston. Depois de ser condenado por homicídio doloso, os pais de todo o país entraram em desespero, pensando duas vezes antes de permitir que seus filhos aceitassem doces de Halloween de alguém — de estranhos ou de familiares.

Garoava em uma noite de Halloween de 1974, quando O'Bryan e outro pai da vizinhança levaram os filhos para pedir doces no subúrbio de Pasadena. O'Bryan, na época com 30 anos, ficou para trás e deixou o grupo ir andando; depois voltou com diversas guloseimas, afirmando serem de uma casa na qual chamaram anteriormente e estava fechada e com as luzes apagadas. O'Bryan distribuiu os doces (Pixy Stix, um pozinho doce dentro de tubinhos de papel) para seus dois filhos — Timothy, 8 anos, e Elizabeth, 5 anos — e para as outras três crianças que os acompanhavam. Ao chegaram em casa, incentivou o filho a experimentar as guloseimas envenenadas. Mas, depois que o pequeno Timothy comeu um bocado do pó envenenado, reclamou que o sabor era amargo e começou a vomitar. O garotinho morreu logo depois.

O'Bryan alegou à polícia que pegou as balas de uma casa às escuras em seu trajeto para pedir os doces. Ele afirmou que, depois de tocar a campainha, viu somente um braço peludo oferecendo os doces. Mas rapidamente o álibi caiu por terra, quando o proprietário do imóvel apresentou a folha de registro dos horários de trabalho como controlador de tráfego aéreo. Ele estava trabalhando na noite de Halloween e tinha várias testemunhas para provar.

Dias depois, a polícia prendeu O'Bryan, após descobrir que ele havia sacado dezenas de milhares de dólares em apólices de seguro de vida de seus filhos. Ele tinha US$100 mil em dívidas e estava prestes a perder sua casa e seu carro. Também estava na iminência de perder o emprego, após seus empregadores o pegarem roubando. Só o seguro de vida de Timothy valia US$31 mil.

Eu não estava presente na execução de O'Bryan. Depois de ter duas execuções suspensas, O'Bryan foi condenado à morte em 1984, vários anos após meu estágio em Huntsville. Mesmo amarrado à maca de metal, pouco antes de receber a injeção letal, ele ainda alegava inocência. Ele tinha 39 anos.

"Nós, como seres humanos, cometemos equívocos e erros", disse ele em sua declaração final. "Esta execução é um desses erros. Mas isso não significa que todo o sistema de justiça esteja equivocado. Desse modo, perdoo todos — e quero dizer todos mesmo — aqueles que estiverem envolvidos com a minha morte."

Embora eu sentisse aversão pelos seus crimes, essa experiência me ensinou que O'Bryan estava certo em uma coisa: todos os detentos — mesmo os criminosos mais hediondos — ainda são seres humanos. Esta é uma das lições mais valiosas que aprendi como oficial da lei e com um detento com privilégios em Huntsville — um prisioneiro designado para ajudar os guardas penitenciários em troca de regalias especiais, como usar o telefone ou comida extra. Seja, sim, rigoroso com eles, mas também seja compassivo, disse-me ele.

No entanto, acabou que essa mesma compaixão não se estendeu a mim em Huntsville. Pouco antes de meus três meses de estágio acabarem e quando estava me programando para retornar à faculdade, me vi alvo de uma ofensa racial horrível que por um triz não acabou com a minha carreira, antes mesmo de ela começar. Foi algo tão asqueroso e inesperado que, mesmo após todos esses anos, ainda me assombra.

Minha única prima se casaria em Hebbronville, e o casamento cairia justamente no último dia do meu estágio. Reuni coragem para pedir um dia de folga ao comandante da penitenciária. O Capitão, como era conhecido, era um homem branco e grandalhão, com uma presença intimidadora. Em Huntsville, ele era um contrassenso, porque a maioria das pessoas com quem eu trabalhava era decente e atenciosa, muitas eram estudantes de justiça criminal e frequentavam o ensino superior na Sam Houston University. Sentado no escritório da penitenciária, gaguejei os detalhes da situação da minha família e pedi que me permitisse compensar o tempo fazendo horas extras — propus trabalhar nove dias consecutivos em vez de nossos turnos habituais de sete dias, a fim de compensar o dia de folga — ele perdeu as estribeiras. Começou a berrar comigo, me chamando de "mexicano preguiçoso", dentre outras coisas que apaguei da minha memória. Ordenou que eu saísse de seu escritório e me disse que escreveria uma recomendação negativa a meu respeito e que poderia acabar com as minhas oportunidades no sistema de segurança pública no futuro.

Era isso! Três meses de trabalho árduo, em que senti que havia aprendido tanto para progredir na minha carreira policial, e meu destino parecia estar nas mãos de um racista que não conseguia controlar seu temperamento. Eu achava que estava fazendo a coisa certa e apropriada, deixando que ele soubesse da minha situação pessoal, mas saí de seu escritório emocionalmente devastado. Trabalhei no turno de sete dias e, sem dizer uma palavra a ninguém, entrei no meu Chevy e voltei para Hebbronville. Fui ao casamento da minha prima e depois retornei para a faculdade.

Eu tinha apenas 19 anos e achei que minha carreira na polícia havia acabado. Mais tarde, quando me candidatei para trabalhar no gabinete do xerife em Laredo e para me tornar um agente especial da DEA, fiquei com muito medo de incluir Huntsville no meu currículo.

STEVE

Vi os faróis do carro que se aproximava quando ele me fechou. Eu ainda era um policial novato no Departamento de Polícia de Bluefield. Naquela noite, estava em patrulha e dirigia pelas ruas arborizadas e residenciais da histórica cidade ferroviária no coração dos Apalaches, cerca de vinte minutos saindo de Princeton, onde eu ainda morava com meus pais.

Com uma população de pouco mais 20 mil habitantes, Bluefield era a maior cidade do Sul da Virgínia Ocidental e do Oeste da Virgínia. A atividade econômica dominante vinha da Norfolk and Western Railway Company, que acabou se tornando a Norfolk Southern Railway. O carvão era a principal mercadoria e chegava à cidade pela ferrovia, depois seguia para Norfolk e Virgínia e de lá era transportado mundo afora. Pessoas das comunidades vizinhas e de outras cidades vinham a Bluefield para fazer compras e se divertir e, todos os sábados à noite, dançavam ao som de uma banda country e western no Bluefield City Auditorium.

Em geral, havia de três a cinco policiais de folga trabalhando nesses eventos, e não era atípico prendermos algumas pessoas semanalmente — boa parte por arrumar briga ou arrombar carros estacionados quando estavam bêbadas. Era então que as coisas em Bluefield podiam ficar feias. Muita gente que chegava à cidade vinha de áreas que não tinham muita presença policial, quando tinham. Elas não estavam acostumadas a ter que obedecer a nenhum tipo de regra ou ser informadas pela polícia sobre o que poderiam ou não fazer. Naquela época, a maioria desses forasteiros trabalhava duro durante a semana e queria curtir bastante nos finais de semana. E, para muitos, brigar fazia parte da vida, por isso não era incomum resistirem à prisão quando confrontados por um policial. Na manhã seguinte, após estarem sóbrios na cela para bêbados da delegacia, se desculpavam pelo comportamento ou diziam algo do tipo: "Cara, foi uma bela luta, não? Mal posso esperar para voltar no próximo fim de semana para tentar outra dessas."

Quando não estava patrulhando o estacionamento do Auditorium, boa parte das minhas tarefas era dirigir pelas ruas principais de Bluefield, à procura de crimes em andamento e sinais de arrobamento nas portas e nas janelas dos estabelecimentos comerciais.

Eu amava o meu trabalho e sentia que estava fazendo uma contribuição importante para a comunidade. Em uma noite fria de inverno, tenho certeza de que salvei três crianças de morrerem congeladas na traseira de uma caminhonete. Os pais as haviam deixado no veículo, que estava em condições deploráveis e com janelas faltando, para dançar no Auditorium. Fiquei estarrecido com a visão dos pequenos tremendo. Depois que eu e meu parceiro ajeitamos as crianças na parte de trás da viatura policial aquecida, parti enfurecido rumo ao Auditorium. Abri caminho até o palco, peguei o microfone do cantor no meio da música e exigi que os pais das crianças se apresentassem ou eu seria obrigado a entregar os pequenos ao Serviço de Proteção a Crianças. Passados os momentos de tensão, os pais se apresentaram e foram vaiados pela multidão. Eles viviam na miséria e disseram que queriam apenas dançar. Quando se encontraram com os filhos, dava para perceber que eram bons pais, que somente haviam pisado na bola daquela vez porque queriam curtir um pouco alguns momentos a sós na pista de dança. Assim, acabamos liberando eles, mas fomos severos ao adverti-los de que, se os pegássemos fazendo aquilo mais uma vez, faríamos questão de acionar as autoridades competentes para que seus filhos fossem tirados deles.

Em outra noite tumultuada de inverno, enquanto um repórter que me acompanhava em minhas rondas esperava do lado de fora, eu e o policial Dave Gaither entramos em uma casa pegando fogo e vasculhamos desesperadamente cada cômodo até vermos uma mãe e sua filhinha. Dave ajudou a mãe a escapar, peguei a criança e saí correndo como um raio da casa em chamas.

Na época, eu acreditava piamente, e ainda hoje acredito, que o policial é um servidor público, título que carrego com muito orgulho. E, como tal, espera-se que um policial sirva e ajude a comunidade. Não se trata sempre de perseguir bandidos, aplicar multas de trânsito ou auxiliar em acidentes de trabalho. Mas, depois das boas ações, voltamos à nossa rotina e às patrulhas frequentemente monótonas no turno da madrugada.

Em um turno rotineiro da madrugada, vi um Cadillac acelerando em minha direção — um quase acidente que contribuiu bastante para colocar minhas perspectivas sobre o policiamento de uma cidade pequena à prova.

O policial sênior rabugento, que já vira de tudo nesta vida, sentado ao meu lado no banco do passageiro, agarrou instintivamente o volante e esbravejou, ao mesmo tempo em que desviei e subi com a viatura policial na calçada para evitar a colisão frontal. O motorista que vinha atrás de nós não teve tanta sorte. Do meu espelho retrovisor, pude ver o Cadillac muito veloz bater na lateral do veículo, antes de fugir em alta velocidade noite adentro. Liguei minha sirene, retornei bruscamente e comecei a perseguir o veículo.

Quando o carro finalmente parou, fiquei boquiaberto ao ver que o motorista era uma mulher de meia-idade bem vestida. Ela estava caindo de bêbada. Nós a prendemos e seu carro foi rebocado. De salto alto e casaco de pele, ela cambaleava e mal conseguia ficar em pé. Não tinha ideia de por que a pararmos e disse que não se lembrava de bater em outro carro. Ela não estava agressiva ou questionadora, mas ostentava um ar de riqueza e importância tão pouco sutil quanto o cheiro levemente adocicado de bebida misturado com seu forte perfume francês. Ao sair da cena do acidente e ser informada de que estava sendo detida por dirigir embriagada, ela aparentemente recuperou a postura e olhou com desdém para mim e para meu parceiro.

"Você sabe quem é o meu marido?", perguntou, tropeçando nas próprias palavras.

A caminho da delegacia, enquanto a levávamos para fazer o teste do bafômetro, meu parceiro me disse que eu ficaria por conta própria cuidando deste caso, para que ele visse como me virava. Achei aquilo estranho, mas só fui entender a relevância de seu gesto mais tarde. Em seguida, ele me informou sussurrando que a detida sentada no banco de trás de nossa viatura era extremamente rica e casada com um advogado proeminente da cidade. Ela também tinha um parente que era juiz local. Então começou a rir sozinho.

Eu era tão ingênuo e inexperiente que não percebi nenhuma dessas pistas. Para mim, ninguém estava acima da lei.

Quando chegamos à delegacia, iniciei o processo de fichamento, como fazíamos com todos os outros detidos. Mas as coisas estavam diferentes — o comandante de turno e um tenente chegaram à delegacia para testemunhar o processo, e reparei que o sargento também estava agindo de modo diferente com a detida. Eles assistiram em silêncio, à medida que eu conduzia o teste do bafômetro. Os resultados mostraram que o nível de álcool no sangue dela era de 0,20, o dobro do limite permitido para dirigir naquela época.

Quando me preparava para escoltar a prisioneira até a cela, o tenente e o sargento me disseram para esperar com ela na área de registro e fichamento. Ao mesmo tempo, o chefe de polícia chegou — o que era extremamente raro. Ele estava acompanhado por um advogado conhecido. Após se reunirem brevemente, a prisioneira deixou a delegacia com o advogado. Eu mal podia acreditar no que meus olhos estavam vendo.

Alguns dias depois, apresentei meu caso no tribunal. Via de regra, por se tratar do juizado de pequenas causas, o chefe de polícia participava de todas as audiências a fim de observar como nos comportávamos. Só que, desta vez, ele não estava presente e designou um dos detetives para substituí-lo. Quando perguntei ao detetive o que estava acontecendo, ele apenas deu risada e quis saber se eu estava preparado para aprender o que de fato acontece em um tribunal. Não sabendo ao certo o que esperar, me dirigi até a mesa em que o promotor da cidade costumava sentar, mas ele também não estava na sala do tribunal. Quando passei os olhos pela mesa da ré, vi o mesmo advogado da noite da prisão. No entanto, ele estava sozinho, *sem* a ré.

Quando o juiz chegou, a ré ainda não havia chegado. O juiz, que também era advogado local, anunciou o número do processo e, em seguida, solicitou que eu apresentasse minhas provas. Nervoso, descrevi como a mulher havia nos fechado com o carro, obrigando-me a subir na calçada. Contei que ela bateu no carro atrás de nós e saiu dirigindo, deixando a cena do acidente, até que dei meia-volta e ordenei que encostasse o veículo. Narrei ao tribunal o seu comportamento e a sua incapacidade de passar em um teste de sobriedade. Li os resultados do bafômetro e disse ao juiz que aquela era toda a informação que eu tinha disponível.

Esperei o advogado de defesa refutar as evidências ou me perguntar alguma coisa, mas nada aconteceu. O juiz decidiu que a evidência não era o bastante para sustentar uma acusação de dirigir alcoolizado. Assim, ele limitou as acusações para "embriaguez pública e condução imprudente" e considerou a ré culpada. O advogado de defesa fechou seu caderno de anotações emitindo um ruído que me pareceu uma celebração e sorriu para o juiz sem dizer uma palavra. O caso foi encerrado.

A expressão em meu rosto deve ter sido de pura incredulidade, porque o juiz se aproximou de mim e fez questão de apertar minha mão, dizendo que eu havia feito um excelente trabalho e que tinha um futuro brilhante pela frente. Ele me apresentou ao advogado de defesa.

Depois que todos saíram da sala de audiências, me vi sozinho com meu parceiro, o policial veterano que estava sentado no banco do passageiro do meu carro na noite em que achei que estava fazendo uma coisa boa e nobre — afastar uma motorista perigosa das ruas de Bluefield.

Cara, me senti um idiota.

"Bem-vindo ao mundo de politicagem das cidades pequenas", disse meu parceiro, saindo da sala de audiências na minha frente.

JAVIER

Após eu conseguir meu primeiro emprego no gabinete do xerife, fizemos a mudança da minha mãe da fazenda em Hebbronville para a casa da minha avó, que ficava a uma hora de distância de Laredo. O câncer havia retornado com toda a sua força, havia se espalhado dos seios e tomado conta de todo o seu corpo, e minha mãe precisava estar perto do hospital onde fazia o tratamento.

Eu a acompanhava às consultas com o oncologista e às sessões de quimioterapia sempre que podia, revezando com a minha avó para cuidar dela. Mas nada surtia efeito. Minha mãe tinha apenas 50 anos quando faleceu. Eu estava feliz por ela ter conseguido ir à minha colação de grau e ter me visto conseguir meu primeiro emprego no gabinete do xerife de Laredo. Ela me disse que estava muito orgulhosa de tudo que eu havia conquistado.

Sua morte foi a coisa mais dolorosa que já enfrentei, em parte porque éramos muito próximos e porque sempre enxerguei as mulheres da minha família como fontes de força sem igual.

Eu era muito próximo da minha mãe e da minha avó, que nunca perderam nenhum dos meus jogos de beisebol ou futebol no ensino médio. Minha avó era a mulher mais durona que eu já conheci — o porto seguro da família. Ela falava somente espanhol e sabia apenas algumas palavras em inglês, mas sempre conseguia se virar. Seu nome era Petra, mas todos a chamavam de Pete, incluindo meu avô. Fumante inveterada, ela tinha 1,70 de altura e pesava mais de 80 kg. Nunca a vi sem um maço de Winston, mesmo quando desenvolveu problemas respiratórios e seu médico disse que o cigarro a mataria. Ela afirmava que nunca tragava, no entanto, todos nós sabíamos que não era verdade. Toda a família vivia me implorando para não comprar seus cigarros, mas ela suplicava para que comprasse e eu sempre cedia. Não conseguia dizer não para a minha *abuelita*.

Era desse jeito que eu e meu irmão a chamávamos — vovozinha! E quando se tratava de nós, ela tinha o coração mais gentil e compreensivo do mundo. Ela sempre nos dava os melhores presentes de Natal. Quando eu tinha 7 anos, ela comprou minha primeira bicicleta — uma Texas Ranger vermelha com dois faróis.

Éramos também muito próximos do meu avô, que tinha profundos olhos azuis e compleição frágil — o oposto da minha robusta *abuelita*. Meu avô se chamava Francisco, mas todos os chamavam de Pancho. Ao contrário da minha avó, ele era um intelectual, um analista de registros imobiliários que trabalhava em uma empresa de análise de títulos imobiliários local. Ele nunca tinha fumado ou bebido e era obcecado por cuidar da saúde, antes mesmo disso virar moda. Em geral, seu jantar preferido era uma maçã cozida com uma tigela de leite com granola. Eu ficava me perguntando como e por que eles se apaixonaram, visto que suas personalidades eram completamente opostas. Quando a casa deles em Laredo foi roubada, meu avô correu para fechar todas as portas e janelas da residência e depois achou um lugar para se esconder. Minha avó enfrentou os delinquentes com um martelo.

Em Laredo, minha avó, que também era bastante religiosa, abria as portas de sua casa para reuniões da igreja e se tornou confidente do pároco espanhol local. Todo domingo à tarde, ele, mais do que depressa, corria para a casa dela a fim de saborear seus tamales — delicados travesseiros de massa de milho macia, recheados com carne bovina e suína que fumegavam quando você os desembrulhava de suas fronhas de palha de milho.

Minha avó era uma cozinheira de mão cheia e nunca recorria a um livro de receitas. Quando eu era criança, todo domingo pegávamos uma hora de estrada de Hebbronville até Laredo para visitar meus avós e nos banquetear com sua comida. Minha mãe adorava essas visitas e passava horas cozinhando com a minha avó. A especialidade delas era *cabrito en su sangre* (cabrito em seu sangue, em tradução livre). Minha mãe, minha tia e minha avó costumavam cruzar a fronteira de Nuevo Laredo para buscar um cabrito recém-abatido. Elas insistiam em observar o abate do animal a fim de garantir que seu sangue fosse armazenado em um saco plástico separado, para não contaminar a carne nem ser misturado com o sangue de outro cabrito, coisa que também poderia estragar a carne. O sangue era posteriormente misturado em um aromático molho com pimentas ancho e chili verde, alho, cominho e orégano. O cheiro da refeição tomava conta da cozinha da minha avó, e, após cozinhar lentamente durante horas, o guisado escurecido era então colocado por cima de uma porção fumegante de arroz mexicano em pratos de barro. A refeição era sempre acompanhada por tortilhas de milho caseiras.

Quando consegui meu primeiro emprego em segurança pública em Laredo, no gabinete do xerife do condado de Webb, me mudei com muito gosto para a casa dos meus avós. Eles ficaram tão felizes que eu moraria lá que construíram um puxadinho na casa, com direito a meu próprio quarto e banheiro.

Minha avó contava orgulhosamente para todo mundo que meu primeiro emprego era no gabinete do xerife, ainda que eu não passasse muito tempo perseguindo bandidos em uma das regiões fronteiriças mais vazadas e movimentadas do país — onde, naquela época, os traficantes facilmente contrabandeavam drogas do México nas carretas dos caminhões que congestionavam as pontes sobre o Rio Grande. Em meu primeiro emprego efetivo como policial, minhas principais tarefas se limitavam e consistiam essencialmente em supervisionar os prisioneiros na penitenciária local. Eles variavam de ladrões de galinha a traficantes de drogas e políticos presunçosos acostumados a conseguir o que queriam.

Os irmãos Aranda eram os piores. Arturo Daniel Aranda e seu irmão Juan José foram provavelmente os primeiros traficantes de drogas que conheci, e eles sempre pegavam pesado comigo. Eram bem violentos e não se importavam com nada, possivelmente porque sabiam que passariam o resto de suas vidas na cadeia. Devo admitir que muita gente que trabalhava no gabinete do xerife do condado de Webb os detestava por terem matado um jovem policial do Departamento de Polícia de Laredo. Logo após a meia-noite do dia 31 de julho de 1976, Pablo Albidrez Jr. respondeu a uma chamada de Candelario Viera, policial à paisana do departamento de narcóticos que seguia uma caminhonete com placas de fora da cidade em direção às margens do Rio Grande, um conhecido ponto de passagem de drogas vindas do México. Viera fora designado para ajudar uma força-tarefa da DEA e viu os irmãos Aranda carregando sacos de estopa no porta-malas do carro. Os sacos continham mais 225 quilos de maconha.

Viera dirigia um carro descaracterizado, seguiu a caminhonete e pediu ajuda por rádio. Em um cruzamento, a viatura policial de Albidrez cercou a caminhonete. Viera encostou logo atrás.

"É a polícia! Saiam do veículo! Saiam do carro!", gritou Viera, empunhando sua pistola Browning 9mm.

Mas nenhum barulho vinha da caminhonete, e os dois policiais decidiram se aproximar com cautela. Foi então que os irmãos Aranda começaram a atirar furiosamente. As balas ricocheteavam para todos os lados e em todas as direções.

Quando cessou o tiroteio e os policiais que chegaram ao local prenderam os irmãos — Arturo havia ferido o ombro e a mão esquerda —, Viera olhou para trás e se deparou com Albidrez encolhido na frente da viatura policial, pressionando o próprio peito. O tiro perfurou seu distintivo policial. Albidrez, de 28 anos, morreu a caminho do Mercy Hospital. Deixou uma jovem esposa e duas filhas pequenas.

Outro homem que estava detido na cadeia quando eu trabalhava no gabinete do xerife era o poderoso chefe político de Laredo, J. C. "Pepe" Martin. Em Laredo, Pepe Martin era uma lenda. Seu pai, J. C. Martin Sr., era um abastado proprietário de terras que havia sido eleito xerife do Condado de Webb. J. C. Jr. seguiu os passos do pai, ingressou na vida pública e se tornou o "patrón" supremo — um chefe político democrata que prometia empregos em troca de votos e exercia um poder quase absoluto em seu cargo. Ele exerceu seis mandatos de quatro anos como prefeito e governou a cidade entre 1954 e 1978, quando decidiu que já estava farto da política e se recusou a concorrer a outro mandato. Pepe era dono de incontáveis fazendas com áreas a perder de vista e não achava nada demais dispor dos trabalhadores e das máquinas da cidade para cuidar delas. Um mês após o candidato reformista, Aldo Tatangelo, ser eleito prefeito, Martin foi denunciado por fraude postal. Ele se declarou culpado e pagou uma multa de US$1.000, além de US$200.000 à cidade. Ele também teve que cumprir "pena de prisão" e passou trinta finais de semana na cadeia.

Mas, apesar de sua condenação, Pepe Martin ainda exercia um grande poder no Sul do Texas. Minha função era colocá-lo em uma cela no andar térreo durante os finais de semana, após deixarem-no lá todas as sextas-feiras às 6h da tarde. No entanto, eu tinha ordens rigorosas para deixá-lo na cela sozinho e nunca trancá-la. Ele era um senhor simpático e carismático, e gostava de sair da sela e conversar conosco durante o dia. Na verdade, ele podia andar livremente em qualquer parte da penitenciária, batia papo com a gente e agia como um cara normal. Todo domingo, às 7h da manhã, um Suburban preto o esperava do lado de fora da prisão, e eu o liberava para seu motorista. Era a política em todo o seu esplendor!

Quando não estava trabalhando, eu atravessava o Rio Grande em Nuevo Laredo para tomar umas nos bares onde não existia idade mínima para beber e onde tudo era bem mais barato do que no lado norte-americano. Nas décadas de 1970 e 1980, não era necessário um passaporte para atravessar a fronteira, e a cidade ainda era relativamente segura. Uma década mais tarde, a violência proveniente da guerra do tráfico levaria ao fechamento de muitos bares e restaurantes em Nuevo Laredo. A violência era fomentada pelos Los Zeta, uma organização criminosa originalmente formada por desertores das Unidades das Forças Especiais do Exército Mexicano. Em 1990, o grupo acabou se tornando o braço armado do Cartel do Golfo, assassinava brutalmente os grupos rivais em uma guerra sangrenta pelo território e estava envolvido com tráfico sexual e sequestros. Anos depois, eles transformaram Nuevo Laredo praticamente em uma zona de guerra, à medida que o grupo se tornava cada vez mais poderoso e lutava pelo controle de rotas lucrativas de tráfico de drogas. Em meados dos anos 1990, os Los Zetas assumiram o controle de muitos estabelecimentos comerciais mexicanos. Outros tantos fecharam as portas devido à "taxa" imposta pelos Los Zetas. Após uma série de massacres na cidade, muitos negócios mexicanos acabaram se mudando para a fronteira de Laredo e San Antonio.

Mas, quando eu trabalhava no gabinete do xerife, a maioria de nós frequentava o lado mexicano para tomar cerveja e comer fajitas e passava a maior parte do tempo circulando nos bares e discotecas. Havia a Lion's Den, onde os misturadores de bebidas dourados exibiam a cabeça de um leão imperial.

A discoteca era a diversão dos adolescentes ricos do Sul do Texas. Nas imediações, o Cadillac Bar contava com música ao vivo e um cardápio mais sofisticado. Fundado originalmente em Nova Orleans, os proprietários transferiram o restaurante para Nuevo Laredo durante o início da Lei Seca dos Estados Unidos, em 1920. Traficantes e os políticos endinheirados de Laredo que frequentavam o local participavam das famosas apostas do Super Bowl. As rodadas começavam em US$1.000 e, mesmo a esse valor, se esgotavam rapidamente. O local dos ricaços era demais para mim, e, na maioria das vezes, eu e meus amigos frequentávamos o Boy's Town, uma zona de prostituição, onde os bares e bordéis ofereciam cerveja a um preço mais em conta.

Anos depois, quando um bandido colocou uma arma na minha cabeça, foi o fato de conhecer os bordéis e bares da Boy's Town que acabou salvando minha vida.

Quando eu ainda trabalhava no gabinete do xerife, meu melhor amigo era Poncho Mendiola, um cara mais velho que se aposentara do Departamento de Segurança Pública do Texas. Como eu, ele lecionava na Laredo Junior College, onde era presidente do departamento de repressão ao crime. Passávamos muito tempo juntos bebendo cerveja e fazendo churrasco. As pessoas em Laredo viviam reclamando que o dinheiro era curto, mas aparentemente sempre tinham a geladeira cheia de cervejas e fajitas de sobra na churrasqueira. Na realidade, cerveja e carne muitas vezes se tornavam moeda na fronteira, onde existia um verdadeiro senso de comunidade. Nas vezes que amassei minha viatura policial, Poncho me ajudou a consertá-la sem que meus supervisores descobrissem. Eu e Poncho íamos a uma velha garagem que também era ponto de encontro da polícia em Laredo. O dono, Nando, reparava as viaturas policiais e os veículos do governo em troca de cerveja e carne, que era assada ali mesmo, enquanto ele consertava os carros. Nando também fazia "negócios" com clientes habituais: cobrava a mais das seguradoras pelo serviço prestado e devolvia parte do dinheiro aos clientes. A oficina não existe mais, fechou após a morte de Nando.

Ao menos por um breve período, senti que tinha uma vida boa em Laredo. Tinha uma casa só para mim e não precisava pagar aluguel. Ia para qualquer lugar que quisesse, minha avó me cobria de mimos e preparava as minhas refeições favoritas. Ela era também minha fiel escudeira, e, quando terminei com uma namorada, minha *abuelita* se revelou uma defensora implacável. Hoje, percebo que era uma maneira covarde de tratar as mulheres, mas na cultura machista e cowboy do Sul do Texas, eu nem cogitava essa possibilidade.

Ainda assim, minha avó não conseguia consertar tudo em minha vida romântica. E, se ela tivesse feito isso, talvez eu nunca acabaria me candidatando para trabalhar na DEA.

Na verdade, foi por causa de uma mulher que acabei na DEA. Em 1982, eu estava decidido a fazer a coisa certa e me casar com minha namorada em Laredo quando ela me disse que estava grávida. Mas, no dia anterior ao nosso casamento, quando ela me ligou para contar que havia menstruado, peguei minhas tralhas e deixei Laredo o mais rápido que pude!

Subi no meu Chevy e me mandei ao raiar do dia como um fugitivo, morrendo de medo de que os irmãos dela viessem atrás de mim. Quando eu estava a quatro horas de distância da cidade, liguei para dar as más notícias.

"Você vai me deixar?", disse ela, incrédula.

"Na verdade, já deixei", respondi.

Ela havia me manipulado muito bem. Fomos até a uma clínica em que a enfermeira me disse que ela estava grávida.

Depois que a abandonei no altar, me tornei *persona non grata* em Laredo, onde a família dela era muito bem relacionada. O amigo da minha ex-noiva era administrador da Laredo Junior College, onde eu ainda lecionava no curso de justiça criminal. Após o incidente, ele me disse que eu deveria me demitir e deixar

Laredo, porque não era mais um bom exemplo para meus alunos ou para a comunidade como um todo.

Captei a mensagem e comecei a procurar formas de sair da cidade. Meses depois, me candidatei para a DEA.

STEVE

Eu já estava farto de ser policial em uma cidade pequena e, passada uma década, também me vi lutando para sustentar dois filhos pequenos em um casamento condenado.

Em novembro de 1981, somente alguns meses após o nascimento do meu segundo filho, Zach, e o fim definitivo do meu casamento, consegui um emprego como agente especial na Norfolk and Western Railway e me mudei para Norfolk, que ficava a mais de cinco horas de carro da minha casa em Princeton.

O trabalho pagava o dobro do que eu ganhava como policial em Bluefield. Sempre tinha que lembrar a mim mesmo do quanto estava ganhando, porque, depois de alguns meses como policial ferroviário, eu estava muito infeliz. Desde que me entendia por gente, sonhava em ser aquele policial barra-pesada que trabalharia infiltrado para capturar traficantes de drogas e outros bandidos. Agora, eu me sentia como um guarda-costas de luxo que ficava sentado do lado de fora da entrada de um cais multimilionário onde o carvão era carregado para os navios. Eu gostava de trabalhar na ferrovia, mas não era o que realmente queria fazer.

Para completar minha infelicidade, existia o fato de eu ter acabado de conhecer a mulher dos meus sonhos em Bluefield — uma enfermeira apaixonada por motocicletas e carros possantes —, e eu não conseguia passar mais tempo com ela por estar muito longe.

Pouco antes de conseguir o emprego em Norfolk, conheci Connie, que me foi apresentada por um amigo em comum. Ela chegou à delegacia com um grupo de outras mulheres, enquanto eu estava em um dos meus últimos turnos da madrugada no Departamento de Polícia de Bluefield. Eu estava na sala de pelotão para uma chamada quando o policial de plantão anunciou para o nosso tenente: "Tem um monte de mulheres esperando pelo Murphy na rampa."

Nem me lembro mais das gracinhas que os outros policiais que estavam na sala falaram, mas, quando cheguei até a rampa, soube por que eles estavam com inveja. Conferi meu reflexo no vidro da porta e fiz a minha melhor pose de cara marrento ao olhar para o carro — um Chevy SS azul claro com rodas bonitas, dirigido pela mulher mais bonita que eu já tinha visto. Connie era uma enfermeira de cabelos longos e pele bronzeada. Como eu, ela tinha acabado de se divorciar e trabalhava no turno da noite — no seu caso, na emergência e na ala de cuidados intensivos de um hospital em Myrtle Beach — e gostava de passar a maior parte de suas horas de folga na praia relaxando. Por isso, ela era uma beldade bronzeada.

Depois que começamos a sair, percebi que ela era extremamente habilidosa com carros e motocicletas. Na época, eu tinha uma moto, e, quando soube que ela também tinha sua própria moto, a atração só aumentou. Como um cara que amava aventura e emoção não poderia se apaixonar por uma mulher que tinha sua própria moto?

A fixação de Connie por carros e motocicletas provavelmente se originou por ela ter crescido com dois irmãos e um pai mecânico. Ela sempre dirigia carros esportivos bem legais — veículos que seriam considerados carros possantes, como o Chevy SS ou o Chevy IROC. E sabia o que fazer com uma chave inglesa — aquilo era inacreditavelmente empoderador e sensual! Um dia, voltei para casa e encontrei Connie instalando alto-falantes novos em seu carro, um reluzente Camaro Z/28. Era um projeto bastante ousado que envolvia a remoção do painel, empreitada que nem em sonho eu conseguiria sozinho.

Desde o primeiro momento, notei que Connie amava seu trabalho, e por isso ela foi capaz de perceber que eu tinha a mesma paixão pelo meu. Logo de início, confessei a ela o meu sonho de desempenhar um trabalho importante na polícia, ter uma rede de informantes e trabalhar infiltrado para capturar bandidos, sobretudo traficantes de drogas. Eu sonhava em ser um agente especial da DEA antes mesmo de saber que essa posição existia.

Antes de iniciar minha carreira, eu já havia lido diversos livros e artigos sobre policiais que trabalhavam infiltrados em grupos e organizações. Para mim, parecia um desafio de verdade, e certamente devia ser emocionante.

Além do mais, eu já havia visto o perigo e a destruição causados pelos narcóticos ilegais — como as drogas aniquilavam a vida dos usuários e mudavam suas personalidades; como, de vidas promissoras, eles passavam a ter vidas repletas de desespero e agonia. Não menos importante, como isso afetava negativamente suas famílias, seus amigos e outras pessoas ao redor.

Os narcóticos ilegais eram um problema antigo nos Estados Unidos, mas foi somente na década de 1970 que as autoridades federais decidiram endurecer o cerco e criar uma agência de repressão ao crime cujo único objetivo era acabar com a ameaça perseguindo os traficantes.

As drogas ilícitas não eram nenhuma novidade nos Estados Unidos. Na década de 1930, a heroína começou a entrar no país vinda do sul da França. Sua matéria-prima eram as papoulas cultivadas na Turquia e no Extremo Oriente que chegavam em navios que atracavam em Marselha, um dos portos mais movimentados do Mediterrâneo. A heroína era produzida em laboratórios clandestinos da cidade e traficada por gangsteres da Córsega e pela máfia siciliana que compunham a chamada Conexão Francesa. A heroína então era transportada para a cidade de Nova York, em quantidades que hoje seriam inexpressivas. A primeira grande apreensão de heroína ocorreu em Nova York, em 5 de fevereiro de 1947, quando a polícia apreendeu sete quilos da droga de um marinheiro da Córsega.

Anos mais tarde, um congressista republicano de Connecticut começou a alertar que a heroína estava se tornando uma calamidade e levando a altos índices de dependência química e criminalidade nos Estados Unidos. Em abril de 1971, o deputado Robert Steele começou a investigar relatos de aumento nas taxas de dependência química entre os soldados norte-americanos que retornavam do Vietnã. Os relatórios davam a entender que 10% a 15% dos soldados dos EUA eram viciados em heroína.

Essas constatações, somadas ao consumo desenfreado de maconha entre os hippies da contracultura, deixaram grande parte dos agentes de segurança pública alarmados, prevendo os primeiros sinais de uma epidemia iminente. Na prática, o abuso de drogas estava se alastrando em todo o país, visto que os traficantes dos EUA e da América do Sul começaram a seguir os passos de seus colegas da Córsega e da Sicília, abastecendo a crescente demanda dos EUA por maconha, cocaína e heroína.

Nesse cenário tenso, o presidente Richard Nixon declarou "uma guerra global contra a ameaça das drogas" e iniciou o processo de criação de uma agência federal exclusivamente dedicada à aplicação da lei federal antidrogas. Antes, o governo federal dependia de numerosas autoridades diferentes que simplesmente não tinham a força necessária para travar a guerra global de Nixon.

"Neste momento, o governo federal enfrenta uma guerra contra o abuso de drogas em condições desfavoráveis, pois seus esforços são empregados por meio de uma aliança confederada desarticulada que enfrenta um inimigo mundial ardiloso e cheio de recursos", declarou Nixon. "Não restam dúvidas de que as implacáveis redes do submundo que movimentam os narcóticos de fornecedores em escala mundial não respeitam as fronteiras impostas pela burocracia, dificultando nossos esforços contras as drogas."

Nixon exigiu um comando centralizado para lidar com a calamidade. Para tal, em 1º de julho de 1973, um decreto presidencial instituiu a Drug Enforcement Administration [Agência

Antidrogas dos Estados Unidos], uma agência federal dedicada a reprimir e acabar com o uso e tráfico de drogas. Indiscutivelmente havia segundas intenções relacionadas ao foco de Nixon nas drogas, uma vez que ele lutava para desviar a atenção da mídia do escândalo que culminaria no fim de seu mandato presidencial. Mas, na época, a criação de um grupo federal de repressão ao crime que atuaria como uma poderosa força de ataque parecia uma boa ideia.

Quando não estava trabalhando, eu sentia falta de Connie. Começamos um relacionamento a distância depois que me mudei para Norfolk e só conseguíamos nos ver uma vez ao mês. Por fim, Connie conseguiu um emprego de enfermeira em um hospital nas proximidades de Virginia Beach para que pudéssemos ficar juntos. Foi a primeira de muitas ocasiões em que ela sacrificaria sua carreira pela minha.

Depois de cerca de dois anos como policial ferroviário, retornei às minhas raízes policiais e fui transferido de volta para Bluefield. Connie e eu queríamos ficar mais perto de nossas famílias. No entanto, essa mudança de planos não contribuiu em nada para me deixar mais feliz com o meu trabalho, embora Connie tivesse conseguido um emprego de enfermeira no Princeton Hospital, nas imediações. Ainda que gostasse de trabalhar com outros policiais ferroviários, que eram investigadores bem talentosos, eu ainda estava trabalhando no que considerava um cargo sem perspectivas.

A primeira vez que ouvia as iniciais DEA foi um em uma lanchonete 24h em meio a ovos e xícaras de cafés intermináveis, depois do fim de um turno da madrugada em Bluefield. Entre uma garfada e outra de ovos mexidos encharcados de ketchup, Pete

Ramey, um colega policial ferroviário, me contou sobre trabalhar infiltrado para prender traficantes de drogas. Pete era um cara alto e imponente, de fácil trato. Ex-policial estadual da Virgínia, ele passou um tempo trabalhando na narcóticos em toda a Virgínia e como oficial da força-tarefa da DEA em Roanoke. Quando Pete se juntou à polícia ferroviária, fui sua espécie de tutor e, quando fazíamos os mesmos turnos à noite, íamos ao Hardee's depois do trabalho, e eu o enchia de perguntas sobre a sua experiência policial na narcóticos. Devo ter perguntado a mesma coisa repetidas vezes, mas ele sempre tirava um tempo para responder às minhas perguntas e esclarecer minhas dúvidas.

Pete, mais do que ninguém, sabia que eu não estava feliz trabalhando como agente ferroviário e começou a me incentivar para que eu me candidatasse a uma vaga na DEA. A princípio, não achei que fosse algo possível. Eu já havia me candidatado antes para duas vagas de agente federal e fiquei desmotivado pelo fato de o processo ter sido extremamente lento. Isso sempre me desanimava. No entanto, Pete insistia, me encorajando a concluir minha graduação a fim de que eu pudesse me candidatar a uma vaga na DEA.

Na primavera de 1984, as coisas começaram a melhorar. Connie e eu nos casamos em uma pequena cerimônia rodeados por familiares e amigos próximos. Logo após a recepção, partimos para nossa lua de mel, um cruzeiro pelo Caribe saindo de Miami. Foi a primeira vez que voei em um avião com mais de um motor.

Quando retornamos da lua de mel, comecei a me familiarizar com as minhas novas atribuições de inspecionar cargas de trens em Bluefield. Digamos que um incidente de vida e morte colocaria repentinamente minha carreira no centro das atenções. Isso me forçou a sair da minha zona de conforto e abriu as portas para o risco do desconhecido, bem como para a emoção.

Um sábado à noite, enquanto eu patrulhava as imediações da Norfolk and Western, no centro de Bluefield, para garantir que nenhum prédio ou veículo tivesse sido arrombado, ouvi o que me parecia ser estalos de tiros e gritos abafados a distância. Ao me aproximar do tiroteio, vi um policial de Bluefield agachado atrás de uma viatura de polícia. Ele estava com uma arma apontada para o terceiro andar de um prédio à sua frente, onde um atirador efetuava disparos que mais pareciam balas de canhões. Reconheci os estrondos de uma Magnum calibre .44 e vi as balas ricochetearem na viatura e por pouco não atingiram o jovem policial. Os gritos ficaram mais próximos e percebi que vinham de um homem deitado na calçada, e debaixo dele havia uma mancha escura de sangue que se espalhava pelo concreto.

Corri imediatamente em direção ao policial e perguntei se o reforço estava a caminho, mas ele era tão novo na corporação que nem pensou em pedir ajuda. Disse a ele que passasse um rádio para o departamento de polícia e saí correndo para ajudar o homem ferido. Eu o arrastei para uma porta recuada de entrada, de modo que ele ficasse fora do alcance do atirador no andar de cima. Depois trocamos tiros com o atirador no terceiro andar.

Quando os reforços chegaram, o policial conseguiu convencer o atirador a se render sem ferimentos. Mais tarde, ajudei os detetives na cena do crime ao colher os depoimentos das testemunhas.

Logo descobrimos que o homem armado havia retornado ao seu apartamento e encontrado a esposa com outro cara. O marido colérico pegou sua Magnum e atirou no traseiro do outro homem enquanto ele fugia do terceiro andar.

Voltei à central da polícia ferroviária por volta das 6h30 da manhã, convicto de que tinha feito a coisa certa ao ajudar um colega policial em uma situação potencialmente fatal. Eu sentia orgulho do que tinha feito e reportei ao chefe do departamento sobre o meu envolvimento no tiroteio.

"Mas o que é que esse tiroteio tem a ver com assuntos ferroviários?", questionou ele e, conforme eu tentava explicar que considerava meu dever socorrer um colega, ele ficava cada vez mais agressivo. Era uma regra implícita: os policiais de rua sempre se ajudavam, sobretudo se um deles estivesse correndo risco de vida. A polícia é uma sociedade fechada — uma irmandade extremamente coesa, rápida em proteger os seus.

No entanto, o chefe do departamento era um burocrata que nunca havia trabalhado na rua. Enfurecido, ele não acreditava em nada do que eu estava falando. Então, foi ao nosso escritório e exigiu que eu entregasse minha arma — um revolver Smith & Wesson modelo 15 de cano curto e calibre .38/.357. Antes de devolver meu revólver, tirei as balas do tambor, prática comum de segurança com qualquer arma de fogo.

O chefe ficou histérico. Começou a gritar que eu não deveria ter esvaziado minha arma porque agora ele não conseguiria determinar quantos cartuchos eu tinha disparado. Perguntei se ele realmente achava que eu não recarregaria minha arma após um tiroteio. Em seguida, peguei as cápsulas vazias do meu bolso e lhe entreguei para que visse quantos cartuchos eu havia disparado.

Foram quinze minutos constrangedores de avacalhação. Porém, me mantive firme e disse-lhe que, dadas as mesmas circunstâncias, eu faria exatamente a mesma coisa, nunca abandonaria um policial em perigo. E se pode afirmar o mesmo em relação a quase todos os policiais ferroviários que trabalham em Bluefield, assim como em todo o país. Foi quando ele me ameaçou dizendo "que conseguiria minha demissão" em razão do incidente.

Eu havia decidido que meu trabalho como agente ferroviário já tinha dado o que tinha que dar. Mais tarde, fui entrevistado por detetives da BPD, bem como pelo alto escalão policial da Norfolk and Western sobre a minha participação no tiroteio. Felizmente, os chefões tinham sido policiais de rua antes de se tornarem policiais ferroviários, e eles entenderam. O Departamento de Polícia de Bluefield ficou tão satisfeito comigo que me concedeu uma menção honrosa pela minha bravura e auxílio a um colega. Obviamente, o chefe do departamento não ficou nada feliz com o rumo que as coisas tomaram.

Após o tiroteio, decidi que já bastava de trabalhar com policiamento de cidades pequenas — de novo. Segui tentando concluir minha graduação, que havia sido interrompida durante meu primeiro casamento e nascimento de meus filhos. Em maio de 1985, quando finalmente me formei e peguei meu diploma, mais do que depressa me candidatei para me tornar um agente especial da DEA.

Fiquei esperando um tempão pela resposta. Eu não fazia ideia de que demoraria dois anos.

Eu resmungava e reclamava sem parar. Liguei para a sede da DEA inúmeras vezes. E também me encontrei com Pete. Ele me ouvia e jamais hesitava em me encorajar, sempre entusiasmado com a carreira que ele sabia estar prestes a se concretizar.

Soube que um ex-colega de faculdade, Dave Williams, trabalhava como agente da DEA em Miami. Dave e eu fizemos o primeiro exame policial juntos, em 1975. Enquanto eu trabalhava para a polícia da cidade, Dave escolheu trabalhar no departamento do xerife. Após passar alguns anos lá, ele se mudou para Charleston, Carolina do Sul, onde se tornou um policial extremamente condecorado. Liguei para Dave em Miami para ver se ele tinha algum conselho a oferecer sobre o que eu deveria fazer. Como velho amigo, ele me deu forças, mas não estava em uma posição que ajudaria com o meu processo de candidatura.

Entrei em pânico. E, após mais de dezoito meses depois de entregar minha inscrição, decidi ir ao escritório da divisão DEA em Washington, D.C., determinado a falar pessoalmente com o recrutador.

O agente especial Charlie West me encontrou na área da recepção com uma expressão um tanto confusa.

"Você tem hora marcada?", perguntou.

Deixei escapar que queria muito um emprego na DEA e tinha aproveitado a chance de encontrá-lo no escritório, pois a agência não tinha me dado retorno algum. Charlie ficou nitidamente abismado. É bem provável que ele tenha me achado um idiota por ter passado horas dirigindo — fiz um trajeto de cinco horas de viagem de Bluefield a Washington — na esperança de encontrá-lo.

Mesmo assim, Charlie verificou meu status e voltou para me informar que minha candidatura ainda estava sendo processada. Ele disse que veria o que poderia fazer para agilizar as coisas, e eu fui embora.

Em poucas semanas, recebi uma ligação de Charlie, que me disse para retornar a Washington para uma entrevista. Fiquei radiante, mas acho que Pete ficou ainda mais feliz. Correu tudo bem na minha entrevista, e Charlie iniciou o processo de investigação, um dos primeiros obstáculos no caminho para ser aceito na agência federal de elite. No entanto, depois de alguns meses, recebi uma carta chocante da DEA informando que minha candidatura fora recusada devido a razões médicas.

Alguns anos antes, tive problemas com uma úlcera no estômago. Embora eu não tenha tido complicações por anos, isso foi o bastante para me desclassificar como agente. Nem preciso dizer que fiquei completamente inconsolável, e foi Pete quem veio em meu socorro mais uma vez. Pensei também em meu pai e seu desejo de entrar no exército — uma necessidade que o fez trapacear em seu exame oftalmológico. Por uma fração de segundos, considerei fazer o mesmo, mas, no fim, não precisei.

Pete me contou que a DEA tinha um processo que me permitia contestar os resultados. E, depois de conversar com o médico da DEA na sede da agência, recorri a dois outros médicos, fui submetido à triagem necessária e enviei meus resultados à agência, pedindo-lhes que reconsiderassem minha candidatura.

Em maio de 1987, fui transferido de volta de Bluefield para Norfolk. Fazia poucas semanas que eu estava lá quando, no início de junho de 1987, finalmente recebi o telefonema do departamento de recrutamento me parabenizando por ter sido aceito como candidato para participar de um treinamento de agentes especiais e me perguntando se eu poderia me apresentar no escritório da DEA em Charleston, na Virgínia Ocidental. Uma semana depois, me apresentei à Academia de Treinamento da DEA, localizada na base do Corpo de Fuzileiros Navais dos EUA em Quantico, Virgínia. Eu nem hesitei. Quando recebi a ligação, aceitei imediatamente e concordei em me apresentar em Charleston na semana seguinte. Após ligar para Connie, entreguei minha carta de demissão na polícia ferroviária, empacotei tudo no apartamento temporário que havia alugado em Norfolk e voltei para Bluefield. Felizmente, eu tinha três semanas de férias pendentes e as usei para comunicar que estava me demitindo.

Acabou que eu tinha tanta certeza de que seria aceito na DEA que me recusei a renovar meu contrato de aluguel.

JAVIER

Fiz meu treinamento da DEA no Centro de Treinamento de Segurança Pública Federal em Glynco — um campus de cerca de 650 hectares no sudeste da Geórgia, localizado entre Savannah e Jacksonville, na Flórida. Era a primavera de 1984 e a epidemia de crack começava a se espalhar rapidamente nos Estados Unidos. Da noite para o dia, parecia que as drogas estavam em todos os lugares.

Não consegui deixar de pensar nisso quando iniciei o programa intensivo de dezoito semanas que me transformaria em um soldado de elite na guerra norte-americana contra as drogas.

As semanas que passei no campo de treinamento da DEA foram os dias mais difíceis da minha vida, mais duros do que o treinamento para obter a certificação do Gabinete do Xerife do Condado de Webb, em Laredo. Em primeiro lugar, os instrutores do Centro de Treinamento de Segurança Pública Federal (FLETC, na sigla em inglês) eram todos agentes veteranos, provenientes do FBI e da DEA. Eles não toleravam disparidades. Se você fosse reprovado em dois testes, simplesmente o mandavam embora.

Ficávamos alojados em um tipo de apartamento em grupos de quatro homens. Nós quatro rapidamente nos tornamos amigos e cuidávamos uns dos outros. À noite, estudávamos juntos, o que exigia muita disciplina depois de um dia exaustivo de exercícios e "aulas práticas" — cenários liderados por agentes profissionais, que deveriam nos ensinar habilidades básicas de vigilância. No começo, as aulas práticas eram simples, mas depois evoluíam para casos mais complexos. Cada caso prático era diferente e cada agente era designado como agente líder, o que nos preparava para situações reais. A pressão era imensa, porque os instrutores poderiam inesperadamente mandá-lo de volta para casa por um mal desempenho.

Um de nossos colegas de quarto — um advogado que cresceu em uma família abastada de Nova York — começou com o pé esquerdo com um dos agentes instrutores. Desde o início, o agente não foi com a cara dele e passou a infernizá-lo. Nós o incentivamos a não desistir, e ele acabou concluindo o programa. Mas, quando voltou a Nova York, depois de alguns meses na DEA, percebeu que a agência não era para ele.

Durante o treinamento, eu nunca deixava a base. Passava boa parte do tempo apreensivo por causa dos incontáveis testes e aulas práticas que se prolongavam até as 10h da noite, todas as noites, e depois ainda precisava voltar para o quarto e estudar para os próximos testes e aulas práticas. Foi a primeira vez na minha vida que me preocupei com o fato de não ser o tipo certo de pessoa para trabalhar na agência. Aliás, em nossa sala de 45 cadetes, somente 30 foram aprovados. À medida que a dificuldade aumentava, muitos simplesmente eram reprovados ou desistiam por vontade própria. Eu estudava com afinco e tentava manter uma atitude positiva, porque os instrutores pareciam observar todos os nossos passos e estados de espírito.

Eu telefonava para meu pai todo domingo em Hebbronville e lhe contava sobre a minha semana. Conversar com ele a respeito do treinamento e do que estava acontecendo na fazenda me acalmava e me dava confiança suficiente para enfrentar mais uma semana extenuante de testes e atividades físicas.

Uma das coisas de que eu mais gostava era o refeitório comunitário que ficava aberto para os cadetes de diversas agências federais. Eu nunca tinha visto tanta comida na minha vida — mesas repletas de saladas, bandejas fumegantes de purê de batatas, legumes, frango assado e carne. Ainda assim, com tanta comida, consegui perder peso. Entrei na academia pesando cerca de 90kg e saí de lá com 80.

Na minha última semana na academia, eu sabia que havia passado e me lembro do meu coordenador de turma me dizer que eu me saíra bem e me formaria entre os três melhores da turma.

Ninguém veio para a minha formatura. A família e as esposas de muitos caras estavam na cerimônia, mas eu era solteiro e era muito complicado para minha família se deslocar do Texas. Mesmo assim, eu me senti no topo do mundo quando eles me deram minhas novas credenciais e uma arma, e eu mal podia esperar para me exibir.

Mostrei meu reluzente distintivo novinho em folha da DEA no pequeno aeroporto de Brunswick, na Geórgia, enquanto fazia o check-in para o meu voo de volta ao Texas. Mas acho que não fui o primeiro a ter essa ideia. Com o passar dos anos, o pessoal do aeroporto deve ter lidado com centenas de novos recrutas da DEA e do FBI retornando para casa, após o treinamento.

Em todo caso, fiquei profundamente decepcionado por ninguém ter sequer se dignado a olhar meu distintivo que eu exibia com tanto orgulho.

STEVE

Após me submeter às formalidades burocráticas em Charleston, fui para Quantico de terno e gravata. Ou, para ser mais exato, levava meu terno em uma capa apropriada, enquanto eu dirigia os 300km até a Academia de Treinamento da DEA. Não há nada que eu odeie mais do que ter que vestir terno e gravata. O terno me lembra de uma camisa de força e dificulta o movimento dos braços. A camisa engomada parece um papelão pinicando minha pele e a gravata se resume a uma coisa: me sufoca.

Mas eu era um agente recruta básico (BAT, na sigla em inglês) recém-formado, e o manual de treinamento exigia que nos apresentássemos em trajes formais. Antes de chegar a Quantico, parei em um McDonald's para trocar de roupa e depois dirigi os últimos quilômetros até a academia. Ao chegar à base do Corpo de Fuzileiros Navais dos EUA, que seria minha casa pelas próximas treze semanas, percebi que vários outros BATs vestiam jeans e shorts. Eles prontamente foram instruídos a sair e voltar com a roupa adequada.

Eu havia entrado no território da DEA e estava determinado a seguir todas as regras, apesar de sentir muita falta de Connie e não me dar bem com um dos três orientadores aos quais fui designado. Após minha segunda semana na academia, recebi uma ligação urgente de Connie de que meu pai havia sofrido um ataque cardíaco e que o diagnóstico não era bom. O médico sugeriu que os familiares que quisessem vê-lo mais uma vez o fizessem imediatamente. Durante as primeiras cinco semanas de treinamento da

DEA, os BATs não podiam deixar a academia, nem aos finais de semana. Para deixar a academia, era necessário obter permissão de nossos orientadores e da equipe da academia. Naquela noite de sexta-feira, o único orientador disponível era aquele que eu tentava evitar por causa de sua personalidade intransigente. Ao abordar a situação da minha família, como o esperado, ele foi irredutível.

"Tenho um agente recruta que não consegue lidar com seus próprios problemas, o que espera que eu faça?", perguntou.

Fiquei estarrecido, pois pensei que havia entrado na melhor força policial de elite do mundo — a fraternidade suprema, em que os policiais eram casca grossa, mas gentis e apoiavam uns aos outros.

Mesmo após explicar a gravidade da situação de meu pai, o orientador permaneceu indiferente, mas, no final, ele me concedeu a autorização para viajar a Princeton. No dia seguinte, pouco antes de sair para o hospital a fim de visitar meu pai, recebi um telefonema do meu orientador regular perguntando como estava o meu pai e se havia algo que ele pudesse fazer pela minha família e por mim. Como soube mais tarde, isso condizia mais com a DEA fraterna que eu sonhava. Meu pai sobreviveu ao ataque cardíaco e viveu vários anos, antes de finalmente sucumbir a outro ataque cardíaco.

Nossas semanas na sala de aula consistiam em analisar o código federal dos EUA relacionado a violações de narcóticos e leis de lavagem de dinheiro, elaborar relatórios e identificar testagem de drogas, além de lidar com informantes. Havia também cursos de armas de fogo e treinamento físico — ambos levados muito a sério na academia. Aprendemos a lidar com armas e focávamos a boa pontaria e como atacar múltiplos alvos. Praticávamos também o uso de objetos disponíveis para nos proteger em caso de fogo e como lidar com problemas com as armas.

Depois de quase doze anos como policial, eu era um bom atirador. Ganhei reconhecimento em diversas competições estaduais e nacionais, e, quando estava na academia, os instrutores me pediram para trabalhar com alguns dos outros BATs que estavam com dificuldades para atender ao padrão DEA de armas de fogo.

Toda quarta-feira à noite tínhamos a Agent Enrichment Night [Noite de Esclarecimento dos Agentes, em tradução livre], ocasião que exigia que os BATs vestissem trajes formais para o jantar e era sempre seguida por um orador convidado no auditório. Também era noite de carne e vinho, o que tornava o fato de vestir terno tolerável. O único problema era que o refeitório ficava no andar acima da sala de limpeza de armas de fogo, e o cheiro enjoativo e tóxico do solvente Hoppes impregnava tudo o que comíamos.

Pouco antes da formatura, os BATs devem participar de uma cerimônia para anunciar suas novas atribuições. A cerimônia é realizada em uma sala de aula, onde cada BAT é chamado na frente da sala e lhe perguntam para onde gostariam de ser destacados e para que local acham que seriam enviados, antes de receberem um envelope lacrado de um dos instrutores. O envelope é aberto na frente de turma inteira. É também outra ocasião em que infelizmente se exige o uso de terno.

No início do treinamento, cada recruta deve enviar uma lista de desejos com cinco escritórios em todo o país em que eles gostariam de trabalhar. A minha lista incluía Norfolk, Virginia; Wilmington,

Carolina do Norte; Charleston, Carolina do Sul; Jacksonville, Flórida; e Miami, Flórida. Exige-se que os recrutas assinem um acordo de mobilidade que declare que ele está disposto a servir em qualquer local dos Estados Unidos, a critério da DEA.

Quando chegou a minha vez, me levantei e disse que adoraria estar em Norfolk, mas que provavelmente seria destacado para Jacksonville. Suando e com o coração palpitando debaixo da minha camisa branca engomada, rasguei o envelope e li "Miami".

Mais tarde naquele dia, liguei e contei a Connie sobre minha atribuição. Não posso dizer que nós dois ficamos animados. A princípio, não. Estávamos preocupados em ficar tão longe de nossas famílias, só que não tínhamos outras opções. Mais uma vez, Connie deixaria o emprego para me acompanhar. Naquela época não fazíamos ideia, mas era um sacrifício que se prolongaria pelos próximos 26 anos.

Mudar-se para o outro lado do país pode ser rotina para muitas pessoas cujos empregos exigem a transferência frequente, no entanto, como eu logo descobriria, ser um agente da DEA não é um trabalho, é um estilo de vida. Requer longas jornadas de trabalho longe de casa, e os turnos se estendem entre doze e vinte horas, até mais. Os agentes se sacrificam muito para dar conta do recado, o que, por sua vez, exige sacrifícios ainda maiores por parte de suas famílias. É necessário um cônjuge de fibra para tolerar o período em que o agente se ausenta, para administrar um lar, acompanhar as crianças em suas atividades e ainda se firmar em suas próprias carreiras profissionais. Eu já estava ciente de que os casamentos de muitos agentes terminam em divórcio em razão do estresse e da pressão impostos às famílias decorrentes das exigências para ser um agente bem-sucedido. O estresse se soma à preocupação com a segurança, visto que o agente está trabalhando em um dos empregos de repressão ao crime mais difíceis do mundo. Eu sabia que me ausentaria de casa por longos períodos, e que Connie provavelmente enfrentaria muitas coisas sozinha.

Mas, quando nos falamos por telefone sobre a aventura que nos esperava, nenhum de nós se tocou do que estávamos nos metendo. A simples palavra — *Miami* — nos atingiu gentilmente como uma calorosa brisa do mar. Nós nos mudaríamos para Miami e veríamos como seria.

Meu pai estava muito doente para ir na minha formatura da Academia de Treinamento da DEA, mas Connie foi com meus sogros. Na cerimônia, depois dos discursos e das piadas, fiz o juramento de amparar e defender a Constituição, fazer cumprir as leis antidrogas e proteger os Estados Unidos contra inimigos estrangeiros e domésticos.

Vestido em meu terno de lã e camisa branca engomada, percebi que levantei minha mão direita com uma nova sensação de liberdade e destreza de movimento. Depois de passar treze semanas em um dos treinamentos mais difíceis da minha vida, eu havia perdido dois quilos e meu único terno estava grande demais. Mas, enquanto segurava meu novo distintivo reluzente, devo dizer que nunca havia me sentido tão bem e satisfeito comigo mesmo.

JAVIER

Eu estava indo para o escritório da DEA em Austin, Texas, mas primeiro tive que lidar com alguns assuntos pendentes em Laredo, para onde retornei após meu treinamento na DEA.

Estava trabalhando pela primeira vez na narcóticos na fronteira internacional que eu conhecia muito bem como policial. No entanto, entrar no mundo sombrio e estar infiltrado entre os traficantes de drogas e os informantes me deixou confuso. Às vezes, era difícil saber quem eram os bandidos e quem estava do seu lado.

Por exemplo, havia Guillermo González Calderoni, o chefe da Polícia Judiciária Federal do México — uma agência mais ou menos equivalente ao FBI. Calderoni era conhecido como El Comandante e provavelmente era o policial mais poderoso do México. Mas parte de seu sucesso em capturar alguns dos mais poderosos membros do cartel mexicano de drogas residia em seu relacionamento íntimo com os bandidos. El Comandante era excepcionalmente hábil em jogar os dois lados um contra o outro em favor de seu enriquecimento pessoal. Ele crescera com José García Ábrego, irmão de Juan García Ábrego, chefe do Cartel do Golfo, e o considerava um amigo. Claro que tudo isso veio à tona muito tempo depois, quando agentes federais dos EUA descobriram que, enquanto ele caçava alguns dos maiores narcotraficantes do mundo e trabalhava como informante para a DEA, também protegia outros, chegando ao ponto de ganhar milhões para armar ataques contra traficantes rivais.

Esbarrei com Calderoni diversas vezes quando jovem policial e depois como agente da DEA, e nunca confiei nele. Em 1993, ele foi demitido no México, acusado de ajudar a enviar drogas para os Estados Unidos. Calderoni fugiu para o outro lado da fronteira, onde persuadiu um juiz federal dos EUA a negar o pedido de extradição do México por acusações de tortura, enriquecimento ilícito e abuso de poder. Calderoni, que acabou se estabelecendo em um condomínio fechado na cidade fronteiriça de McAllen, Texas, acusou o ex-presidente mexicano Carlos Salinas de Gortari e seu irmão, Raúl, de fazerem negócios com os maiores traficantes de drogas do país. Ele também acusou Salinas de ordenar a morte de dois políticos rivais durante a campanha presidencial de 1988. O ex-policial de 54 anos se tornou um homem marcado e, em 2003, foi morto com uma única bala enquanto estava sentado no banco do motorista da sua Mercedes-Benz prateada, do lado de fora do escritório do advogado dele em McAllen.

Como eu disse, nunca confiei em Calderoni, e minha intuição me dizia para manter a distância, mesmo quando ele era o policial mais poderoso do México. No entanto, no meu primeiro trabalho infiltrado, não consegui evitá-lo. Na época, meus parceiros precisaram recorrer à sua ajuda para prender um traficante de heroína em Nuevo Laredo. Naquela primeira missão, Raúl Perez e Candelario Viés (todos nós o chamamos de Candy) eram meus parceiros. Eram os mesmos caras que estavam envolvidos no tiroteio com os irmãos Aranda quando comecei a trabalhar no gabinete do xerife do Condado de Webb. Candy e Perez eram policiais obstinados e práticos e haviam trabalhado em algumas das maiores apreensões de drogas da fronteira. Como trabalhavam com a DEA há mais de uma década, eles conheciam a identidade de todos os traficantes de drogas que operavam na fronteira e sabiam quem estava cooperando com os federais mexicanos. Talvez até soubessem das conexões escusas de Calderoni, mas não o entregariam, porque precisavam de sua colaboração para fazer qualquer coisa.

Não tenho vergonha de admitir que estava nervoso quando cruzamos a fronteira para Nuevo Laredo, onde estava programado para encontrarmos o alvo. Mesmo no pouco tempo que estive desligado do gabinete do xerife, a cidade mexicana fronteiriça que eu conhecia tão bem estava em uma mudança contínua perigosa. Dentro de anos, a violência provocada pelas drogas a reduziria praticamente a uma cidade fantasma. Os Los Zetas estavam consolidando seu controle, e o chefe de seu cartel, Heriberto Lazcano, lidava com seus rivais com crueldade. Em um caso específico, ele enviou Miguel Treviño Morales, mais conhecido como Z-40, um informante federal e um dos membros mais cruéis do grupo, para aniquilar seus rivais na Guatemala. No México, o Z-40 foi responsável pelo massacre de centenas de pessoas. Em determinadas ocasiões, ele obrigava suas vítimas a lutarem entre si até a morte. Ele submetia outros ao famoso *guiso*, ou caldeirada — que consistia em jogar as pessoas em barris de óleo e depois encharcá-las com gasolina antes de queimá-las vivas.

No mundo sinistro em que agora eu vivia, havia poucas formalidades e pouco respeito pelas regras. Fiquei chocado, pois aparentemente estávamos infringindo a lei ao atravessar o México — outro país! — sem a autorização devida! Candy, Perez e eu simplesmente atravessamos a ponte para Nuevo Laredo sem obter nenhuma autorização necessária do país junto às autoridades federais da Cidade do México, que na época envolvia passar um teletipo e esperar pela aprovação — um processo que normalmente levava alguns dias. Mas Candy e Raúl tinham amigos entre os federais mexicanos da cidade e bastava combinar as coisas com eles. E, como eu era novo na DEA e desconhecido dos traficantes de drogas no lado mexicano, era o agente perfeito para conduzir a operação. Como parte da armadilha, eu deveria me passar por um comprador de heroína. O informante disse ao delinquente que eu tinha dinheiro para negociar. Logo antes da emboscada, nos encontramos com o comandante da polícia federal mexicana para informá-lo sobre a operação. Em seguida, fomos para o restaurante Church's Chicken, onde esperei meu alvo. Cinco minutos depois de me sentar em uma mesa reservada, um homem bem-apessoado e muito cordial com mais ou menos 60 anos apareceu na minha mesa. Ele me perguntou se eu era Juan — minha identidade secreta — e, quando respondi que sim, fez um sinal para eu fosse com ele ao lado de fora do restaurante, onde me mostrou uma bola que mais parecia piche preto. Peguei a heroína e lhe disse que o dinheiro estava no meu carro. Naquele momento, seis agentes da polícia federal mexicana o cercaram e o prenderam sem quaisquer problemas. Senti pena do velho. Por que um homem tão digno e aparentemente instruído estava vendendo heroína em um restaurante de fast-food na fronteira com o México?

De volta a Laredo, os agentes federais mexicanos telefonaram e disseram que a heroína apreendida era pura e me elogiaram pelo belo trabalho. É claro que fiquei contente por tudo ter corrido bem, mas, se quiser saber a verdade, também estava assustado.

Enquanto eu dirigia para Austin e para minha nova vida como agente especial da DEA, tive a sensação de ter embarcado em uma jornada sombria para um país novo e estranho, povoado por AIs, ICs e uma sopa de letrinhas e de acrônimos esquisitos que eu aprenderia ao longo do caminho. Não havia um mapa para me guiar e não tinha como saber de que lado alguém estava.

PARTE DOIS

PARTE DOIS

STEVE

Muito do que eu sabia sobre a cidade de Miami aprendi assistindo aos episódios de *Miami Vice*.

E, quando soube que a DEA estava me mandando para o sul da Flórida em minha primeira missão, eu disse brincando para meus amigos policiais que me tornaria o novo Sonny Crockett, o detetive bonitão do Departamento de Polícia de Miami-Dade, interpretado na série pelo estiloso Don Johnson.

Aficionado por blazers leves de linho e por sua Ferrari Daytona Spyder 1972 preta, Sonny trabalhava infiltrado caçando traficantes de drogas colombianos. A série *Miami Vice* acompanhava as aventuras de Sonny e de seu parceiro Ricardo "Rico" Tubbs, um ex-policial de Nova York, interpretado por Philip Michael Thomas. Claro que eu sabia que boa parte da série não era fiel à realidade, mesmo assim, adorava a agitação, o conflito entre os personagens e o cenário tropical da cidade. Na minha cabeça, sonhava com aquela vivacidade e em me tornar um policial da narcóticos infiltrado no sul da Flórida. Eu sonhava com os desafios de capturar alguns dos maiores traficantes de drogas do mundo. Mas, para ser sincero, nunca achei que isso se tornaria realidade.

Em 1984, na época em que *Miami Vice* estreou na televisão, a cocaína já estava em franca expansão nos Estados Unidos, e a dependência química estava prestes a se tornar uma epidemia nacional. Dois anos antes, o amado ator e comediante John Belushi morreu depois de injetar uma combinação de heroína e cocaína (*speedball*) em seu bangalô, no hotel Chateau Marmont em Los Angeles. Ele tinha 33 anos.

Mas a cocaína não era privilégio somente das celebridades e dos endinheirados. Na época da morte de Belushi, o crack — a forma barata da droga, que pode ser fumada — estava começando a se espalhar pelas cidadezinhas do interior dos Estados Unidos, resultando em altos índices de criminalidade e mortes por overdose. Feito com os resíduos da fabricação de cocaína, água e bicarbonato de sódio, uma única dose da droga poderia ser comprada nas ruas por cerca de US$2,50. O crack destruiu comunidades inteiras. Segundo as estatísticas da própria DEA, as emergências hospitalares relacionadas ao crack subiram 110% em 1986, aumentando de 26.300 casos para 55.200 em todo o país.

No início da década de 1980, a produção de cocaína deslanchou. De acordo com as estimativas do Departamento de Inteligência da DEA, a fabricação e a distribuição de cocaína aumentaram 11%. No início de 1984, o abastecimento de cocaína no mercado norte-americano era tão abundante que os preços tiveram uma queda significativa. No sul da Flórida, o quilo da droga custava US$16 mil, e, em Nova York, US$30 mil.

No entanto, quando o abastecimento foi interrompido após uma das maiores operações da história da DEA, o preço logo voltou a subir. Em março de 1984, a produção e distribuição de cocaína colombiana sofreu um golpe histórico da Polícia Nacional da Colômbia, auxiliada pela DEA, com a destruição da Tranquilandia: um complexo de dezenove laboratórios de cocaína e oito pistas de pouso e decolagem escondidos nas profundezas da selva, próximo de Caquetá. O vasto acampamento, com acomodações luxuosas e refeitórios para centenas de trabalhadores, foi uma articulação conjunta de José Gonzalo Rodríguez Gacha, da família Ochoa e de Pablo Escobar — nomes que ouvi pela primeira vez em Miami. Naquela época eu não sabia, mas, pelos próximos anos, esses nomes se tornariam minha obsessão.

Em 1983, depois de colocar dispositivos de rastreamento por satélite em tanques de éter comprados de um distribuidor de produtos químicos de Nova Jersey, agentes infiltrados da PNC e da DEA encontraram o complexo na selva, vigiado por milícias armadas até os dentes. O éter é uma substância química vital para o refino das folhas de coca em cocaína, e os criminosos estavam comprando toneladas do produto e transportando para o interior da Colômbia. Durante a operação na Tranquilandia, as forças policiais prenderam centenas de trabalhadores e apreenderam impressionantes 13,8 toneladas de cocaína, quantidade que nas ruas valia mais de US$1,2 bilhão. Apesar da magnitude colossal da apreensão, ela praticamente não impactou os lucros do Cartel de Medellín, que, em meados da década de 1980, eram estimados em mais de US$25 bilhões.

Na verdade, antes de ser destacado para minha nova missão em novembro de 1987, meus chefes da DEA não me passaram nenhuma informação ou instrução sobre Miami. Em geral, todos os agentes recebem o mesmo treinamento e devem ser capazes de trabalhar em qualquer lugar dos Estados Unidos. Antes de assumir o novo posto de trabalho, os agentes e analistas realmente não sabem para quais casos foram designados. Ao chegar em uma cidade nova, você tenta se orientar no ambiente e ajudar sua família a se instalar. Em seguida, espera-se que comece a trabalhar imediatamente. Embora eu tivesse sido um pouco ingênuo em relação às diferentes culturas e não conhecesse aqueles Estados Unidos distante da minha cidade natal, tinha experiência como policial.

Ainda assim, eu achava Miami exótica, a cidade estava impregnada de uma áurea de mistério. Na minha lua de mel, eu só havia visitado as regiões turísticas, com suas casas pitorescas em tons pastéis e palmeiras imperiais. E uma vez, nas férias de primavera, passei alguns dias em Fort Lauderdale com um grupo de irmãos da fraternidade. A maior parte do que eu sabia sobre Miami — que era um centro comercial de cocaína e maconha da América do Sul e do Caribe — tinha como fonte a imprensa e a TV. Como muitos norte-americanos, eu e Connie assistíamos, em noticiários e filmes, ao espetáculo sangrento e caótico dos traficantes de cocaína colombianos e cubanos disputarem território e trocarem tiros de metralhadoras pelas ruas de Miami. Antes de chegarmos à cidade, não raro nos perguntávamos se aquilo era real ou coisa de filme de ficção.

Será que os traficantes de drogas ameaçavam mesmo seus inimigos com motosserras ensanguentadas como em *Scarface*, do diretor Brian De Palma? Lançado em 1983, o filme acompanha as violentas aventuras do refugiado cubano e ex-presidiário Tony Montana, que participou do famigerado êxodo de Mariel, a emigração de quase 125 mil cubanos rumo ao sul da Flórida, entre abril e setembro de 1980. O êxodo teve início depois que um motorista de ônibus bateu contra os portões da embaixada peruana em Havana. Logo depois, milhares de aspirantes a refugiados invadiram as dependências da embaixada em busca de asilo para fugir do opressivo regime comunista de Fidel Castro. Com um motim batendo à sua porta, Fidel surpreendeu a todos com uma manobra inteligente: anunciou que os cubanos que quisessem deixar a ilha poderiam se reunir no Porto de Mariel, 30km a oeste de Havana. Barcos lotados de refugiados navegaram rumo à cidade de Key West, invadindo o sul da Flórida. Entre os refugiados estavam criminosos condenados que Fidel libertara das prisões da ilha. Havia também pacientes de manicômios tão desorientados quando desembarcaram em Key West que nem sequer perceberam que estavam pisando em terras estrangeiras.

Segundo as estimativas das autoridades do Departamento de Homicídios da Polícia de Miami, os refugiados contribuíram com um aumento de 10 mil assassinos e ladrões no sul da Flórida. Entre janeiro e maio de 1980, o departamento registrara 75 homicídios. E, de acordo com as estatísticas policiais, depois da chegada dos marielitos, ocorreram 169 homicídios nos últimos sete meses do ano. Em 1981, Miami era a cidade com a maior taxa de homicídios do globo, e praticamente todo mundo nos Estados Unidos estava ciente de como o sul da Flórida havia se tornado perigoso. Como resultado do agravamento da guerra da cocaína, havia tantos corpos amontoados nas ruas que o necrotério de Miami não dava conta, e o gabinete do médico legista teve que alugar um furgão refrigerado para lidar com o excesso. Nas cenas da vida real, que poderiam ser tiradas da série *Miami Vice* ou do filme *Scarface*, os traficantes colombianos e cubanos encostavam seus carros luxuosos lado a lado e trocavam tiros com suas armas automáticas.

Mas, apesar da violência, eu e Connie ficamos bastante empolgados com essa nova oportunidade. Era estranho, pois não estávamos muito preocupados com a nossa segurança, e sim com o fato de estarmos longe de nossas famílias. Éramos de uma cidade pequena e sabíamos que a mudança para uma cidade grande seria um choque cultural. Uma tia e um tio de Connie moravam em Plantation, a cerca de 50km de Miami, então alugamos um apartamento de dois quartos na cidade para ficar perto deles. Assim, poderíamos nos sentir em um ambiente familiar, como se nossos parentes morassem no final na rua, e ainda aprenderíamos mais sobre aquele lugar exótico e louco chamado sul da Flórida.

A princípio, achamos o trânsito desafiador! Mas também achamos as pessoas bem amigáveis, e tudo era lindo durante o ano inteiro. À medida que passávamos apressados pela paisagem digna de cartão-postal, onde as palmeiras balançavam ao sabor do vento contra o céu inacreditavelmente azul que agora era o plano de fundo de nossas novas vidas, os invernos frios e melancólicos da Virgínia Ocidental pareciam uma memória distante.

E, claro, tínhamos a praia! A costa arenosa se estendia por quilômetros a perder de vista, com seus guarda-sóis coloridos espalhados e barracas de peixe à beira da estrada, onde eu e Connie nos empanturrávamos com peixe agulhão-bandeira assado, bolinhos de frutos do mar e camarões fritos.

Durante nosso tempo livre, explorávamos os bairros à procura de uma casa definitiva que fosse próxima da praia. No entanto, nosso passatempo favorito era simplesmente observar as pessoas. Quando estava muito quente para ficar andando por aí, passávamos muitas tardes no Broward Mall. O extenso shopping center em Plantation nunca nos decepcionava, e víamos umas coisas bastante esquisitas. Como éramos do interior, achávamos interessante a maneira como algumas pessoas se vestiam e interagiam. Víamos de tudo um pouco: mulheres elegantemente vestidas com rostos esticados de tanta cirurgia plástica passeando com os cachorrinhos em coleiras que eram verdadeiras joias. Homens acima do peso usando camisas no estilo guayabera e fumando grossos charutos. Turistas latino-americanos carregando suas malas abarrotadas com roupas novas da Gap ou da Old Navy e também de eletrônicos que tinham preços exorbitantes em seus países, devido às altas taxas alfandegárias.

De início, achamos que havíamos aterrizado em uma planeta diferente e, apesar disso, quanto mais vivíamos no sul da Flórida, mais percebíamos que boa parte das pessoas era como a gente — forasteiros. Conhecemos pouquíssimas pessoas que haviam nascido lá.

Naqueles primeiros anos, nosso orçamento era apertado. Não saíamos muito para comer fora. Se um bom filme estivesse passando no cinema do shopping, íamos na sessão da tarde para economizar dinheiro. Éramos sempre os mais jovens entre os espectadores, rodeados por casais aposentados, em geral chamados de "tartarugas" e que obviamente viviam de renda fixa. Quando as luzes da sala de cinema se apagavam, ouvíamos os outros espectadores tirando de suas bolsas e mochilas sacos de pipoca caseira, e abrindo as latinhas de refrigerante que levavam para economizar uma grana.

Certa noite, eu e Connie fomos jantar na Pizza Hut quando um casal de velhinhos se sentou na mesa ao nosso lado. Após conferir o menu, ouvimos o casal discutir o que planejavam pedir para o jantar. Escutamos quando a esposa disse ao marido que não poderiam pedir nenhum opcional por causa do preço, que pediriam apenas uma salada para dividir e beberiam água para economizar dinheiro. Para nós, aquilo era de cortar o coração. Então, depois que nossa conta chegou, pedimos à garçonete que nos trouxesse a conta do casal de idosos, para bancarmos seu jantar. A garçonete ficou com os olhos marejados enquanto recebia o pagamento por ambas as refeições. Connie e eu saímos apressadamente da Pizza Hut. Ao sairmos do estacionamento, vimos a garçonete parada em uma das janelas da pizzaria com o casal acenando para nós. O sorriso de agradecimento estampado em seus rostos é uma lembrança que nos acompanha até hoje. Ainda que não tivéssemos muito nem para nós mesmos, sentimos que havíamos praticado uma boa ação para pessoas que estavam em uma situação muito pior.

Nunca me considerei uma pessoa preconceituosa, mas, durante meus primeiros meses em Miami, tenho vergonha de admitir que não era lá muito tolerante com o modo de vida em uma cidade cuja população era formada por 70% de latinos. Lembro-me de sair para almoçar com outros agentes mais experientes da DEA e ficar aborrecido porque os cardápios eram totalmente em espanhol. Eu não fazia ideia do que estava escrito. Para ser sincero, fiquei abismado quando soube que as empresas nos Estados Unidos tinham funcionários que não falavam inglês e que os restaurantes não se davam ao trabalho de traduzir os cardápios. Durante um bom tempo, me recusei a aprender qualquer palavra em espanhol e acreditava que era responsabilidades *deles* aprender meu idioma. No entanto, como morava e continuaria a trabalhar em Miami, passei a ser mais tolerante e compreensivo. Como eu disse, boa parte das pessoas que conhecemos no sul da Flórida vinha de outro lugar e, em muitos casos, haviam fugido da pobreza avassaladora e de brutais ditaduras em lugares como Cuba, Haiti e outras partes da América Latina, com o objetivo de construírem uma vida melhor para si e suas famílias. Talvez eles não tenham sido capazes de aprender inglês o suficiente para escrever um cardápio de restaurante, mas, como nós, todos estavam apenas tentando ganhar a vida de forma honesta.

No trabalho, eu não era exatamente um Sonny Crockett — para começar, não tinha uma Ferrari —, mas ainda sonhava em ser um agente da narcóticos que atuasse no epicentro da guerra da cocaína. Mergulhei de cabeça no mundo dos entorpecentes: rastreei traficantes de drogas, estudei a fundo livros e relatórios sobre traficantes colombianos e suas rotas de comércio e tinha orgulho de fazer parte do Group 10 — um dos esquadrões de elite da DEA. Os casos de Miami resultavam em algumas das maiores apreensões de cocaína de todos os tempos. A primeira apreensão de que participei foi de quatrocentos quilos de cocaína. Vamos fazer uma breve pausa para que eu possa enfatizar a dimensão dessa quantidade. Quatrocentos quilos de cocaína! A droga ocupava todo o espaço interno de um avião bimotor. Era a minha nova realidade. As apreensões já não eram mais contabilizadas em unidades de medidas como onças ou gramas. A regra agora eram quilos e toneladas.

E, naquela época em Miami, as quantidades de cocaína não paravam de aumentar. Em outro caso, apreendemos 300 quilos de cocaína de um lançamento aéreo feito por um de nossos informantes na costa de Porto Rico, e em seguida outra apreensão de 440 quilos. Quando o ritmo de nosso trabalho desacelerava, muitos de nós, agentes mais jovens, nos voluntariávamos a ajudar outros grupos de repressão ao crime da DEA em operações antidrogas.

Mas a vida no epicentro do tráfico de cocaína não estava isenta de riscos, e, no primeiro caso em que trabalhei como chefe de uma investigação, comecei a receber ameaças de morte.

Em agosto de 1988, trabalhamos em conjunto com os investigadores da Alfândega e Proteção de Fronteiras dos EUA com o intuito de apreender centenas de quilos de cocaína que chegavam pelo Haiti. Um de nossos informantes tinha um navio cargueiro costeiro — *Dieu Plus Grand* — que transportava regularmente cargas lícitas e ilícitas vindas do Caribe. Ele nos alertou que estava transportando quase quinhentos quilos de cocaína para o cais do porto, no centro de Miami. Encontramos a droga embalada em caixas de óleo vegetal, escondida nos tanques de lastro frontais do cargueiro. Mas não tocamos no carregamento, ficamos esperando que os traficantes descarregassem o navio. Com a ajuda de nossos colegas da Alfândega, vigiamos atentamente o cargueiro, até que, em um sábado à noite, vimos um grupo de homens transferir as caixas do navio para uma van estacionada no cais. Seguimos a van até um duplex no noroeste de Miami, onde dois dos homens descarregaram algumas das caixas e as levaram para dentro da residência. Então, o grupo trocou de motorista e, pouco tempo depois, a van partiu — o que nos obrigou a dividir nossa equipe de vigilância para vigiar o duplex e o veículo em movimento. Logo que a van parou em um edifício de apartamentos em Miami e mais caras apareceram para descarregar as caixas, entramos em ação. Prendemos 7 traficantes e apreendemos 491 quilos de coca. Entre os homens detidos, estavam Jean Joseph Deeb, um haitiano, e seu comparsa Serge Biamby, irmão do então general do Haiti Philippe Biamby. Três anos depois, o general, que era chefe do Estado Maior do Exército, ajudaria a liderar o golpe militar que destituiria o presidente Jean-Bertrand Aristide do poder.

Ao prendermos Serge, notamos que a pasta que carregava estava repleta de informações sobre HIV e, mais tarde, descobrimos que ele estava nos estágios avançados da doença. Mesmo assim, ele concordou em testemunhar contra Deeb em troca de uma redução de pena. Joseph Deeb foi libertado sob fiança, mas se tornou um fugitivo. Posteriormente, foi preso na República Dominicana.

Acompanhado do procurador federal Ken Noto, voei para Atlanta, onde Serge estava sob custódia federal. Nosso plano era interrogá-lo, no entanto, ficamos espantados quando ele chegou ao fórum federal; seu rosto estava esquelético e seus braços, cobertos de feridas abertas. Os delegados federais ficaram com raiva da gente, pois tiveram que deslocar Serge, em um estágio nitidamente avançado da doença, para o fórum. No final da década de 1980, o HIV ainda carregava um grande estigma, e muitos achavam que se expor a qualquer pessoa com HIV poderia instantaneamente infectá-los.

Serge estava tão doente que não conseguimos interrogá-lo. Então, voltei para Atlanta dois meses depois para um interrogatório, na presença de seu advogado, na penitenciária federal onde ele estava detido. Gravamos tudo. Acabou que Serge estava tão mal de saúde que foi libertado da prisão e morreu logo depois. Quando Joseph Deeb finalmente foi a julgamento, em 1990, o testemunho gravado de Serge foi admitido como prova no processo — era a primeira vez que isso acontecia em um tribunal federal. Como resultado, Joseph foi condenado e mandado para a prisão.

Eu nunca soube a origem da ameaça de morte. Alguém com sotaque caribenho ligou para o escritório da DEA em Miami, durante o julgamento de Joseph Deeb, e disse que um grupo de haitianos planejava me matar no fórum federal de Miami. Admito que, como um agente novato que estava enfrentando um dos maiores sindicatos do crime organizado do mundo, fiquei um tanto nervoso.

Cheguei à Flórida justamente na época em que as agências de repressão ao crime estavam descobrindo o alcance descomunal dos cartéis de cocaína colombianos. Enquanto Connie e eu nos estabelecíamos em nossa nova casa em Plantation, a ação do Ministério Público Federal contra o traficante de drogas colombiano Carlos Lehder Rivas estava sendo julgada, oferecendo pela primeira vez um vislumbre do poder e do alcance do Cartel de Medellín.

Em 1981, Carlos Rivas, um ex-ladrão de carros, foi acusado e denunciado por contrabandear 3,3 toneladas de cocaína da Colômbia para Norman's Cay, nas Bahamas, e depois de enviá-la para os aeroportos no sul dos Estados Unidos. Rivas, cujo rol de heróis contava com o improvável triunvirato formado por Adolf Hitler, Che Guevara e John Lennon, sonhava em se tornar o rei do transporte de cocaína. Em 1974, quando cumpria uma pena de dois anos em uma prisão federal de Connecticut por contrabando de maconha, ele traçou os planos de uma elaborada rede de distribuição de cocaína. Lá, conheceu George Jung, outro prisioneiro e traficante de maconha irrelevante — cujo papel seria decisivo para ajudar Lehder a estabelecer seu império nas Bahamas depois que ambos saíssem da cadeia.

De início, os dois parceiros de negócios recrutavam mulheres jovens para transportar poucos quilos de cocaína de cada vez em malas para fora da Colômbia. Mas logo perceberam que poderiam transportar centenas de quilos de uma só vez usando pequenas aeronaves, o que transformaria as Bahamas em um entreposto de carga/descarga e reabastecimento da cocaína rumo à Miami.

No final da década de 1970, Carlos Rivas estava prestes a estabelecer sua imensa rede de distribuição em Norman's Cay, uma pequenina ilha a cerca de trezentos quilômetros do sul da Flórida que contava com uma marina, um clube náutico e algumas dezenas de casas de praia privativas. Ele começou a comprar as casas para que pudesse ser o dono de toda a ilha. Construiu uma pista de pouso e decolagem de quase um quilômetro, protegida por cães de guarda prontos para o ataque, e tinha uma milícia privada. Carlos Rivas ficou tão rico que se ofereceu mais de uma vez para pagar a dívida externa multibilionária da Colômbia. Em 1986, pouco antes de sua captura, a dívida estava em mais ou menos US$ 14,6 bilhões.

A derrocada de Rivas começou depois que uma reportagem bombástica revelou como ele havia subornado autoridades locais, inclusive Lynden Pindling, o primeiro-ministro das Bahamas. De repente, ele estava fugindo, sem dinheiro e sem condições de retornar às Bahamas, visto que o governo congelara todos os seus bens. Em 1987, Carlos Rivas foi encontrado na Colômbia, após os vizinhos o denunciarem à polícia, e foi extraditado para os Estados Unidos meses antes de eu chegar a Miami.

Em novembro, ele estava em Jacksonville, a apenas cinco horas de distância, sendo julgado em um gélido fórum federal, já que o ar-condicionado sempre fazia você se sentir como se estivesse preso em uma câmara frigorífica. Quatro anos depois, Carlos Rivas cooperaria com o governo dos Estados Unidos, apresentaria evidências e testemunharia contra o ex-líder panamenho Manuel Noriega e outros envolvidos na importação e distribuição de cocaína para os Estados Unidos. Como parte de seu acordo de confissão de culpa, o governo norte-americano concordou em realocar seus familiares mais próximos nos Estados Unidos para protegê-los e evitar que fossem assassinados por outros traficantes de drogas. Acabou que essa missão foi designada a mim. Mas estou atropelando as coisas. Nossos caminhos não se cruzaram até eu ser designado para atuar na Colômbia, em 1991.

Enquanto eu ainda estava em Miami, Carlos Rivas recebeu 11 acusações de tráfico de drogas e foi sentenciado à prisão perpétua sem direito a liberdade condicional, além dos 135 anos adicionados ao veredito — acontecimento que fora acompanhado atentamente pelos poderosos líderes dos cartéis colombianos a milhares de quilômetros de distância. A extradição para os Estados Unidos era o ponto fraco desses líderes, e eles já haviam começado a travar uma sangrenta guerra civil na Colômbia para pressionar o governo a mudar a lei.

Igual a todo mundo no escritório da DEA em Miami, li os documentos confidenciais sobre Rivas e acompanhei o julgamento, só que eu nunca poderia sequer imaginar como a decisão de um juiz federal dos EUA influenciaria os próximos anos da história colombiana e dominaria minha própria vida.

JAVIER

Eu mal podia esperar para trabalhar como agente infiltrado da narcóticos.

Em 1984, quando cheguei a Austin como um recém-formado agente especial da DEA, estava determinado a causar uma boa impressão e começar as coisas com o pé direito. Eu costumava frequentar os bares mais asquerosos com o intuito de fisgar traficantes de drogas, esperando que mordessem a isca e virassem meus informantes. Estudei com atenção os relatórios da DEA sobre a fabricação de metanfetamina e o aumento contínuo do tráfico de cocaína dos cartéis mexicanos que estavam começando a usar a capital do Texas como um grande centro de distribuição.

Naquela época, eu estava doido para impressionar — sempre me voluntariava para as missões mais loucas e me arriscava muito. Em muitos casos, fui inconsequente. E foi essa leviandade, aliada a uma ambição exagerada, que quase custou meu emprego. E quase me matou.

Sendo o único hispânico no escritório, era designado para muitas missões à paisana. Eu era jovem e solteiro, logo, não tinha problemas em trabalhar 24 horas por dia. A unidade de narcóticos do Departamento de Polícia de Austin começou a me chamar para trabalhar nos fins de semana e à noite para ajudá-la nas investigações de drogas.

Após o expediente, eu costumava frequentar os bares localizados na parte leste e barra pesada de Austin. Como bebia muito e com frequência, me metia em confusões que prefiro esquecer. Uma noite, depois de beber muitas cervejas e doses de uísque, arrumei briga com o cara sentado ao meu lado. Fui salvo por Joe Regalado, um policial local que se tornaria meu melhor amigo. Joe era um cara forte e bem-apessoado, com bigode e cabelo preto encaracolado. Como eu, tinha 28 anos, era solteiro e hispânico. Nossas personalidades eram muito parecidas, gostávamos de frequentar boates em Austin, beber cerveja e paquerar as garotas. Acabamos também trabalhando infiltrados em muitas missões. Joe cresceu na miséria na zona leste de Austin, em uma época em que a região era habitada principalmente por viciados em drogas e prostitutas, então sabia se virar muito bem nas ruas. Seu pai morreu muito jovem e sua mãe mal conseguia sustentar a família. Joe tinha outros oito irmãos e, depois de alguns anos em Austin, fiquei bem próximo de toda a sua família. Quando ele começou a trabalhar no Departamento de Polícia de Austin, quase que imediatamente comprou uma casa para sua mãe. O imóvel era velho e estava praticamente caindo aos pedaços, mas passamos muitos momentos felizes lá, bebendo cerveja e fazendo churrasco. Depois que a cidade construiu um centro de convenções novo ao lado, o valor da casa disparou para quase US$2 milhões!

Eu me tornei muito próximo de Joe e do sargento da polícia de Austin, Lupe Trevino, um policial de fala ríspida e grandes ambições. Lupe era bonitão, tinha um espesso bigode preto. Para a gente, ele parecia um ancião, tinha cerca de 40 anos e era o líder de um dos esquadrões antidrogas de Austin. Era insolente, arrogante e, basicamente, odiado por seus superiores. Nós o admirávamos porque ele conhecia as ruas e os delinquentes. Em retrospectiva, acho que ele conhecia bem até demais.

Mesmo assim, seus subordinados o amavam, embora ele esperasse uma lealdade canina e trabalho árduo. Caso fizessem uma grande apreensão de drogas, Lupe comemorava comprando cerveja e sanduíches para a equipe. Era extremamente ambicioso, sempre tentando superar o outro esquadrão antidrogas de Austin, chefiado por seu rival, o sargento Roger Huckabee. Ele me chamava para ajudar nas investigações de drogas, e eu aprendi bastante com Lupe, embora soubesse que ele tinha segundas intenções: me recrutar para seu esquadrão. A presença de um oficial federal possibilitava que ele operasse fora dos limites da cidade de Austin. Não que eu achasse ruim. Eu sabia que também seria bom para mim, pois participaria de muitos casos e consolidaria minha reputação. Com a ajuda de Lupe, me tornei uma espécie de celebridade na DEA.

Contudo, existia bastante inveja na polícia, e muitos policiais de Austin não enxergavam com bons olhos os meus laços de amizade com Joe e Lupe. Uma vez, Joe e eu estávamos bebendo em um dos bares que sempre frequentávamos quando me envolvi em uma briga. Joe foi para cima do cara que me empurrou, e a coisa toda virou um tumulto que não esperávamos. O barman entrou em pânico e acionou a polícia. Por fim, ninguém se machucou nem quebrou nada, mas o policial que atendeu a chamada — Mark, que aparentemente não ia muito com a nossa cara — nos algemou e nos prendeu. Fomos arrastados para a delegacia e, quando Lupe veio nos socorrer, Joe e eu estávamos espumando de raiva. Ele estava tão puto da vida que nos levou para a sala de reunião e nos passou um sermão homérico. Depois, em total silêncio, nos levou para casa. Eu tinha receio de ser demitido, antes mesmo de ter tido a chance de provar meu valor e de trabalhar como um agente infiltrado em uma missão realmente importante.

Na manhã seguinte, quando contei o ocorrido para meu chefe da DEA, ele riu e me disse para continuar fazendo meu trabalho. Só que as coisas não foram tão fáceis assim para Joe, que ficou suspenso por dois dias. Aquilo era uma loucura, já que fui eu quem começara a briga. Na verdade, fiquei bastante chateado com a reação de Lupe ao incidente, porque sempre o via tomando atalhos no trabalho. Nunca o vi fazendo nada ilegal, mas estava sempre pensando em si mesmo e se esforçava bastante para ter o melhor desempenho no departamento de polícia. Em retrospecto, talvez fosse por isso que nos dávamos tão bem. Eu era tão ambicioso quanto ele, até mais. Só que havia limites para o que eu estava disposto a fazer e nunca teria tratado um colega policial como Lupe tratou Joe.

Anos depois, descobri que Lupe não se preocupava muito com determinadas coisas.

Em 2013, eu me recordaria daquela noite maluca em que fomos presos. Agora, era a minha vez de prender Lupe Trevino. Eu estava trabalhando como agente especial encarregado da divisão de campo de Houston, que fiscalizava a fronteira entre o Texas e o México, e minha função era deter Lupe, que havia infringido a lei. Na época, ele era o xerife do condado de Hidalgo em McAllen, Texas, e estava sendo acusado de receber dinheiro ilegal de traficantes de drogas para sua eleição. Seu filho Jonathan, de quem Lupe sempre se gabava de ser um bom agente infiltrado, também foi preso por extorquir traficantes de drogas. Jonathan pegou 17 anos de prisão e Lupe cumpriu uma pena de 5 anos.

Não posso afirmar que me surpreendi com a prisão de Lupe. Como eu disse, ele sempre agia de forma irresponsável e burlava as regras. No entanto, em meados de 1980, quando estava tentando provar aos meus superiores da DEA que eu era uma estrela em ascensão, parecia que eu tinha sido contaminado pela ética de trabalho de Lupe.

Uma vez, em um dos botecos que costumava frequentar na parte leste de Austin, comecei a bater papo com um traficante de drogas alto, magrelo e bebaço que sentou no banquinho ao meu lado. Na mesma hora, decidi que o usaria para fazer minha primeira grande apreensão de drogas. Claro que eu sabia que aquilo era imprudente, ainda mais porque, para iniciar qualquer operação da DEA, é necessário passar por todo um processo burocrático, que começava com a submissão do que pareciam infinitos relatórios para aprovação. Éramos obrigados também a ter um backup — agentes que viriam em nosso socorro se algo desse errado. Mas fazia um tempo que eu estava no boteco e tinha tomado alguns drinques, e esse cara — ele me disse que seu nome era Martin — estava se vangloriando de suas conexões com o mundo das drogas. Então, sem hesitar, perguntei se ele tinha um contato que me arrumasse alguns quilos de coca. Seus olhos brilharam, e ele disse que tinha um contato em Houston que conseguia entregar as drogas. Em seguida, tirou um grama de pó do bolso e me falou que estava vendendo por US$100. Eu tinha uns trocados no bolso e entreguei para ele. Depois, tremendo, escrevi meu número em uma caixa de fósforos, semicerrando os olhos para enxergar os números e garantir que estava escrevendo corretamente, e pedi que ele entrasse em contato. Marvin não me deu seu número em troca. Eu sabia que meu comportamento não condizia com as normas de conduta da DEA, mas, quer saber? Odeio burocracia. Marvin estava me dando uma oportunidade, e nem morto que eu a deixaria escapar porque era obrigado a preencher um monte de formulários antes.

Mesmo assim, eu sabia que havia violado as regras e, quando fiquei sóbrio, percebi que estava muito ferrado. Ainda estava em avaliação na agência e tinha certeza de que meu chefe me suspenderia depois que eu lhe contasse o que aconteceu. No dia seguinte, encabulado, reportei ao meu chefe o que tinha feito. Levei uma severa advertência, só que, alguns meses depois, Marvin começou a ligar para minha casa. (Eu tinha lhe passado o meu número pessoal porque, juro por Deus, eu estava tão alcoolizado não conseguia lembrar o número secreto que usávamos no escritório da DEA!) A esta altura, já havia me esquecido de Marvin, mas retornei a ligação. Ele me disse que poderia me arrumar a quantidade de cocaína que eu quisesse. Naquela época, em Austin, não era tão fácil assim comprar cocaína, e conseguir um grama que fosse já era uma proeza.

Desta fez, procurei fazer as coisas do jeito certo. Conforme disse antes, não sou fã de burocracia, mas preenchi os formulários e abri uma investigação sobre Marvin, como é de praxe. Mais tarde, Joe e eu o encontramos sob o pretexto de comprar trinta gramas de coca. O preço era US$1.600. Os agentes de vigilância da DEA nos deram cobertura enquanto esperávamos pelo alvo no estacionamento de um decadente complexo habitacional, no leste de Austin. Marvin apareceu com um outro cara hispânico chamado Pedro e nos vendeu a coca. Gostei imediatamente de Pedro, pois tinha a voz suave, era afável e foi muito respeitoso comigo. Combinamos de comprar meio quilo na semana seguinte — véspera de Natal de 1985.

Sempre me recordo dessa apreensão de drogas em particular, pois aconteceu na época natalina. Foi então que Pedro começou a me ligar insistentemente por causa da droga, e comecei a ficar irritado. O pessoal do meu departamento também não estava contente, já que isso significava que, provavelmente, teríamos que efetuar as prisões na véspera de Natal, data em que todo mundo queria chegar mais cedo em casa para estar com suas respectivas famílias. Tentei convencer Pedro e Marvin a nos encontrarmos na semana após o Natal, mas Pedro disse que era urgente. Caso esperássemos, ele teria que vender a coca para outro cliente. Segundo o traficante, havia uma grande demanda em Austin. Na época, estávamos sendo pressionados pela agência da DEA de Austin porque nosso desempenho estava muito abaixo do esperado. Atordoado com todas essas informações, ignorei as reclamações de meus colegas agentes e prossegui organizando a apreensão por volta do meio-dia, na véspera de Natal. Desse modo, se tudo corresse bem, todos poderiam chegar cedo em casa para passar as festas com seus entes queridos.

Ao meio-dia, nos encontramos no mesmo estacionamento, onde nosso pessoal de reconhecimento já estava posicionado. De veículos estacionados, eles observaram um homem se dirigir até Pedro e Marvin e entregar-lhes o que parecia uma caixa de sapatos. Apenas mais tarde descobrimos que o entregador era o irmão de Pedro, Juan. Algumas semanas depois, nosso pessoal o localizou em Houston e o prendeu. Descobrimos que Juan tinha um emprego regular na área de segurança pública, era um oficial de condicional na ativa do estado do Texas.

Quando Pedro e Marvin nos entregaram o meio quilo de coca, anunciei que eu era um agente da DEA, e os prendemos ali mesmo, enquanto o estacionamento fervilhava de agentes da polícia local e de unidades federais trajando equipamento de choque. Causamos tanto tumulto que as pessoas começaram a sair de seus apartamentos para ver o que estava acontecendo. Entre os vizinhos curiosos, estavam a esposa de Pedro e seus três filhinhos, que moravam no conjunto habitacional. Ao verem o pai algemado, as crianças caíram no choro e tentaram ajudá-lo. A cena era de dar pena. Quando prendi Pedro, conferi seus bolsos conforme as regras da DEA e encontrei US$3 mil em notas de US$100. Ambos sabíamos que a quantia era dinheiro do tráfico, mas, como seus filhos estavam lá, vendo tudo e aos prantos, ele me chamou de lado e me perguntou em espanhol se eu poderia dar o dinheiro para sua esposa, porque era tudo o que eles tinham. E era Natal.

Eu sabia que Pedro iria para a cadeia e não passaria nenhum tempo com a mulher e com os filhos. Mas também sabia que estava prestes a infringir as regras da DEA. Era para eu ter confiscado o dinheiro e incluí-lo em meu relatório de apreensão. Em vez disso, olhei de relance à minha volta para ter certeza de que nenhum policial do meu grupo estava observando. Depois, catei o rolo de dinheiro, enfiei a mão no meu bolso, e fui em direção à esposa de Pedro. Fingi interrogá-la e disfarçadamente lhe passei o dinheiro, que ela escondeu no bolso da calça.

Ninguém nunca descobriu que fiz isso. Contei somente para Joe Regalado, que guardou meu segredo durante todos esses anos.

STEVE

Em minha primeira operação infiltrado da DEA, me voluntariei para me passar por um ajudante de convés em um barco. Mas não era qualquer barco, e sim em um elegante Hatteras Sportfish de dezesseis metros que a DEA havia apreendido de outros traficantes. Não sei ao certo o que me passou pela cabeça para me envolver com essa operação, visto que eu nunca tinha andado de barco na vida. Não sabia absolutamente nada sobre velejar. A única coisa que eu sabia fazer era nadar, e estava confiante de que, se algo saísse muito errado a bordo, eu conseguiria pular do barco e nadar alguns quilômetros no mar aberto. Contudo, tentei me convencer de que minha total inexperiência era um inconveniente sem importância, e eu não deixaria que nada me impedisse de realizar o sonho da minha vida: trabalhar como um infiltrado e participar de uma grande apreensão de drogas!

Como ocorre em todas as atividades na área de segurança pública, quanto mais progresso o agente novo faz em casos supervisionados, mais liberdade e responsabilidade ele tem. Quando o agente já tinha um bom punhado de casos de sucesso, a equipe sênior se sentia à vontade com a decisão de permitir que um agente júnior voasse sozinho. No entanto, os recrutas mais inteligentes sabiam que precisavam validar suas ideias e táticas com um mentor antes de tomar qualquer iniciativa.

O agente especial Gene Francar foi uma influência importante para mim. Era um homem corpulento, mas com um inacreditável rosto de menino e foi meu primeiro parceiro da DEA. Gene usava camisas guayaberas com calças de poliéster e mocassins, e era uma das pessoas mais inteligentes que já conheci. Eu valorizava tanto sua sabedoria e experiência que costumava consultá-lo sobre quase tudo. Ele sabia mais a respeito dos canais de distribuição do que qualquer pessoa na agência, em uma época em que o sul da Flórida era o principal ponto de entrada nos Estados Unidos para a cocaína vinda da Colômbia.

Em novembro de 1987, quando cheguei a Miami, Gene já estava trabalhando em um importante caso que tinha como alvo um grupo de cubanos que contrabandeavam quilos e mais quilos de pó do Caribe para o sul da Flórida.

Gene tinha duas fontes confidenciais que apelidou de Cheech e Chong. A primeira vez que saí para encontrá-las, imaginei que o encontro seria em um restaurante chique ou em um clube requintado. Esperava também que encontraria dois caras inteligentes que estariam vestidos como Sonny Crockett e Ricardo Tubbs do *Miami Vice*. Na minha cabeça, eles estariam dirigindo incríveis carros esportivos. Mas, em vez disso, entrei em um luxuoso carro emprestado, depois que Gene recolheu as embalagens de comida, roupas e outras tralhas amontoadas no banco do passageiro. Em seguida, dirigimos até um Denny's que ficava perto do Aeroporto Internacional de Miami, onde finalmente conheci os dois homens cujo codinome Gene tinha dado em homenagem à dupla de comediantes maconheiros popular na década de 1970. "Cheech" era um cara branco mais velho, e "Chong", um cara asiático de meia--idade um pouco acima do peso. Ambos tinham cabelos grisa-lhos, e imaginei que não estivessem muito longe de pedir esmolas para sobreviver.

Cheech e Chong eram pilotos experientes que, segundo boatos, haviam trabalhado para a CIA. Eles tinham um negócio de importação e exportação em um armazém próximo ao Aeroporto Internacional de Miami, e o escritório de Gene estava repleto de dispositivos de áudio e vídeo escondidos para que as reuniões com os criminosos pudessem ser gravadas. Nesse primeiro encontro, Gene e os informantes discutiram a possibilidade de entregar quinhentos quilos de cocaína, que estavam vindo de Cuba para desembarcar nos Estados Unidos. Ao ouvir aquilo, quase caí para trás. Fiquei chocado. Apesar de já estar trabalhando há alguns meses e de participar de grandes apreensões de drogas, a quantidade me surpreendeu. Mas, àquela altura, eu já tinha aprendido a fazer cara de paisagem para dissimular minha surpresa. Ao terminar a reunião com Cheech e Chong, quando estávamos voltando para o escritório, Gene me perguntou o que eu achava daquilo que acabara de ouvir. Disse-lhe que os informantes estavam de conversa fiada. Sendo um profissional, Gene perguntou por que eu achava isso. Respondi que simplesmente não conseguia acreditar que alguém fosse capaz de entregar quinhentos quilos de coca em uma única remessa.

"De onde você é mesmo?", perguntou Gene, rindo.

Assim que me envolvi no caso, fiquei sabendo que Gene estava instruindo Cheech e Chong a oferecer o transporte — via barco ou avião — para levar as enormes cargas de coca pelo Caribe para os cartéis de droga. O caso cubano era uma prioridade importante. A pedido de Gene, Cheech e Chong se reuniram diversas vezes com os criminosos, que os contrataram para transportar de barco a coca das Ilhas Turcas e Caicos para Miami.

Nosso barco à paisana tinha uma sala de estar com sofás, cadeiras, mesas, era iluminado e estava equipado com dispositivos de vídeo e áudio escondidos. Abaixo da sala de estar principal havia uma pequena cozinha com uma geladeira e um freezer, um banheiro pequeno e dois quartos minúsculos com beliches. Os quartos tinham portas de correr, mas eram bem pequenos e claustrofóbicos.

Nas áreas externas do barco, havia um espaço principal para pesca na popa, com uma cadeira de pescador estrategicamente colocada no meio. Uma escada levava à ponte de comando, que comportava os mecanismos de direção, os rádios e os radares. A ponte de comando era coberta por uma cobertura de lona e cercada por grossas folhas de plástico que podiam ser fechadas com zíper, em caso de intempéries climáticas.

Na proa, havia um grande espaço aberto onde você poderia se deitar confortavelmente no convés, só que o espaço era ocupado por um bote de borracha motorizado Zodiac, que seria nossa salvação se o barco afundasse. Usávamos também esse bote para chegar à terra, quando o Hatteras estava ancorado longe da costa.

Fiz um curso náutico intensivo com um colega, o agente John Sheridan, que entendia bem de barcos. A DEA tinha dois agentes especiais a bordo que haviam sido treinados e certificados como capitães pela Guarda Costeira dos Estados Unidos. Ainda assim, com o objetivo de me passar por um marujo experiente, deixei minha barba crescer e fiquei semanas trabalhando no meu bronzeado. Mas, no momento da partida, eu ainda não parecia um marinheiro queimado de sol que havia passado a vida inteira exposto aos intempéries do mar. Mas não me importei. Aquilo era a coisa mais emocionante que eu já tinha feito na minha vida profissional.

Como era de costume nesses tipos de serviços de transporte, os criminosos adiantaram aos informantes que estavam cooperando conosco — Cheech e Chong — US$50 mil em dinheiro, para cobrir algumas das despesas associadas ao transporte para a ilha Providenciales (Provo, na forma abreviada) e a fim de pagar as autoridades portuárias necessárias para liberar a passagem da carga. Naquela época, a taxa de transporte usual cobrada para esse tipo de serviço girava em torno de US$3 mil a US$5 mil o quilo. Estávamos cobrando US$3.500 por quilo transportado, logo, nossa taxa total seria de US$1,75 milhão. Um ótimo exemplo de por que tantas pessoas estavam dispostas a arriscar a própria liberdade por dinheiro, certo?

No início de fevereiro de 1988, estávamos finalmente preparados para fazer a viagem: partiríamos de Fort Lauderdale rumo a Provo — uma distância de mais de novecentos quilômetros —

para apanhar a droga. Mas, quando estávamos prestes a partir, os criminosos nos interromperam, porque as coisas ainda não estavam prontas nas Ilhas Turcas e Caicos. Ficamos esperando impacientemente por duas semanas em Miami, até que recebemos sinal verde para partir.

Em nosso primeiro dia em alto-mar, chegamos até Treasure Cay, nas Bahamas — a 304 quilômetros de Fort Lauderdale —, antes de encalharmos em um recife de coral. Por causa do acidente, uma das hélices do barco amassou e, quando nossa embarcação começou a balançar e sacudir, os capitães imediatamente desligaram os motores. Após muitas discussões, o mais jovem mergulhou na água para examinar as hélices e descobriu que uma delas estava bem torta. Não podíamos usá-la, por estar danificada, mas ainda tínhamos um motor, então rumamos para Treasure Cay. Era nosso primeiro dia em alto-mar e eu não estava nada à vontade com aquela situação, mas eu era o novato e decidi confiar nos capitães.

Depois de uma acalorada discussão entre os dois capitães, no dia seguinte navegamos para Nassau. Via rádio, eles tomaram as providências necessárias para que a divisão aérea da DEA levasse uma hélice nova para Nassau.

Ficávamos todos em um espaço confinado e, por isso, tive a oportunidade de conhecer melhor os dois capitães. Eles eram completamente opostos em temperamento. O capitão sênior era mais velho e tinha a aparência corada de alguém que havia passado a maior parte da vida exposto ao sol e ao mar aberto. Seus sapatos docksides estavam gastos de tanto uso, e, na maioria das vezes, ele usava camisetas e shorts desbotados. Passaria facilmente por um proprietário de barco de pesca de aluguel em uma marina do sul da Flórida. Sua voz era ríspida e, em boa parte do tempo, ele usava uma linguagem chula. O segundo capitão era alto e loiro, parecia alguém que ganhava dinheiro pilotando iates de luxos.

Os dois capitães conversavam de modo exaltado. Não era exatamente uma briga, apenas diferenças de opinião sobre como conduzir o Hatteras. Eles nunca se sentiam constrangidos em expressar seus próprios pontos de vista sobre como as coisas deveriam ser feitas. No entanto, depois de alguns dias em alto-mar, devo confessar que confiava mais na opinião do capitão mais velho, embora preferisse falar com o capitão mais jovem, simplesmente porque ele era menos rude. Mas, como eu não tinha a menor experiência de trabalho em um barco, ficava calado e tentava aprender com os dois.

Em Nassau, recebemos a hélice que a divisão aérea da DEA havia deixado na marina. Por sorte, havia uma embarcação auxiliar de submarino da Marinha dos EUA na área, e dois mergulhadores da Marinha nos socorreram e substituíram a hélice.

Para mim, tudo aquilo foi surpreendente. Era uma importante demonstração de parceria entre os órgãos federais e um exemplo da influência da DEA. Naquele momento, eu finalmente percebi a importância da chamada guerra contra as drogas. Eu mal conseguia acreditar no fato de que a DEA e a Marinha estavam mobilizando tantos recursos para concluir uma investigação. Fiquei profundamente impressionado!

No dia seguinte, zarpamos para o nosso destino previsto, Providenciales, nas Ilhas Turcas e Caicos.

Mas o estresse nos alojamentos confinados de nosso barco estava cada vez pior. E o reparo da hélice danificada piorou ainda mais as coisas, já que isso nos atrasou em dois, talvez três dias. Os capitães não chegavam a um acordo nem sobre as coisas mais simples e, sem sombras de dúvidas, estavam incomodados com o não marinheiro entre eles. Eu não era apenas inexperiente na vida no mar e a bordo, mas também era um agente da DEA com menos de um ano de casa. E, como se isso não bastasse, à medida que as ondas ficavam maiores, todos nós tivemos enjoo.

Apesar de todos nos sentirmos muito mal, consegui me recuperar mais rápido, em parte porque tive mais tempo para descansar do que os capitães. Como estávamos muito atrasados, navegávamos durante a noite inteira rumo ao nosso destino. Posso afirmar que os capitães estavam exaustos por estarem doentes e serem obrigados a passar as noites em claro.

No terceiro dia, a situação dos capitães era bastante preocupante. Pude ver que eles precisavam urgentemente de uma pausa e um pouco de descanso.

Fui até o deque e me ofereci para ajudar, dizendo a eles que tomaria conta do barco durante a noite para que os dois pudessem dormir um pouco. Todos decidimos que eu vigiaria o barco e recebi um curso intensivo de navegação, radar e sistemas de rádio. Disseram-me que, durante o meu turno, eu não tocasse em nada. O barco tinha um sistema de piloto automático, então basicamente os dois estipularam a velocidade e o curso e me disseram para deixar tudo como estava. Minha principal responsabilidade era conferir o radar diversas vezes a cada hora para ter certeza de que não havia outras embarcações em nossa rota e que não colidiríamos com nenhuma delas. Então, eles foram dormir.

Era uma tarefa tão simples que até mesmo um marinheiro de primeira viagem como eu conseguiria lidar. Para mim, o maior desafio era ficar acordado durante a noite, mas, depois de várias horas e inúmeras verificações de radar — o radar do barco fazia a varredura de aproximadamente 27 quilômetros em todas as direções —, minha mente começou a divagar. Devido à privação de sono, comecei a ficar paranoico e entrar em pânico, achando que colidiríamos com outra embarcação ou ficaríamos encalhados em um recife. Eu imaginava outras catástrofes. E se alguma coisa acontecesse, a ajuda mais próxima estava a 27 quilômetros de distância! E se batêssemos em outro recife, mas desta vez virássemos comida dos tubarões que nos espreitavam embaixo d'água? Logo em seguida, eu pude ouvi-los — o som de centenas de peixes pulando para dentro do barco. Foi então que me dei conta da imensidão do oceano e comecei a me preocupar ainda mais.

Apesar do esgotamento, consegui seguir as instruções e manter o barco no curso. Quando os capitães acordaram, horas depois, o mais velho correu escada acima e me perguntou o que havia acontecido. Ele agia como se algo estivesse errado. Ainda estávamos no curso e eu realmente não tinha mexido em nada, mas ele começou a me acusar de mudar nossa velocidade e rota. Embora eu tentasse explicar que não havia mudado nada, ele não me deu ouvidos e me disse para sair do deque. Nem preciso dizer que isso não contribuiu em nada para melhorar a tensão e o estresse que todos estávamos sentindo.

No quinto dia em alto-mar com os capitães mareados ao leme, também passei mal, mas consegui manter a calma, embora isso não tenha ajudado em nada para apaziguar a tensão que se instalou entre mim e os capitães dos barcos.

No entanto, à medida que nos aproximávamos de Provo, comecei a me sentir menos nauseado e decidi tentar fazer as pazes. Enquanto os dois capitães estavam ocupados com a navegação, grelhei alguns bifes, assei algumas batatas, refoguei alguns cogumelos e os surpreendi com uma refeição decente. Embora eu achasse que tinha sido uma ótima ideia, nenhum dos dois estava satisfeito comigo. Eles não disseram muita coisa além de reclamar que talvez não fosse uma boa hora para comer carne, visto que nem tínhamos chegado ao nosso destino. É óbvio que a atitude deles não me caiu muito bem e, para ser honesto, eu não via a hora de sair daquele maldito barco e ficar bem longe daqueles dois.

Ao chegarmos em Provo, pedi que me levassem à costa no Zodiac. Já tinha feito as minhas malas na noite anterior à nossa chegada e não queria mais saber deles. Encontrei-me com Gene e com vários outros agentes do Group 10 que haviam pegado um voo e chegaram antes de nós para participar da operação. Naquela noite, dormi no chão do quarto de hotel de Gene, porque não queria voltar para o barco com toda aquela hostilidade.

Esperamos na piscina do hotel de Gene em Provo, mas, como havíamos chegado tarde à ilha, os criminosos decidiram postergar a entrega por mais algumas semanas. Retornamos todos para Miami, e os dois capitães permaneceram no barco enquanto remarcávamos a entrega. Fiquei extremamente feliz com meu retorno a Miami. Eu não conseguia me imaginar voltando para aquele espaço confinado com aqueles dois caras. Quando organizamos tudo novamente, pegamos um voo e voltamos para as Ilhas Turcas e Caicos.

Poucos dias após desembarcar na ilha, eu dirigia uma caminhonete amassada acompanhado dos dois capitães do barco e de um policial local (coordenamos tudo com a polícia de Turcas e Caicos) rumo ao aeroporto de Provo para, enfim, aguardar a entrega da cocaína. Ficamos escondidos em uma estradinha, no final da pista de pouso e decolagem e longe do terminal do aeroporto. Posteriormente, um avião bimotor pousou e taxiou até o final da pista, onde estávamos esperando. Àquela altura, eu ainda não tinha a menor ideia de onde o avião estava vindo, mas suspeitei que viesse de Cuba. À medida que a aeronave se afastava de nós e seguia em direção ao terminal, a porta se abriu e alguém jogou várias mochilas verdes de lona na pista. Olhei de relance para os dois pilotos, que eram hispânicos e aparentavam estar na casa dos 20 anos. Eles vestiam camisas guayaberas e calças folgadas. O avião se parecia com qualquer outra aeronave, exceto que todos os assentos foram removidos com o intuito de fornecer mais espaço para a coca e reduzir o peso da aeronave. Isso era comum entre os traficantes de drogas e era também um indicativo relevante que nos permitia saber que um avião provavelmente estava sendo usado para fins de contrabando.

Tínhamos combinado de não aparecer na pista até que o avião pousasse. Assim que a aeronave chegasse ao final da pista de pouso e a um hangar próximo, ela daria meia-volta e nós — eu, os dois capitães de barco da DEA e um policial local — sairíamos do esconderijo para recolher a coca. Tínhamos uma equipe adicional posicionada a poucos minutos dali, caso precisássemos de apoio.

Os pilotos nem sequer nos agradeceram, e não trocamos uma palavra com eles. O processo para descarregar a droga levou menos de um minuto. Depois que descarregamos todas as malas, o avião seguiu para a área terminal, onde reabasteceu e partiu pouco depois, supostamente para Cuba.

Após recolhermos todas as mochilas de lona, nós as levamos para uma área segura, a fim de averiguar seu conteúdo. Pesamos todas elas e constatamos que se tratava de quatrocentos quilos de coca.

Logo que testamos a droga para ter a certeza de que era mesmo cocaína, um avião da DEA pousou e colocamos as mochilas na aeronave para transportar a droga para Miami. Permaneci com as mochilas de lona durante todo o tempo de voo, por causa da cadeia de custódia. Havia tanto pó no avião que eu mal conseguia me sentar. Durante todo o trajeto de volta para o Aeroporto de Opa-Locka em Miami, tive que engatinhar por cima das mochilas e me acomodar entre elas. Quando aterrizamos na Flórida, outros agentes da DEA do Group 10 estavam à espera para auxiliar no transporte da coca até a nossa instalação de armazenamento seguro, onde empacotamos e etiquetamos as drogas como prova.

Enquanto a coca estava sob custódia da DEA, Cheech e Chong mentiram para os criminosos, alegando que haviam escondido a droga em compartimentos secretos do Hatteras Sportfish e que a remessa poderia levar até duas semanas para chegar a Miami, dependendo das condições meteorológicas e da localização dos barcos-patrulha. O Hatteras ainda tinha que parecer ser uma embarcação pesqueira em uma prolongada viagem de pesca.

Após duas semanas, Cheech e Chong ligaram para os cubanos e informaram que a carga havia chegado em segurança a Miami e estava pronta para entrega. Fizemos um tipo de "remessa internacional controlada" da cocaína para os criminosos em Miami e vigiamos o local de entrega até sentirmos que era o momento certo de detê-los e apreender a droga.

Ao mesmo tempo em que eu escoltava a cocaína de volta ao sul da Flórida, Gene, acompanhado de oficiais do Ministério Público Federal de Miami, estava ocupado preparando uma denúncia contra Raúl Castro, vice-presidente cubano e irmão mais novo do ditador de Cuba, Fidel Castro. Eles acreditavam que Raúl era o cérebro por trás da remessa de cocaína. Mais tarde, fiquei sabendo que o avião que transportava os quatrocentos quilos vinha de fato de Cuba. Os pilotos voaram para Provo, despacharam as drogas e retornaram à Cuba. Após levantar voo de Provo, o avião foi rastreado por um aeronave militar do Sistema Aéreo de Alerta e Controle dos EUA (AWACS, na sigla em inglês) durante todo o trajeto de volta à ilha comunista.

No entanto, quando a denúncia estava prestes a ser apresentada ao juízo de pronúncia, nosso supervisor imediato curiosamente ordenou que recuássemos.

"Parem de perseguir Raúl Castro", alegou ele, sem dar mais explicações.

Meses depois, o militar cubano e herói revolucionário altamente condecorado general Arnaldo Ochoa Sánchez fora acusado de ter recebido propina de traficantes colombianos para transportar milhares de quilos de cocaína via Cuba, lugar que Fidel Castro orgulhosamente anunciou estar livre das drogas, desde a revolução de 1959. No que muitos especialistas cubanos caracterizaram como um julgamento midiático, Ochoa Sánchez e treze outros corréus foram julgados por um tribunal militar extraordinário e condenados por conspirar para o envio de toneladas de cocaína e maconha para os Estados Unidos. No julgamento, o depoimento parecia corroborar o que já sabíamos na DEA — que as autoridades cubanas haviam permitido que sua ilha fosse usada como um entreposto de cocaína com destino aos Estados Unidos. Porém, eram os irmãos Castro que estavam mancomunados com os cartéis. Mesmo se Ochoa estivesse envolvido, ele teria participado seguindo ordens dos líderes supremos da revolução. Ninguém em Cuba agia sem o conhecimento do Comandante.

Apesar disso, Ochoa foi sentenciado à morte. Na madrugada de 13 de julho de 1989, o general extremamente popular e três outros oficiais do exército cubano foram executados por um pelotão de fuzilamento na base militar das Tropas Especiales, em Havana. Nunca descobri se o julgamento e a execução de Ochoa foram precipitados devido à nossa apreensão da cocaína nas Ilhas Turcas e Caicos, mas Ochoa revelou ser um bode expiatório oportuno para os governantes comunistas.

Somente alguns anos depois é que descobri a verdade.

Nossas ordens para anular a denúncia contra Raúl Castro não vieram do Departamento de Justiça, mas diretamente da Casa Branca. Do próprio presidente Reagan. Nem é preciso dizer quer todos nós ficamos de queixo caído.

Contudo, entender as realidades geopolíticas das relações entre os Estados Unidos e Cuba fugia ao escopo de nossas atribuições e, no final, sabíamos que era melhor esquecer tudo isso.

JAVIER

Às vezes, eu tinha tanto medo no trabalho que rezava. Nunca fui um bom católico, mas ainda me lembro das orações que minha mãe e minha avó costumavam recitar. E já perdi as contas de quantas vezes rezei à Virgem Maria ou repeti o pai-nosso nos inúmeros momentos da minha carreira em que realmente pensei que ia morrer.

Acho que a primeira vez que senti aquele calafrio na espinha foi em meados da década de 1980, quando ainda estava em Austin. Os agentes seniores da DEA me destacaram para uma operação secreta na qual eu assumiria o papel de um mexicano na posse de 226 quilos de maconha. Minha missão era negociar com um grupo de criminosos distribuidores e atraí-los para uma armadilha. Havíamos passado um bom tempo travando negociações regadas a bebidas em clubes de strip-tease de Austin, antes de eu fazer a entrega junto com um piloto que estava atuando como informante. Ele era um cara legal, mas seu pequeno avião monomotor me dava a impressão de ter sido remendado com fita adesiva.

Depois de lidar com uma porrada de trâmites — a temida papelada! — e com toda a burocracia, obtivemos permissão da sede da DEA em Washington para transportar os 226 quilos de erva — provenientes de nossas muitas apreensões em Austin — de avião. A maconha estava armazenada em sacos de estopa que colocamos dentro do compartimento de bagagem da aeronave, estacionada em um pequeno aeródromo fora de Austin. Com o intuito de fazer tudo parecer o mais real possível, nosso informante, um cara branco e mais velho que trabalhava como contrabandista, disse que daria um rasante na pista de pouso e diria aos bandidos que estendessem rolos de papel higiênico na pista improvisada — um sinal dos traficantes de que não haveria problema em pousar.

Antes mesmo de subir naquele avião insuportavelmente pequeno, eu já estava nervoso, porque a aeronave não me parecia nada estável. Nosso informante, que também era o piloto, me disse que o avião era seguro e que já havia voado com ele em diversas operações de contrabando. Apertado no banco do passageiro, prendi minha respiração enquanto a aeronave levantava voo aos solavancos e parecia se arrastar sobre a área de arbustos secos no extremo oeste de Austin. O avião gemia e chacoalhava ao se dirigir para a pista de aterrissagem muito curta e coberta de poeira, com os sinalizadores de papel higiênico branco. Quando o piloto começou a se aproximar, eu suava em bicas e me agarrava à borda do meu assento. Mas logo que chegou perto, o piloto arremeteu e, de forma brusca, ganhou altitude novamente. O movimento repentino e a turbulência resultante me fizeram entrar instantaneamente em pânico, e foi então que tive certeza de que morreria. Ao perceber meu medo, o piloto tentou me tranquilizar, explicando que a manobra era para indicar que era seguro pousar. Conforme nos aproximávamos da pista de pouso, a pequena aeronave sacudia de um lado para o outro, pulando contra o solo antes de pousar até finalmente parar, o que achei que nunca aconteceria. Fiz outra oração, agradecendo ao bom Senhor e à Nossa Senhora de Guadalupe por não termos caído.

Já em terra, avistei um grupo de homens parados ao lado de seus carros na beira da pista. De início, não reconheci ninguém, e a alegria de finalmente sentir meus pés firmes em solo rapidamente se dissipou, ao mesmo tempo em que eu me preocupava que talvez quem tivesse caído em uma armadilha fosse eu. Mas me senti aliviado quando reconheci os dois agentes infiltrados que correram para o avião, abriram o compartimento de bagagem e começaram a descarregar os sacos de estopa cheios de maconha.

Caminhei vagarosamente com as pernas trêmulas rumo a um casebre de madeira na beira da pista, onde um Suburban preto e uma caminhonete cinza escuro estavam estacionados. O principal agente infiltrado e o verdadeiro bandido, que era o comprador da maconha, começaram a andar rápido em minha direção. O show estava apenas começando. Falei em inglês macarrônico e apertei a mão de um dos marginais, que me disse que seu nome era Steve. Ele era muito educado e me tratou respeitosamente, pois pensava que eu era o dono da droga. Steve estava acompanhado por um agente infiltrado chamado Larry. Cordialidades à parte, entramos no Suburban e saímos da pista de aterrissagem. A maconha havia sido empilhada na caminhonete, que parecia com qualquer outra caminhonete texana. Ninguém nunca imaginaria que estávamos andando com mais de duzentos quilos de erva.

Na estrada para Austin, Larry manteve o disfarce. Durante todo o trajeto, ele não parava de falar a Steve de como aquilo seria o início de uma bela amizade, que conhecia muitos compradores em potencial que precisavam regularmente de grandes quantidades de maconha. Ele ficava reiterando para Steve que eu era o rei inquestionável da maconha e que poderia entregá-la em tonelada. Fiz o meu melhor para convencer a todos de que poderia entregar, contanto que pagassem em dinheiro.

Steve já havia nos adiantado US$200 mil em dinheiro vivo, mas ainda nos devia US$700 mil, que prometera pagar na entrega. Steve nos contou que tinha outros compradores aguardando com o dinheiro em vários pontos do sul de Austin. Nossa primeira parada foi em um hotel decrépito, onde começamos a descarregar a maconha. Uma vez que Steve começou a contar US$100 mil, decidimos prendê-lo. Ele tentou fugir, mas nós o capturamos minutos depois. Alguns dos outros compradores que esperavam no hotel para comprar drogas viram a prisão e dispararam a correr. Quando dois dos compradores correram para seus carros, entrei rapidamente em ação, me apossando de um veículo alugado — um Lincoln Continental que pertencia a um dos criminosos. E o que veio a seguir foi uma perseguição de carro cinematográfica. Em um dado momento, eu estava dirigindo na contramão de uma rua de sentido único, com a adrenalina à flor da pele, buzinando furiosamente para que as pessoas saíssem do meu caminho.

Parei bruscamente em frente a um dos criminosos e o encurralei. Voei pela porta do Lincoln e o algemei em poucos segundos. Naquele dia, fizemos cinco prisões no total e apreendemos mais de U$800 mil em dinheiro.

Steve foi o único a ir a julgamento e contratou um dos melhores advogados especialista em direitos civis dos Estados Unidos para defendê-lo. Tony Serra, que se autodenominava um advogado hippie de São Francisco e cuja característica era seus longos cabelos brancos presos em um rabo de cavalo, já havia defendido de tudo um pouco, desde os Hells Angels até os membros do Exército Simbionês de Libertação (ESL), o grupo que sequestrou a herdeira Patty Hearst em 1974. Seu caso mais emblemático e mais politicamente engajado foi a defesa do Pantera Negra Huey Newton. Em 1970, Tony Serra apelou com sucesso à acusação por homicídio culposo contra Newton por ele atirar em um policial de Oakland que o havia parado em uma blitz policial três anos antes.

Mas, na cidade batista predominantemente branca de Waco, Texas, que abriga a ultraconservadora Universidade Baylor, Tony Serra foi mais um risco do que um trunfo na defesa do traficante. Além do mais, ele foi extremamente arrogante durante o processo judicial. Na época, o procurador federal encarregado e a DEA ofereceram ao cliente de Tony, Steve, condições muito boas se ele estivesse disposto a aceitar um acordo de confissão de culpa. Tony declinou, e o caso foi parar na mão do juiz Walter Smith — que mais tarde ganharia notoriedade em todo o país ao presidir o julgamento dos membros da seita Branch Davidians que, em 1993, escaparam do sangrento confronto contra agentes federais que resultou na morte de oitenta membros do culto apocalíptico, incluindo vinte crianças. Durante o julgamento de Steve, tomei o depoimento da testemunha e relembrei a conversa que tivemos no Suburban a respeito do fornecimento de grandes quantidades de maconha. Lembro-me somente de que Tony Serra me perguntou uma única coisa: se a mentira fazia parte do meu trabalho. Respondi que mentia apenas quando trabalhava infiltrado. Talvez minha resposta o tenha deixado sem palavras, pois ele não me perguntou mais nada.

Steve foi considerado culpado e sentenciado a trinta anos de prisão.

STEVE

Com o rosto pingando de suor, apoiei a submetralhadora Colt 9mm em meu ombro e empurrei suavemente a porta crivada de balas do quarto, alertando meus colegas da DEA para ficarem na retaguarda.

Estava um calor de rachar nos subúrbios de Miami, e nosso esconderijo no quarto principal de uma casa de aluguel barato em Hialeah acabara de ser descoberto. Meu parceiro Kevin Stephens, um colega agente da DEA e ex-fuzileiro naval de Indiana, tinha acabado de levar dois tiros no braço de um de nossos alvos — um traficante de cocaína cubano que atirava freneticamente quando nosso esquema de operação à paisana se tornou um verdadeiro desastre.

Eu ouvi um tumulto na sala de estar da casa. Quando espiei pela porta do quarto, vi que os dois marginais estavam com as armas em punho, e nosso agente infiltrado e o informante estavam deitados no chão da sala implorando por suas vidas. Fechei a porta e pedi ajuda a nossas duas equipes de apoio por rádio. Quando Kevin abriu a porta do quarto, um dos bandidos abria a mesma porta pelo lado de fora. Kevin gritou: "Polícia!", e os bandidos começaram a atirar nele com pistolas, que revidou disparando alguns tiros com sua pistola 9mm antes de ser alvejado duas vezes no braço direito. Ao tombar para trás, Kevin ainda conseguiu fechar a porta!

Naquele momento, com o suor se acumulando em meu rosto e com as mãos grudando por causa do sangue de Kevin, apontei a metralhadora em direção aos suspeitos na sala de estar. Ao olhar de canto de olho, pude ver nosso informante confidencial (IC) tentando se manter de pé, e, à medida que ele apertava sua garganta em uma tentativa para estancar o líquido vermelho que jorrava em todas as direções, grossos filetes de sangue escorriam por entre seus dedos. O segundo marginal atirou no IC com um revólver de calibre .357 enquanto este escapava pela porta da frente. Pete, o agente infiltrado (AI), estava no chão gritando para que alguém buscasse ajuda para nosso informante.

Como é que tudo deu errado?

Todos nós achávamos que seria uma operação à paisana rápida e, à primeira vista, parecia relativamente simples: apareçam na casa que alugamos em um bairro de trabalhadores e operários para a apreensão das drogas, ofereça aos bandidos um monte de dinheiro e, enquanto eles estão contando o dinheiro, prenda-os e confisquem o "pacote" — dezessete quilos de cocaína, cada quilo avaliado em US$26 mil.

Fácil, não é?

Esse pensamento idiota passou pela minha cabeça quando nossa apreensão planejada às pressas se transformou em um banho de sangue.

Era 1989, dois anos após eu ser designado para o Group 10, o Caribbean Enforcement Group [Grupo de Repressão às Drogas no Caribe]. Nossa especialidade envolvia grandes apreensões de centenas de quilos de cocaína que chegavam ao porto de Miami vindos de Medellín, passando por pequenas ilhas caribenhas como Haiti e Cuba e, o lugar que nunca esquecerei, as Ilhas Turcas e Caicos.

Desse modo, uma operação pequena que envolvia a apreensão de somente dezessete "ks" de droga não era considerada de modo algum um evento significativo. Meus parceiros, Pete, Lynn e Kevin, a enxergavam mais como uma forma de sair do escritório à tarde e se divertir um pouco com um caso que não exigia muita preparação investigativa.

Kevin e eu já havíamos trabalhado anteriormente em circunstâncias difíceis. Ambos éramos agentes jovens, dispostos a assumir qualquer missão, ávidos por progredir em nossas carreiras. Um ano antes da fatídica apreensão de Hialeah, trabalhamos em uma missão que teve um "incidente de fogo amigo"— uma situação possivelmente mortal, em que o delinquente que estávamos caçando era um policial infiltrado que, por sua vez, tentava identificar traficantes de cocaína, montar um caso e armar para que os traficantes aparecessem com o dinheiro para comprar a cocaína. Os policiais ou agentes disfarçados deteriam o traficante e fariam a apreensão do dinheiro por conta própria.

No final da década de 1980, durante a pior onda de violência relacionada às drogas, o sul da Flórida estava lotado de policiais infiltrados de todas as agências federais. Os policiais locais também trabalhavam disfarçados. Todos andavam armados, eram muito bem treinados e queriam levar a melhor. Ninguém nem sequer usava uniforme; estavam todos à paisana.

No final de 1988, um ano antes de nos encontrarmos naquela situação difícil na casa decrépita de Hialeah, Kevin e eu entrevistamos um IC que nos disse conhecer um distribuidor de cocaína que estava no mercado com o objetivo de vender quilos e mais quilos da droga. Interrogamos o informante e obtivemos o máximo de informações que conseguimos. Ainda que soubéssemos pouco sobre nossos possíveis alvos, éramos agentes jovens e impacientes, e pensávamos que, com a ajuda de nosso agente sênior de Miami, Gene Francar, tínhamos informações o bastante para organizar uma operação de apreensão.

Seguindo orientação de Gene, instruímos o IC a se encontrar com os criminosos no Denny's próximo do Aeroporto Internacional de Miami. Sabe-se lá o porquê, aquele restaurante em particular era um ponto de encontro popular de traficantes, talvez devido ao anonimato e à proximidade com o aeroporto. Do outro lado da rua, o estacionamento do restaurante daria a nós e às nossas unidades de vigilância a oportunidade de ver com quem o IC se encontraria e com qual tipo de carro os criminosos estariam. E, se tudo corresse conforme o planejado, seguiríamos os foras da lei para saber mais a respeito de onde moravam e dos lugares que frequentavam.

Kevin e eu chegamos com toda a equipe de vigilância e assumimos nossos lugares no estacionamento do outro lado da rua do Denny's. E esperamos. Eu estava dirigindo um velho Oldsmobile escangalhado com vidros escuros, coisa que não era tão incomum no sul da Flórida, onde a maioria dos veículos tinha película escura.

Entrei no estacionamento e me posicionei de um modo que pudesse ter uma boa visão da porta da frente do restaurante. Estacionei ao lado de uma caminhonete que também tinha vidros escuros. O restaurante estava do meu lado direito, e a caminhonete, do esquerdo.

Pouco antes de enviarmos o IC ao restaurante para o encontro, a caminhonete estacionada ao meu lado ligou o motor e levei um susto. Além de vigiar a porta da frente do Denny's, eu também vigiava outros veículos no perímetro, mas, como não tinha visto nenhuma movimentação na caminhonete, presumi que estivesse desocupada. Logo em seguida, a caminhonete saiu da vaga de estacionamento e se reposicionou entre mim e a porta da frente. Eu não conseguia mais ver o Denny's, e ninguém saiu da caminhonete.

Foi então que me ocorreu que algo estava muito errado e me dei conta de que, ao mesmo tempo que vigiávamos os criminosos, eles provavelmente também tinham a própria vigilância. Eles estavam nos observando!

Seria uma equipe de assalto prestes a armar uma emboscada para a gente ou para nosso próprio IC? Ou talvez fosse um marido ou namorado ciumento espionando a esposa ou a namorada?

Entrei em contato com Gene para pedir um conselho e tomamos a decisão de abordar a caminhonete no estacionamento. Precisávamos saber quem estava lá dentro — era uma situação potencialmente perigosa. Kevin e eu, além de outros agentes de vigilância, dirigimos até um estacionamento próximo e vestimos nosso equipamento de ataque — coletes à prova de balas, cintos de armas e jaquetas policiais — que sempre carregávamos no porta-malas. Entramos em nossos carros disfarçados e voltamos ao estacionamento em frente ao Denny's. Seguindo nossos planos, três de nossos carros entraram no estacionamento juntos e pararam em frente à caminhonete. Outras unidades de vigilância assumiram suas posições flanqueando o veículo. Acendemos nossas luzes azuis piscantes e saímos empunhando nossas armas. Nós nos identificamos como policiais e ordenamos que os ocupantes da caminhonete saíssem do veículo. Quando as portas da caminhonete lentamente se abriram, vimos mãos levantadas em sinal de rendição de ambos os lados do veículo: elas seguravam distintivos policiais.

Nossos "criminosos" eram agentes disfarçados da narcóticos do Departamento de Polícia de Hialeah. Eles estavam desenvolvendo a própria investigação com base nas indicações de um de seus informantes. Existia uma competição feroz entre as agências, e a maioria dos policiais e agentes especiais havia se tornado territorialista em relação a seus casos. Além do mais, eles mantinham suas investigações em segredo de outros agentes da lei, para que, no final das contas, recebessem o crédito. Foi um incidente de "fogo amigo", mas que acabou com um final feliz. Desnecessário dizer que ficamos muito desapontados com o resultado dessa possível investigação. É bastante irritante e doloroso trabalhar meses em um único caso apenas para ver que ele é prioridade de outra pessoa. Não havíamos capturado nenhum delinquente, mas todos respiramos aliviados por ninguém ter se machucado.

Naquele dia, Kevin e eu tivemos sorte, mas, infelizmente, nossa sorte não durou. Nos momentos angustiantes durante a batida em Hialeah, olhei rapidamente para as minhas mãos maculadas com o sangue policial de Kevin e achei que nós dois fôssemos morrer.

Como havíamos chegado àquela situação insustentável? O que havíamos feito de tão errado?

Nossa fonte confidencial era um norte-americano baixinho e entroncado com ascendência cubana, que fora informante da DEA por quase quinze anos em Miami. Apesar de não achar que ele fosse um traficante, eu não tenho certeza disso. Nunca confiamos totalmente nessas pessoas. O IC não dirigia carros luxuosos nem usava roupas chamativas. Gostava de transitar no submundo obscuro dos traficantes de cocaína, onde podia passar despercebido; contudo, estava envolvido com traficantes do baixo escalão — pessoas que talvez conseguissem transportar cinquenta quilos de coca ou menos. E, por mais que seja engraçado considerar alguém que possa transportar cinquenta quilos de pó como um traficante de baixo escalão, repito mais uma vez: durante o final da década de 1980, a circulação de coca para o sul da Flórida era tão grande que ficava impossível acompanhar.

O IC havia marcado o encontro com os dois suspeitos naquela casa, em uma quinta-feira à tarde. Mas, quando os dois suspeitos bigodudos e vestidos com camisas guayabera chegaram, eles se recusaram a sair do carro.

“Alguma coisa não está me cheirando bem”, disse um dos suspeitos após dirigir pela vizinhança — uma coleção de casas deprimentes de estuque com grades nas janelas e um gramado falhado em frente a um muro de concreto —, em uma rápida tentativa de reconhecimento. Pete e o IC fizeram pouco caso e combinaram de encontrá-los no dia seguinte.

Aquela sexta-feira amanheceu úmida e bastante abafada — um típico dia de verão no sul da Flórida. No meio da tarde, horário combinado para se encontrar com os criminosos, a poluição e o calor intenso dificultavam a respiração. Na sala de estar do bangalô, que fedia a mofo, Pete e o IC fingiram examinar os dois quilos de cocaína que os suspeitos haviam trazido de amostra. Os suspeitos afirmaram que trariam os outros quinze quilos quando vissem a cor do dinheiro. Quando Pete e o IC lhes disseram que não tinham a quantia total — mais de US$400 mil —, um deles sacou uma pistola semiautomática .45 e ordenou que eles deitassem no chão.

Assim que ouvimos Pete e o informante confidencial gritarem, sabíamos que a situação havia tomado um rumo perigoso. À medida que eu passava um rádio para nossa equipe e pedia reforços, Kevin abriu a porta e rapidamente se envolveu em uma troca de tiros a curta distância. Quando ele caiu no chão, despencou bem na minha frente. Peguei um travesseiro e coloquei em seus dois ferimentos, pressionando para estancar o sangramento. Ao mesmo tempo em que eu me certificava de que Kevin estava estável, um dos suspeitos começou a atirar uma saraivada de balas contra a porta do quarto até ficar sem munição. Lynn, um ex-banqueiro de estatura alta da Carolina do Norte (a DEA sempre teve uma mistura eclética de pessoas!), revidou atirando contra a porta fechada. Cessado o tiroteio, havia 23 buracos de bala na porta do quarto.

No final das contas, logo que cheguei à sala de estar com a minha submetralhadora no ombro, preparado para começar uma segunda troca de tiros, os bandidos desapareceram de vista. Um dos suspeitos — o cérebro da operação — fugiu velozmente em um carro dirigido por um terceiro suspeito, que estava esperando na porta da casa. Assim que avistei o segundo suspeito tentando escapar mancando, ordenei que parasse. Mais tarde, soubemos que ele acabara de ser diagnosticado com AIDS e a doença afetava sua mobilidade, por isso se movimentava com dificuldade. Ele já havia largado seu revólver na calçada. Ao sair da casa, os agentes externos de vigilância o prenderam. O motorista do carro foi capturado naquela mesma noite em Miramar, uma cidade próxima ao condado de Broward, e o suspeito que atirou em Kevin durante a primeira troca de tiros se entregou à polícia três semanas depois, na cidade de Nova York.

Do lado de fora da casa de estuque em Hialeah, um helicóptero se preparava para pousar com o intuito de levar o IC e Kevin ao centro de traumatologia do Jackson Memorial Hospital, em Miami. Kevin foi levado às pressas para uma cirurgia que o salvaria, mas o IC, que estava quase completamente coberto de sangue, morreu logo que o helicóptero pousou no hospital.

Posteriormente, ficamos sabendo que os traficantes planejavam nos enganar desde o início. Eles não tinham os dezessete quilos de coca que haviam prometido; o plano era roubar o dinheiro.

Ao longo de toda a minha carreira na DEA, nunca me esqueci das importantes lições que aprendi com esta apreensão malsucedida.

Lição número um: não existe honra entre ladrões. Lição número dois: nenhuma transação de drogas dever ser considerada "rotina".

JAVIER

Eu era um grande fã de um famoso cantor *tejano*, como são chamados os texanos de origem hispânica, que sabia interpretar uma música como ninguém. Então, quando me vi colocando um par de algemas em seus pulsos, fiquei profundamente desapontado.

Fiquei atônito! O cantor era presença constante em minha casa, a maioria das pessoas que eu conhecia no sul do Texas adorava ele, especialmente minha avó.

E, para falar a verdade, quando me vi no banco de trás de um Lincoln Continental Mark IV lotado com as caixas de seus CDs, foi uma das coincidências mais estranhas da minha vida. E mais estranho ainda era que o motorista encorpado com um bigode morsa não era outro senão a lenda em pessoa!

Eu estava trabalhando infiltrado em uma apreensão de metanfetamina que meu amigo Joe Regalado, da polícia de Austin, começou a investigar. Em meados da década de 1980, a droga era um grave problema em Austin, e a cidade abrigava em seus bairros pobres dezenas de laboratórios de metanfetamina. Sempre procurávamos por sinais reveladores em lixeiras abarrotadas com latas vazias de tíner ou ácido de bateria, ou até mesmo por manchas de grama queimada no lado de fora dos laboratórios caseiros. Em geral, as pessoas que fabricavam metanfetamina dispensavam o excesso de produtos químicos do lado de fora de suas residências decrépitas em bairros pobres. Dentro da casa, sempre procurávamos por panelas de vidro no fogão manchadas com resíduos de pó.

A metanfetamina em cristal ou em pó é uma das drogas que mais causam dependência. Como a cocaína, ela ataca o sistema nervoso central e pode ser aspirada, injetada ou ingerida. Afeta imediatamente os níveis de dopamina no cérebro, intensifica o prazer, mas também coloca o usuário em sério risco de morte devido às perigosas substâncias químicas usadas em sua produção. Diferentemente da cocaína, a metanfetamina é sintética e bastante barata de produzir.

Tive um informante que trabalhava em uma "loja química" de Austin — um hispânico gordo de meia-idade chamado Johnny. Esse estabelecimento ficava em uma área precária no leste de Austin, onde viviam muitos traficantes hispânicos. Ao entrar no depósito, você se deparava com um extenso balcão que impedia o acesso à parte dos fundos do imóvel. Os clientes faziam os pedidos para Johnny, que levava os produtos até o balcão.

A loja química estava localizada em um antigo depósito de cimento branco caiado, rodeado por árvores, em um bairro residencial de casas caindo aos pedaços. As árvores eram uma boa guarida para vigiar o perímetro e, às vezes, eu ficava sentado no meu carro por horas, escondido atrás de um arbusto a fim de observar quem entrava e saía do imóvel. Trabalhei em uma série de casos de metanfetamina apenas seguindo os clientes desse estabelecimento. Antes de começar na DEA, eu nunca tinha ouvido falar de uma loja como aquela, mas logo descobri que era um negócio lícito que vendia substâncias químicas industriais como éter, sódio, amônia e outros tipos de solventes de limpeza e vidraria, como béqueres. Eles também vendiam fenilacetona, mais conhecida como P2P, o principal ingrediente na fabricação de metanfetamina. Se alguém a comprasse, sabíamos que provavelmente estava usando a substância para fazer a droga em um laboratório caseiro.

Depois que Johnny se tornou meu informante, ele me contou que os proprietários — pai e filho — ganhavam um bom dinheiro. Eles tinham seu próprio caminhão com um logotipo e entregavam grandes pedidos para empresas locais em galões de 55 litros. Só que a empresa estava enfrentando problemas. O pai estava envelhecendo e perdendo o controle do negócio, e o filho estava se aproveitando do pai idoso administrando uma empresa desonesta. Edgar, o filho, era de meia-idade, magricela e muito branco, se destacava em um bairro predominantemente negro e hispânico. Segundo Johnny, Edgar também roubava dinheiro da empresa e vendia substâncias químicas para traficantes de drogas conhecidos, a fim de bancar seu estilo de vida luxuoso. Ele me conhecia e foi muito prestativo quando lhe perguntei a respeito do seu negócio; contou sobre os clientes lícitos da empresa, mas negou que alguma vez tenha feito negócios com criminosos. Edgar nunca suspeitou que eu tinha recrutado Johnny como meu informante.

Obviamente, Johnny sabia o que seus chefes tramavam: estavam vendendo vidraria e substâncias químicas para criminosos para a produção de metanfetamina. Por isso, ele estava mais do que feliz em me fornecer informações, caso mandássemos seus chefes para a prisão. Eu era a sua garantia para que ele não acabasse no xadrez se invadíssemos o depósito.

Além do mais, eu pagava Johnny sempre que ele nos dava uma informação. Ele me ligava toda vez que um criminoso aparecia para comprar uma quantidade particularmente grande de substâncias químicas. Acontecia direto, e Johnny me ligava porque os picaretas estavam no balcão pagando pelo transporte. Então, eu largava seja lá o que estivesse fazendo e corria para lá, já que o escritório da DEA ficava próximo da loja química.

Recordo uma vez que Johnny me deu uma informação quente sobre um cliente que parecia ser bem honesto. Era um homem branco, alto e bem-vestido, e, quando o seguimos até sua casa, vimos que morava em uma residência grande em um bairro exclusivo de Austin e administrava uma série de negócios lícitos na cidade. No entanto, ele ficou imediatamente desconfiado, pois havia comprado um galão de 55 litros de P2P. Nós o observamos chegar ao depósito e vimos Johnny utilizar uma empilhadeira para colocar o tonel em sua caminhonete. Seguimos o comprador até uma transportadora profissional de caminhões e rastreamos a entrega até Waco. Posteriormente, nós o prendemos e conseguimos provar que ele estava ajudando outros traficantes de metanfetamina e havia facilitado outras entregas de substâncias químicas para os criminosos. Seu caso demorou muito para chegar aos tribunais, e eu já estava na Colômbia quando ele foi condenado. Mas, no final, o homem foi para a cadeia e perdeu tudo, incluindo sua casona.

Em outra ocasião, Johnny me ligou para dizer que seus chefes tinham acabado de comprar centenas de béqueres e recipientes de vidro com o objetivo de cozinhar metanfetamina. A vidraria, que os proprietários do estabelecimento compraram em um leilão judicial do governo, ainda tinha os selos de evidência da DEA. Eu mal conseguia acreditar no que estava vendo! Nosso pessoal havia apreendido a parafernália de fabricação de drogas recolhida das ruas e ela voltou mais uma vez para as ruas pelas mãos do nosso próprio governo! Caso não tivéssemos apreendido os béqueres, os criminosos teriam revendido tudo aos traficantes. Para começo de conversa, fiz o maior escarcéu com o U.S. Marshals, que teve a ideia de leiloar os recipientes.

Em 1985, quando comecei a trabalhar no caso da metanfetamina com o Departamento de Polícia de Austin, 28 gramas da droga custavam aproximadamente US$1.500. Joe Regalado e eu nos disfarçamos e começamos a comprar metanfetamina de um cara que vivia se gabando de conseguir produzir grandes quantidades. Adquirimos alguns gramas do mesmo traficante, antes de encomendarmos meio quilo de metanfetamina, que estava saindo por cerca de US$20 mil. A polícia de Austin não tinha todo esse dinheiro, então a DEA contribuiu com a quantia, e nos preparamos para efetuar uma prisão, esperando que o traficante nos levasse para encontrar seu fornecedor.

O pilantra nos disse para encontrá-lo no estacionamento de um restaurante de luxo, na parte oeste de Austin. Lupe Trevino, o chefe de Joe que supervisionava a apreensão, nos disse com todas as letras para não "pisarmos na bola". Fomos proibidos de ir a qualquer lugar que fosse se entrássemos no carro do traficante. Bastava comunicá-lo do flagrante da apreensão quando estivéssemos com a droga em mãos, e Lupe enviaria reforços para interceptar os traficantes e prosseguir com a prisão.

Só que as coisas imediatamente foram ladeira abaixo quando Joe e eu entramos no estacionamento do restaurante e vimos o delinquente gesticulando para que entrássemos em seu carro. Fiquei admirando o Lincoln com o estepe no porta-malas, pois naquela época poucas pessoas tinham aquele carro. Ao entrar no banco de trás com Joe, empurrei diversas caixas de CDs para o lado, a fim de conseguir me sentar.

Nem sequer percebemos que o homem cuja foto estava na capa dos CDs era o motorista do carro. Na verdade, nem percebemos que havia um motorista até o pilantra sentar no banco do passageiro e o carro dar marcha a ré e partir. Joe e eu entramos em pânico. Protestamos veementemente que não nos sentíamos seguros em ir para um local desconhecido. Nesse momento, o traficante tirou um pacote da parte inferior do banco da frente e jogou em nós. Parecia meio quilo de metanfetamina, e eu mais do que depressa disse que precisávamos voltar ao estacionamento do restaurante porque havia deixado o dinheiro no carro. O motorista deu meia-volta e retornamos, o que foi pura sorte, pois, assim que partimos, as unidades de vigilância nos perderam. Suspirei aliviado quando vi nosso pessoal rondando o estacionamento. Quando o Lincoln parou, tirei meu boné, que era o sinal de prisão, e Joe e eu sacamos nossas armas e prendemos rapidamente os dois homens. O pessoal de apoio e os agentes da DEA chegaram ao mesmo tempo em que eu algemava o motorista. Ele não ofereceu resistência e, encabulado, admitiu que era a lenda da música tejana. Fiquei abismado e lhe disse que minha família em Laredo e em Hebbronville o adorava. Quando meu chefe da DEA enviou o teletipo para a sede da agência, ele fez questão de dizer que havíamos prendido um famoso artista tejano.

Os dois homens cumpriram uma sentença de quatro anos cada. Antes de prendê-lo e algemá-lo, a lenda tirou um CD de uma das caixas no banco de trás do Lincoln. Sacou uma caneta hidrográfica do bolso e me deu seu autógrafo para fechar com chave de ouro.

STEVE

Pouco depois da prisão do cara que atirou em Kevin na cidade de Nova York, a DEA me enviou em uma missão temporária com o objetivo de me afastar de Miami, enquanto Kevin se recuperava. Meu colega levou um ano para se recuperar totalmente, mas, por fim, retornou ao seu posto de trabalho na DEA. Fui enviado para as Bahamas por três meses para trabalhar na Operação BAT. Foi uma operação conjunta entre a DEA, a Royal Bahamas National Police Force, a Guarda Costeira e o Exército dos EUA. Em resumo, patrulhávamos a cadeia de ilhas das Bahamas de helicóptero em busca de lanchas e outras embarcações envolvidas em atividades de contrabando. Depois de passar uma semana em Nassau, na embaixada dos EUA onde ficava o escritório da DEA, fui a Freeport para as missões de reconhecimento diárias, e muitas vezes tediosas.

Conforme ficou claro no julgamento de Carlos Lehder Rivas, as Bahamas e o Caribe como um todo eram imprescindíveis para os traficantes de drogas. Antes de sua prisão, Carlos Rivas montou uma operação praticamente militar em Norman's Cay, completa com pistas de pouso e decolagem, aeronaves de pequeno porte, lanchas e alojamento para seu exército de pilotos, marinheiros e traficantes que importavam cocaína para o sul da Flórida ininterruptamente.

A despeito da importância das Bahamas para os grandes cartéis de cocaína, fiquei estarrecido ao descobrir que havia apenas um outro agente da DEA em Freeport quando cheguei. Ou seja, trabalhávamos 24 horas por dia e 7 dias por semana. Não foi uma coisa ruim; eu ainda estava empolgado por ser um agente, mesmo que isso significasse que voaríamos de helicópteros todo santo dia procurando por atividades suspeitas. Todos os dias fazíamos duas patrulhas de helicópteros, uma pela manhã e outra, tarde da noite. Mas, se recebêssemos alguma ligação sobre atividades suspeitas, corríamos imediatamente para o aeroporto.

Certo dia, após a patrulha matinal, retornei para a casa que havíamos alugado em Freeport para cuidar de uma papelada. Lá, recebi uma ligação do supervisor do grupo da DEA, Pat Shea, o agente encarregado da Operação BAT. Pat disse que recebera a informação de que um traficante de drogas colombiano chamado Pablo Escobar Gaviria fora visto em Treasure Cay e estava usando um jato particular para viajar. Pat nos forneceu o número do registro mexicano do jatinho e nos instruiu a seguir imediatamente para o aeroporto de Freeport. Ele enviou agentes de apoio e helicópteros adicionais de Nassau, mas sabíamos que chegaríamos bem mais cedo e estaríamos na linha de frente dessa operação em questão.

Pat então me perguntou se eu sabia quem era Escobar. Ainda que eu certamente tivesse ouvido seu nome por alto e soubesse uma coisa ou outra sobre sua reputação, por causa de alguns dos casos em que estávamos trabalhando em Miami, não tinha muita noção — não àquela altura — do alcance de seu envolvimento no tráfico de cocaína. Na época, eu tinha acabado de começar a ler *Kings of Cocaine* ["Os Reis da Cocaína", em tradução livre] dos repórteres Guy Gugliotta e Jeff Leen, do *Miami Herald*. O livro tinha uma foto de Escobar, e Pat me disse para levá-lo comigo, a fim de ajudar na identificação de Escobar, caso o encontrássemos.

Ao chegar ao aeroporto de Freeport, a equipe de terra da Guarda Costeira já estava ocupada preparando nosso helicóptero para a decolagem. Dois pilotos e dois membros da tripulação estavam averiguando os procedimentos de pré-voo. Assim que dois policiais das Bahamas chegaram, decolamos para Treasure Cay. Durante o voo, todos nós usamos fones de ouvido para conseguir falar uns com os outros. Normalmente, eu me sentaria no assento ejetor entre os dois pilotos, e os bahamenses se sentariam na parte de trás. Fiz questão de que todos soubessem quem poderíamos enfrentar se a informação fosse verdadeira. Fiz questão também de que todos soubessem da reputação violenta de Escobar.

Pablo Escobar era conhecido por viajar com um grande arsenal de armas, um poder de fogo bem maior do que éramos capazes de reunir. Eu estava carregando uma pistola Pistola Smith & Wesson 9mm; os dois policiais das Bahamas tinham cada um uma pistola calibre .38 e metralhadoras extremamente antigas que mais pareciam terem saído direto da Segunda Guerra Mundial. Por sua vez, a Guarda Costeira normalmente não carregava armas, mas as guardava em um compartimento trancado dentro do helicóptero: duas pistolas calibre .45 e duas espingardas calibre .12. Ainda que isso pudesse parecer um grande poder de fogo, eu sabia que Escobar tinha muito mais do que isso. Nós não estávamos à altura dele.

Voamos muito baixo naquele dia — talvez quinze a trinta metros acima do oceano. Ao nos aproximarmos de Treasure Cay, os pilotos nos informaram que avistaram um avião na pista que estava se preparando para decolar. À medida que nos aproximamos e sobrevoamos um grupo de árvores, todos pudemos ver o jato particular na pista de taxeamento, pronto para decolar. Os pilotos diminuíram a velocidade para que eu pudesse ler o prefixo da aeronave. Embora o avião realmente tivesse um número de registro mexicano, um dos números diferia do prefixo informado por Pat. Mas decidi agir assim mesmo e disse ao nosso piloto que bloqueasse a pista para evitar que o jato decolasse.

Ao pousarmos, nos preparamos para um confronto tenso. Os policiais das Bahamas e eu saímos imediatamente do helicóptero com nossas armas em punho. Aproximei-me do jato mexicano e fiz um sinal passando o dedo na minha garganta, indicando que eles deveriam desligar os motores; no entanto, eles aceleraram como se estivessem prestes a decolar. Os policiais das Bahamas assumiram suas posições e apontaram suas metralhadoras para o jato. Ajoelhei-me e apontei minha pistola em direção à aeronave. Nossos pilotos permaneceram em seus assentos com suas pistolas .45 em posição de prontidão. A principal responsabilidade deles era proteger o helicóptero; com base em nossa confiança e respeito mútuos, eu me sentia confiante de que eles estavam prontos para nos oferecer ajuda caso um tiroteio ocorresse.

Por fim, o jato desligou os motores e os pilotos levantaram as mãos. Aproximamo-nos cautelosamente, sem saber o que esperar.

Quando a porta se abriu, um dos pilotos estava parado com os braços levantados e disparou a falar em espanhol. Sabendo que a língua universal dos pilotos é o inglês, ordenamos que o piloto se acalmasse e saísse do avião, onde poderíamos conversar. Ele disse que deixou alguns executivos em Treasure Cay e nos deixou fazer uma busca no interior do avião. Os pilotos nem sequer tinham ouvido falar de Pablo Escobar e, depois que lhes mostramos sua foto no livro *Kings of Cocaine*, eles alegaram nunca tê-lo visto antes. Só depois de estacionarmos nosso helicóptero é que avistamos outro avião com o número de registro que Pat nos deu. Os pilotos mexicanos garantiram que o jato pertencia à mesma empresa que a deles e havia sido utilizado para transportar outro grupo de executivos até o local.

Após nossas unidades de apoio chegarem, interrogamos todas as pessoas que trabalhavam no aeroporto de Treasure Cay, mostrando-lhes a fotografia em preto e branco do livro. Nenhuma pessoa conseguia reconhecer o homem gorducho de bigode, vestido casualmente com uma camisa de manga curta e calça jeans. Depois de algumas horas, finalmente retornamos a Freeport.

Será que Escobar estava em Treasure Cay e voou em um desses jatos? Nunca saberemos.

JAVIER

Quase pedi as contas na primeira vez que senti o metal frio de um revólver contra minha testa.

Um informante me contou sobre a venda de meio quilo de heroína *black tar*. Era uma falsa negociação em que meu parceiro da DEA — um agente veterano que já havia trabalhado no Afeganistão — e eu fingíamos estar interessados em comprar a droga, arrombaríamos a porta e prenderíamos os delinquentes. Como nos filmes.

O negócio ocorreria na parte sul de Austin, um trecho desolado e árido de casas de penhores, locais de consumo de crack, lojas abandonadas e concessionárias de carros usados. Tivemos pouco tempo para reunir uma equipe de apoio porque foi um longo fim de semana e ninguém queria trabalhar. Em retrospecto, vejo que deveríamos ter cancelado a coisa toda, mas, como disse antes, eu ainda era muito impulsivo. Ainda queria impressionar desesperadamente.

Dirigimos até um hotel fuleiro, e prendi a respiração ao bater na porta. Um dos traficantes nos deixou entrar. Mal tive tempo de entrar no quarto de hotel amarelado, onde havia uma cama forrada com uma colcha de poliéster florido e um carpete manchado, e podia-se ouvir o som de um ar-condicionado cansado que tentava circular aquela atmosfera degradante, quando um dos homens — um baixinho barbudo — tirou uma arma de debaixo de um travesseiro florido e a apontou para minha cabeça.

"Se você for policial, será o primeiro a morrer", disse ele em espanhol.

Engoli em seco. Não queria morrer daquele jeito, com uma bala na cabeça e com mais de meio quilo de heroína. Pensei em confessar e tive uma ideia mirabolante. Diria a eles que eu era um ator encenando um papel, e nós apertaríamos as mãos, daríamos boas risadas e iríamos embora. Não passaria de um mal-entendido. Eu não queria fazer parte daquilo. Gotas de suor escorriam pela minha têmpora e arranquei coragem não sei de onde para ficar imperturbável, repetindo as rezas que sabia de cor e salteado quando era apenas um menino na escola, enquanto o traficante (vou chamá-lo de mexicano) começou a falar sobre o México e Nuevo Laredo.

Nuevo Laredo?

Claro que eu sabia tudo sobre Nuevo Laredo! Era do outro lado da fronteira de onde cresci. De repente, sem nem mesmo pensar a respeito, disparei a falar sobre La Zona. Tagarelei sobre todos os botecos, me gabei de frequentar o Papagallo e o 123 — clubes que também eram bordéis bem barra pesada. O bandido começou a baixar a guarda e, por fim, tirou o revólver da minha testa.

Acho que todas aquelas vezes que saí com meus amigos do colégio para ir às zonas de prostituição finalmente valeram a pena!

Com o coração batendo e quase saindo pela boca, voltei ao meu disfarce e à apreensão. Não sei como, convenci o mexicano a nos deixar inspecionar a heroína. Quebrei um pedaço do tijolo preto grudento e apertei entre meus dedos. Coloquei no nariz e cheirei a heroína. Meu parceiro foi até o carro para pegar os US$10 mil em dinheiro que trouxemos para a operação. E então me preparei para o que achei que resultaria em um grande tiroteio quando os agentes de apoio entrassem repentinamente pela porta do quarto do hotel. Tínhamos planejado que, assim que meu parceiro saísse do quarto do hotel para pegar o dinheiro, a equipe de apreensão chegaria atrás dele. Examinei a sala, tentando a todo custo descobrir como eu entraria de fininho no banheiro, onde poderia dar alguns tiros nos bandidos. Coloquei a mão sobre meu revólver .38, que o mexicano não vira ou não se importava mais agora que decidira que eu não era mais um policial. Meu coração estava acelerado quando meu parceiro voltou alguns minutos depois segurando uma sacola de papel com o dinheiro. A equipe de apreensão não o viu no estacionamento, então ele retornou para o quarto do hotel sem qualquer reforço. Ele jogou a sacola na cama, os bandidos largaram as armas e correram para contar a grana. Meu parceiro e eu nos entreolhamos. Era nossa chance. Saquei minha arma sem que eles percebessem nada.

"Deitem no chão!", gritei em espanhol, puxando minha pistola calibre .38 de cinco tiros.

Quando a equipe de prisão finalmente irrompeu pela porta, eu já tinha agarrado o delinquente e gritava com ele, porque quase morri naquele quarto. Dei-lhe também uns empurrões, mas ele não disse nada, pois sabia que eu poderia tê-lo matado.

"Da próxima vez que você for vender droga, não traga a porra de uma arma!", gritei com o mexicano.

Aprendi muito naquele dia e prometi a mim mesmo que nunca mais entraria em uma situação perigosa como aquela — em um recinto fechado, em um quarto de hotel — jamais.

Mas claro que quebrei essa promessa assim que cheguei à Colômbia.

PARTE TRÊS

PARTE TRÊS

JAVIER

Antes de chegar à Colômbia, eu nunca tinha ouvido falar em Pablo Escobar. Para começar, a verdade é que eu nunca quis ir para lá. Eu havia escolhido a Cidade do México, depois que minha missão em Austin terminou. Mas, em vez disso, fui enviado para Bogotá e fiquei muito decepcionado.

E, assim que pisei em solo colombiano, não pude mais evitar Pablo Escobar Gaviria. Na DEA, em nossas comunicações internas, nos referíamos a ele como "TKO 558, caso número ZE-88-0008". Na prática, ele era a minha nova missão, mas, após a noite de 18 de agosto de 1989, também se tornou minha obsessão.

Pablo Escobar comandava o Cartel de Medellín — que, quando cheguei em 1988, era a rede de traficantes de drogas mais poderosa do mundo. Oitenta por cento da cocaína mundial vinha da Colômbia: a droga era processada a partir de folhas e da pasta de coca provenientes do Peru e da Bolívia. Na Colômbia, o exército de *sicarios* de Pablo Escobar — boa parte formada por delinquentes adolescentes das *comunas* ou favelas de Medellín — estava travando uma guerra de narcoterrorismo. Na época em que cheguei ao país, eles já haviam assassinado centenas de policiais, juristas, repórteres e seus próprios rivais do narcotráfico.

Pablo Escobar e os outros membros do Cartel de Medellín resistiram violentamente contra os planos do governo colombiano de extraditar os traficantes de drogas para serem julgados nos Estados Unidos. Em 1984, os representantes eleitos discutiram um tratado que autorizava o governo federal a extraditar qualquer colombiano que fosse considerado apenas *suspeito* de um crime. Os líderes do cartel, acostumados a subornar ou matar seus inimigos na Colômbia para evitar que fossem presos, sabiam que nunca poderiam exercer o mesmo poder nos Estados Unidos, e qualquer julgamento em solo norte-americano sem dúvidas resultaria em uma longa pena de prisão.

Sendo assim, eles contra-atacavam da forma mais cruel: as mortes perversas de seus rivais serviam como um aviso de que os *Los Extraditables* (Os Extraditáveis) não admitiriam interferência. O lema *Plata o Plomo* (dinheiro ou bala) era o princípio norteador do Cartel de Medellín. Ou você negociava com Pablo Escobar e aceitava o suborno para fazer vista grossa, ou levava uma bala na cabeça.

Nos primórdios do reinado de terror, a maioria das pessoas que desafiavam Escobar e apoiavam a extradição levava não uma, mas diversas balas na cabeça. Um dos primeiros defensores da extradição foi o ministro da justiça da Colômbia, Rodrigo Lara Bonilla, membro do Nuevo Liberalismo, ala progressista do Partido Liberal que ele havia fundado. Ex-advogado, o político de 37 anos não teve medo de denunciar Escobar, expondo como o narcotraficante financiava todos os projetos comunitários por meio de corrupção e assassinato e que lhe rendiam comparações com Robin Hood em Medellín. Mas essas acusações, vindas à tona quando Pablo Escobar foi eleito suplente no congresso colombiano, se tornaram o principal motivo pelo qual Rodrigo Lara durou somente oito meses na função de principal autoridade do governo federal. Ele foi assassinado por dois capangas de Escobar quando voltava para casa. Estava sentado no banco de trás de sua Mercedes dirigida pelo seu motorista, na noite de 30 de abril de 1984 — três dias depois de denunciar Escobar como um criminoso no Congresso e tomar medidas para confiscar os bens do narcotraficante. O governo dos Estados Unidos alertou Rodrigo Lara de que sua vida estava em risco, e a embaixada até lhe forneceu um colete à prova de balas. O colete foi encontrado ao lado de seu cadáver no banco de trás do carro. O colombiano levou tantos tiros que seu corpo parecia uma peneira, sendo improvável que o colete tivesse salvado sua vida.

Os legisladores colombianos ficaram tão horrorizados com o assassinato brutal que aprovaram imediatamente o tratado de extradição. A administração Reagan há muito tempo pressionava a Colômbia para aprovar as disposições legislativas que colocariam o tratado em vigor, e os Estados Unidos mais do que depressa exigiram a extradição de cem colombianos. Mas, verdade seja dita, não nos importávamos nem um pouco com os traficantes de segunda categoria que constavam naquela lista; nosso foco estava nos líderes do Cartel de Medellín — José Gonzalo Rodríguez Gacha, o clã Ochoa e Escobar.

À medida que o governo colombiano pressionava cada vez mais o Cartel de Medellín, os marginais lançaram uma impiedosa campanha de terror. Em 6 de novembro de 1985, o cartel apoiou o trágico cerco ao Palácio da Justiça de Bogotá. Dezenas de guerrilheiros do grupo M-19 invadiram o edifício e mantiveram como reféns todos os 25 juízes da Suprema Corte e centenas de outras pessoas. O intuito do grupo esquerdista era "denunciar um governo que traiu o povo colombiano". O plano era obrigar os juízes a responsabilizar o presidente do país por violar um acordo de paz com os rebeldes, assinado um ano e meio antes. Eles também estavam furiosos com o tratado de extradição e tinham a mesma opinião que os líderes do Cartel de Medellín — nenhum colombiano deveria ter que enfrentar a justiça em outro país. Mais tarde, apurou-se que o próprio Escobar havia financiado o ataque. Mas o governo do presidente Belisario Betancur se recusou a negociar e enviou o exército para resgatar os reféns. Nos dois dias que se seguiram, o Exército da Colômbia empreendeu um ataque sangrento com tanques de guerra e explosivos, que resultou na morte de 11 juízes, 35 guerrilheiros e 48 soldados. Outras 11 pessoas, a maioria funcionários do restaurante, continuam desaparecidas. Do nada, começou um incêndio — ou melhor dizendo, atearam fogo no local — que destruiu os milhares de documentos que o tribunal usava para avaliar a extradição de traficantes de drogas. Segundo as notícias dos jornais, muitos dos arquivos eram pertinentes ao caso de Pablo Escobar.

A despeito da violência, os líderes colombianos continuaram arriscando as vidas para lutar contra os traficantes de drogas. Um ano após o ataque ao Palácio da Justiça, Guillermo Cano Isaza, editor e coproprietário do segundo maior jornal do país, *El Espectador*, foi morto a tiros por dois homens armados em uma moto, quando deixava a gráfica do jornal em um subúrbio industrial de Bogotá. O jornal de Guillermo Cano foi o primeiro a documentar a vida criminosa de Escobar, começando em 1976. Publicou uma reportagem sobre sua prisão por tráfico de drogas, junto com seu primo e homem de confiança Gustavo Gaviria Rivero e seu cunhado Mario Henao. Anos mais tarde, Guillermo Cano republicou o artigo original, quando Pablo Escobar foi eleito no Congresso colombiano em 1982. Apesar da eleição, Escobar foi forçado a uma humilhante renúncia após ataques de seu próprio partido e denúncias sobre seu papel no Cartel de Medellín nas colunas do jornal de Guillermo Cano. O narcotraficante jurou vingança contra seus inimigos, e o banho de sangue continuou.

Dois anos após o assassinato de Guillermo Cano, em 25 de janeiro de 1988, o procurador-geral da Colômbia, Carlos Mauro Hoyos Jiménez, foi sequestrado e morto pelos pistoleiros de Escobar. De acordo com Jhon Jairo Velásquez Vásquez, conhecido como Popeye — o capanga mais importante do Cartel de Medellín —, Escobar queria que Mauro Hoyos fosse julgado por traição e o acusou de aceitar suborno da DEA para defender a extradição dos colombianos. Segundo Popeye, Escobar afirmou também que Mauro Hoyos havia aceitado propina de membros de seu cartel.

Cheguei a Bogotá logo após o assassinato.

A morte de Mauro Hoyos foi amplamente noticiada, sobretudo porque ele foi morto na região de Medellín — reduto do cartel. Eu não sabia praticamente nada sobre a violência que estava tomando conta da Colômbia, e sabia menos ainda a respeito de Pablo Escobar, o homem que viria a dominar meus pensamentos pelos próximos anos. Naquela época, não recebíamos nenhuma instrução da DEA sobre nossas novas missões, e quase nada do que acontecia no país chegava aos jornais do Texas.

Demorei um tempo para me orientar e entender a minha nova atribuição. Eu era um soldado na linha de frente da guerra contra as drogas nos Estados Unidos, mas só comecei a perceber isso bem mais tarde. Por ora, eu estava simplesmente atônito de como meus reforços pouco serviriam naquele que era então um dos lugares mais perigosos do mundo.

É difícil expressar o quão assustador foi chegar a uma cidade em guerra. À noite, as ruas ficavam basicamente desertas, e os soldados das tropas de choque, portando AK-47s e acompanhados de pastores-alemães, mantidos em guias curtas e com cara de poucos amigos, montavam guarda em todos os hotéis mais importantes da cidade.

O escritório da DEA ficava no subsolo da antiga embaixada dos Estados Unidos, um *bunker* circunvalado por um muro de cimento e por barras de ferro pontiagudas, no centro de Bogotá. Nossa sede central colombiana era muito pequena, encardida, escura e estava localizada ao lado da garagem da embaixada. O carro do embaixador ficava estacionado à nossa porta, e eu me sentia como se estivesse respirando dentro de um escapamento de carro o dia inteiro. O espaço em si era bastante apertado e, não raro, quando chovia forte, tudo alagava. Cuidávamos para nunca deixar os documentos no chão, por medo de que fossem destruídos pela água. Tínhamos baias de escritório com divisórias improvisadas que só iam até a metade. Se levantasse da mesa, era possível ver o que seu vizinho estava fazendo e ouvir as conversas.

Quando fui designado para Bogotá, corria o boato de que havia muito peso morto na DEA e que muitos agentes simplesmente não iam embora, coisa fácil de fazer em um lugar como a Colômbia, visto que os agentes ganhavam 50% a mais de seu salário normal, boa parte devido ao "adicional de periculosidade". Porém, o desempenho das apreensões de droga vinha caindo muito e quase não existia cooperação com as autoridades locais. Uma das frases recorrentes era que você jamais poderia confiar nos policiais e militares colombianos. E logo descobrimos que era verdade.

Eu fazia parte de um grupo de seis novos agentes contratados de todas as partes dos Estados Unidos cujo objetivo era promover, no escritório de Bogotá, uma atmosfera arrojada e dinâmica. Nosso novo líder era Joe Toft. O agente encarregado da DEA chegou a Bogotá na mesma época que eu. Era um veterano determinado e experiente que havia trabalhado para galgar as mais altas posições em San Diego, Roma, Madrid, Dallas, Washington e San Antonio. Joe era meu chefe no Texas e eu o respeitava muito. Com mais de 1,80 de altura, era uma presença imponente no escritório. Ele crescera na Bolívia, por isso falava espanhol como um nativo. Era exigente e cauteloso — um cara osso duro de roer e que demonstrava nitidamente não ter tempo para corpo mole. Joe botou todo mundo para trabalhar, pois viera a Bogotá com ordens expressas da sede da DEA para demitir quem quer que fosse no escritório. Ao chegar à cidade, Joe começou a negar todas as prorrogações de tempo de missão aos agentes que não faziam nada. Normalmente, os agentes especiais da DEA são enviados ao exterior por períodos de dois anos e depois podem prolongar seu tempo de missão até no máximo seis anos. Apesar do perigo, a Colômbia era um destino bastante cobiçado por conta do adicional de periculosidade.

Joe não tinha muitos amigos na embaixada e era difícil socializar com os agentes. Ele passava os finais de semana jogando tênis e, vez ou outra, convidava alguns de nós para jogar basquete ou vôlei, mas era extremamente agressivo e bastante intenso. Se cometesse erros na quadra, Joe simplesmente gritava com você. Durante um jogo de vôlei *indoor*, Joe e o embaixador jogaram de forma tão acirrada que os dois discutiam aos berros se a bola havia saído da quadra ou não.

Joe era viciado em trabalho e, quando socializava, era com seus amigos da polícia e do Exército Colombiano. Ele passava um bom tempo construindo relações com as autoridades policiais mais importantes da Colômbia e exigia que os agentes sob seu comando criassem suas próprias redes de contato entre a Polícia Nacional da Colômbia (PNC) e os militares que estavam na linha de frente da batalha contra Pablo Escobar. Em nossa primeira reunião, ele nos disse que, se houvesse uma grande apreensão de cocaína ou uma prisão importante, ele queria que os policiais colombianos nos ligassem primeiro e nos fornecessem os detalhes. Joe não queria ficar sabendo das coisas nos noticiários do dia seguinte.

Por si só, isso distinguia Joe de seus antecessores, que raramente consultavam as autoridades policiais colombianas. Por sua vez, todos os dirigentes da PNC o respeitavam e sempre o procuravam. Ele era bastante próximo do major Jesús Gómez Padilla e do general Octavio Vargas Silva, ambos dirigentes da PNC durante a caçada a Pablo Escobar. Também conhecia Hugo Martinez, o coronel da PNC que se revelaria essencial nas buscas pelo narcotraficante. Só que Joe e Hugo Martinez não eram assim tão próximos, pois Hugo supostamente tinha um pouco de ciúmes da relação entre Joe e Octavio Vargas. Joe, por sua vez, criara um vínculo forte com o chefe da contrainteligência Miguel Maza Márquez, dirigente do DAS, o equivalente colombiano ao FBI. Quando Joe visitava as duas agências, era recepcionado por guardas, que o acompanhariam até os elevadores privativos que somente os generais tinham permissão de usar. Em relação a Octavio Vargas, que posteriormente se tornaria comandante e arquiteto do Bloco de Busca, Joe o visitava em sua casa nas manhãs de sábado para reuniões estratégicas. Às vezes, eu o acompanhava a essas reuniões. Essa rede de contatos facilitava e muito o nosso trabalho. Em retrospecto, penso que não teríamos chegado a lugar algum na caçada a Pablo Escobar se não fosse Joe.

Sob a liderança dele, estávamos construindo relacionamentos significativos com os policiais locais, veteranos de uma guerra desumana contra as drogas que já havia ceifado as vidas de seus amigos e colegas. Joe achava que os policiais da narcóticos e os agentes federais colombianos jamais nos levariam a sério, a menos que nós os acompanhássemos nas operações policiais e demonstrássemos que estávamos dispostos a colocar nossas vidas em risco na batalha contra os cartéis.

Gary Sheridan foi meu primeiro parceiro na Colômbia. Chegamos a Bogotá na mesma época. Desde o início, sob a liderança mais do que competente de Joe, sabíamos que estávamos lá para começar a tomar as rédeas da situação na guerra contra as drogas. Ex-agente da Bureau of Alcohol, Tobacco, Firearms and

Explosives [Agência Federal de Álcool, Tabaco, Armas de Fogo e Explosivos, em tradução livre], Gary era magro e um pouco grisalho. Passava a impressão de ser um cara distinto, com um ar sério. Ainda que parecesse indiferente à primeira vista, era um cara de bom senso. Nós nos dávamos muito bem e, assim que chegamos à Colômbia, ficamos à frente da liderança de Joe e passávamos muito tempo criando vínculos com os informantes da comunidade policial colombiana. Na noite que mudaria nossas vidas, e a caçada a Pablo Escobar assumiria sua dimensão mais premente, Gary estava comigo.

Após uma longa semana de trabalho, em uma sexta-feira do dia 18 de agosto de 1989, fomos para nosso restaurante preferido. Mr. Ribs era popular e ficava na sofisticada região norte da cidade. Era o restaurante favorito de expatriados norte-americanos, políticos locais e colombianos cheios da grana. Sua especialidade eram as suculentas costelinhas de porco, os bifes grelhados e os lanches ao estilo norte-americano acompanhados de batatas fritas. A cerveja estava sempre gelada, e o estabelecimento ficava completamente lotado aos finais de semana. Gary e eu pedimos nossos lanches a uma garçonete bonita com longos cabelos castanhos e um corpo esbelto. Estávamos prestes a beber nossas cervejas quando ela, em estado de choque e com os olhos cheios de lágrimas, se aproximou de nossa mesa e nos interrompeu.

"Carlos Galán acabou de ser assassinado", declarou ela com voz rouca. "Temos que fechar o restaurante agora."

Ficamos chocados com a notícia de que o principal candidato à presidência da Colômbia, Luis Carlos Galán Sarmiento, havia sido morto a tiros enquanto fazia campanha nos arredores de Soacha, subúrbio operário de Bogotá. Saímos do restaurante junto com os outros fregueses como se o prédio estivesse sendo evacuado. Ninguém pagou a conta. O assassinato do candidato mais progressista à presidência, com cerca de 60% das intenções de voto, era mais importante do que qualquer conta de restaurante, sobretudo em um país que há anos enfrentava diversas atrocidades. Como todo mundo na Colômbia, os proprietários do restaurante estavam em profundo estado de choque e luto.

Era a terceira vez que Luis Carlos Galán se candidatava para presidente. Como senador da ala progressista do Partido Liberal, então no poder, ele fora um dos seis candidatos que buscavam a indicação presidencial partidária para as eleições que ocorreriam em maio de 1990. Sua plataforma política era contra a corrupção e o narcotráfico, e ele era praticamente o inimigo público número um de Pablo Escobar e de Rodríguez Gacha. O político bigodudo e intimidador estava decidido a extraditar os traficantes de drogas, denunciava os cartéis sempre que podia e, em seus discursos de campanha, se referia a eles como "a pior ameaça contra a liberdade e a justiça" em todo o mundo.

Claro que Luis Carlos Galán recebia inúmeras ameaças de morte. O homem era levianamente destemido e sempre dava um jeito de não vestir o colete à prova de balas que seu chefe de campanha, César Gaviria, insistia que usasse. De fato, naquela fatídica noite de verão, o chefe de campanha, que se tornaria o futuro presidente, advertiu Luis Carlos de que era perigoso fazer campanha em Soacha.

Só que naquele dia, por ironia do destino, apesar de ter ignorado as advertências sobre discursar em Soacha, Luis Carlos Galán vestiu o colete à prova de balas pela primeira vez. Assim que subiu ao palanque e começou a discursar para 10 mil pessoas, 7 homens armados misturados à multidão abriram fogo. Ele levou dois tiros no abdômen, logo abaixo do colete, pois havia erguido os braços acima da cabeça para saudar a calorosa multidão. Um fotógrafo que estava ao seu lado quando o candidato desabou no palanque disse que ele pediu para ser levado ao hospital, mas Luis Carlos Galán perdeu a vida logo depois, um mês antes de completar 46 anos.

O assassinato ocorreu no mesmo dia que a morte do coronel Franklin Quintero, comandante da polícia da província de Antioquía, à qual pertence Medellín. Franklin, que durante anos lutou contra os traficantes de drogas e liderava grandes operações que resultavam na apreensão de toneladas e mais toneladas de cocaína, havia saído de sua casa sem sua escolta regular de guarda-costas. O motorista mal tinha saído com o carro da garagem quando Franklin foi morto a tiros. Uma testemunha declarou à Caracol Radio que o coronel foi atingido mais de cem vezes e que o carro ficou destruído pelo tiroteio.

Do lado de fora do Mr. Ribs, enquanto a polícia e os militares se apressavam para bloquear as estradas, eu e Gary corríamos pelas ruas caóticas. Foi decretado *lockdown* em Bogotá: os tanques do exército bloqueavam os principais cruzamentos das ruas. Com equipamentos de choque, a polícia direcionava as multidões ao mesmo tempo que o presidente do país, Virgilio Barco Vargas, declarava estado de sítio via transmissão de rádio e restituía o tratado de extradição com os Estados Unidos. Em abril de 1988, o tratado havia sido suspenso temporariamente pela Suprema Corte do país em virtude de uma tecnicalidade jurídica. Após Virgilio

Barco decretar estado nacional de emergência por conta dos assassinatos de Luis Carlos Galán e Franklin Quintero, ele usou seus poderes extraordinários para restituir o tratado sem a aprovação do Congresso. O presidente ordenou também uma série de operações em todo o país que levaram à captura de cerca de 10 mil suspeitos por tráfico de drogas. Sob estado de sítio, a polícia podia prender os suspeitos por sete dias sem acusação.

Jamais me esquecerei daquela noite turbulenta. Fui andando para casa mostrando meu documento oficial — meu passaporte vermelho com visto diplomático —, a fim de passar pelas barricadas policiais e pelas multidões de colombianos que haviam saído para as ruas; alguns choravam publicamente e outros vagavam em um profundo estado de descrença e luto, quase como zumbis. Em minha opinião, Virgilio Barco foi um verdadeiro herói por usar a morte de Luis Carlos Galán para restabelecer o tratado e por perseguir os cartéis de forma tão agressiva. Poucos dias depois, no funeral de Luis Carlos Galán, Virgilio Barco atribuiu a morte do candidato aos milhões de pessoas na Colômbia e ao redor do mundo que consumiam drogas e que, por conta disso, acabavam sustentando e fortalecendo os cartéis do país.

"Cada colombiano ou estrangeiro que consome drogas deve se lembrar de que está ajudando aqueles que assassinaram Luis Carlos Galán", disse Virgilio Barco, enquanto dezenas de milhares de pessoas se enfileiravam nas ruas de Bogotá para o cortejo fúnebre. "A Colômbia é a maior vítima de uma organização internacional de narcóticos dedicada ao tráfico de drogas — uma organização grande e poderosa como nunca existiu no mundo."

Mais do que qualquer outra coisa, foi o assassinato de Luis Carlos Galán que levou à ruína de Pablo Escobar e do Cartel de Medellín. Eu sabia que a morte tinha sido encomendada por Escobar, e acho que toda a Colômbia também sabia. Seja como for, ele era o traficante de drogas mais procurado dos Estados Unidos — o primeiro na lista de extradição acusado de tráfico de drogas e de ser mandante do assassinato de um norte-americano, seu ex-piloto Barry Seal, na Louisiana, em 1986.

Tivemos uma reunião de emergência na embaixada para discutir uma estratégia. Virgilio Barco recorreu diretamente aos Estados Unidos, e, nos dias que se sucederam ao assassinato, o presidente George H. W. Bush destinou US\$65 milhões em auxílio emergencial à Colômbia para ajudar na guerra contra os cartéis de drogas, com a promessa de outros US\$250 milhões em ajuda militar em um futuro próximo. "O pacote deve englobar equipamentos para policiais e militares, e os primeiros carregamentos chegarão já na próxima semana", disse o presidente em uma declaração divulgada em sua casa de férias em Kennebunkport, Maine, logo após o assassinato de Luis Carlos Galán. "Ademais, o pacote incluirá também aeronaves e helicópteros, visando melhorar a mobilidade das forças colombianas envolvidas na iniciativa de combate às drogas." O governo de George H. W. Bush enviou também militares para ajudar no treinamento das autoridades policiais colombianas naquilo que se tornaria uma verdadeira guerra contra os criminosos.

De nosso escritório no subsolo da embaixada, intensificamos nossa caçada a Pablo Escobar e seus comparsas, ao mesmo tempo que seus ataques contra o governo se agravavam.

Antes da morte de Luis Carlos Galán, não havia um senso de urgência. Basicamente, coletávamos informações e estabelecíamos uma linha direta de emergência que funcionava 24 horas, com o intuito de receber pistas sobre o narcotraficante bilionário fugitivo. Trabalhávamos com a polícia colombiana, conversávamos com os analistas e, sempre que os colombianos faziam uma grande operação, tínhamos 24 horas para copiar o máximo de documentos que conseguíssemos. Fazíamos o que era conhecido como festas do xerox, nas quais alugávamos um depósito e fotocopiadoras e trabalhávamos em turnos com o pessoal da embaixada — o que se transformava em uma maratona de cópias frenéticas. Fizemos umas dez festas dessas. Mais tarde, as informações coletadas levavam a uma série de operações a clubes e escritórios jurídicos e contábeis associados ao Cartel de Medellín na Colômbia e nos Estados Unidos.

Naqueles primeiros meses após o assassinato de Luis Carlos Galán, providenciamos mais vinte analistas para nos ajudar. Por causa do estado de sítio, não precisávamos mais de causa provável para caçar os suspeitos. Contanto que algo despertasse suspeita, qualquer coisa que sugerisse que o alvo era um traficante de drogas, não pensávamos duas vezes antes de efetuar a prisão. Nos seis meses que se seguiram ao assassinato de Luis Carlos Galán, prendemos trinta pessoas suspeitas de serem traficantes de drogas e as extraditamos para os Estados Unidos.

Uma das primeiras pessoas extraditadas foi Rafael Abello Silva, conhecido no submundo do crime pelo apelido Mono Abello. Rafael era piloto de Pablo Escobar e chefe de operações do cartel na costa norte da Colômbia. Em grande parte, foi graças à sua captura que conseguimos rastrear José Gonçalo Rodríguez Gacha — "o Mexicano", um dos chefes do tráfico mais poderosos do país — dois meses depois. Rafael estava jantando com a namorada em um restaurante de luxo de Bogotá e, quando os homens do DAS foram prendê-lo, ele tentou suborná-los. Mas, conforme ficamos sabendo depois, eles recusaram o dinheiro. O informante estava sob a minha proteção, e embora eu não possa revelar sua identidade, mesmo após todos esses anos, posso afirmar que todos foram leais a nós e nos entregaram o alvo.

Contrariando as possibilidades, Rafael Abello era procurado em Tulsa, Oklahoma. Havia sido indiciado na esfera federal por conspiração para importação e distribuição de cocaína. Em 11 de outubro de 1989, foi capturado em um restaurante de Bogotá, graças a um informante que trabalhava para Gary. Cinco dias depois, Rafael foi levado para um hangar no Aeroporto Internacional El Dorado de Bogotá em um comboio de aproximadamente vinte viaturas policiais. Devo dizer que essas primeiras extradições foram a coisa mais bonita de se ver! Sempre gravávamos todas elas para que fossem exibidas nos noticiários noturnos e para que os colombianos assistissem à justiça sendo feita. Já no aeroporto, Rafael Abello, algemado, foi entregue a um grupo de dez delegados federais fortemente armados. Assim que o levaram para uma aeronave 747 com destino a Tulsa, via-se que todos trajavam preto e tinham uma aparência soturna. Segundo as leis colombianas, um oficial da PNC deveria acompanhar o prisioneiro a bordo do avião. Demos ao oficial uma passagem de ida e volta e uma ajuda de custo.

Com Rafael Abello fora da jogada, demorou menos de dois meses para encontrarmos seu chefe, José Rodríguez Gacha. Ele foi obrigado a sair do esconderijo para lidar com um carregamento de cocaína a bordo de um navio, na cidade portuária de Cartagena. Talvez este tenha sido um dos motivos pelos quais saiu do esconderijo, mas a verdade é que José Gacha estava se borrando de tanto medo. Na época, ele provavelmente era o membro mais rico do Cartel de Medellín, pois ganhava ainda mais dinheiro do que o próprio Pablo Escobar. Ele comandava um pequeno exército de mercenários israelenses que trabalhavam como seus guarda--costas, mas, com Rafael preso nos Estados Unidos, parece ter se sentido subitamente vulnerável e exposto.

Conhecido pela alcunha de "El Mexicano", por causa de sua estima pela música e comida do país, José Gacha estava respondendo a diversas acusações de tráfico de drogas nos Estados Unidos, além de ter cultivado algumas inimizades inconvenientes na Colômbia. Muita gente o queria morto: desde o Cartel de Cali às FARC (Forças Armadas Revolucionárias da Colômbia) e até mesmo os guerrilheiros da máfia de esmeraldas liderada por Victor Carranza. Meses antes, José Gacha havia detonado uma bomba no escritório de Victor Carranza e se voltado brutalmente contra Gilberto Molina Moreno, ex-associado do negócio de esmeraldas. Para garantir seu domínio sobre as minas de esmeralda do país, enviou 25 pistoleiros para assassinar Gilberto Molina, que morreu com outras 16 pessoas em um sangrento massacre durante uma festa em sua casa.

Em meados de dezembro, El Mexicano fugiu repentinamente. Embarcou em uma lancha e tentou escapar da polícia colombiana na companhia do filho, recém-libertado de uma prisão da DIJIN (*Dirección Central de Policía Judicial e Inteligencia*) em Bogotá. Freddy, 17 anos, foi brevemente detido pela acusação de posse ilegal de armas. Eu o interroguei no dia da prisão. Freddy usava um relógio demasiadamente caro para um adolescente e tentava se passar por aquele tipo de traficante que ostentava. No fim, vi que não passava de um garoto ingênuo e bastante apavorado. A polícia acabou arquivando seu caso por falta de provas e o usou como isca para fisgar seu pai. Seguimos Freddy, e ele nos levou à mesma área de Cartagena para onde já havíamos enviado nosso informante, um assassino de aluguel chamado Jorge Velásquez, mais conhecido pelo apelido de El Navegante. Ele era o capitão das lanchas de José Gacha, além de desfrutar de sua estima e confiança. Nós nos encontrávamos com El Navegante em lugares secretos de Bogotá — normalmente em restaurantes ou quartos de hotel — e tínhamos lhe prometido a quantia de US$1 milhão em dinheiro, caso ele nos levasse a José Gacha.

Quando El Navegante nos ajudou a descobrir a localização exata de José Gacha, próxima à instância turística de Tolú, o coronel da PNC, Leonardo Gallego, enviou dois helicópteros de ataque e montou barreiras nas estradas rurais que levavam a Cartagena, a fim de prender o barão das drogas. Com mais de trezentos policiais sob seu comando, Leonardo interceptou mais de dez dos guardas de José Gacha. Entre eles, estava um senador que tentou suborná-lo com US$250 mil em dinheiro vivo. Leonardo recusou o suborno e mandou prender o senador imediatamente.

Alertado pela movimentação dos helicópteros e da crescente operação na área, José Gacha fugiu na noite de 14 de dezembro.

Partiu em sua lancha, na companhia de seu filho e cinco de seus associados de confiança, e depois a abandonou na praia de uma resort turístico chamado El Tesoro, onde já havia sido providenciado que um veículo os aguardasse. Eles se dirigiram a um conjunto de cabanas à beira-mar, onde passaram a noite. Segundo um relatório da DEA, "José Gacha e companhia permaneceram no pequeno complexo de cabanas de madeira em El Tesoro o resto da noite". No dia seguinte, por volta das 13h, os sons dos helicópteros que se aproximavam os obrigaram a fugir. Os policiais nos helicópteros, que haviam seguido a lancha, usaram alto-falantes para exigir que José Gacha se entregasse imediatamente. Disfarçados como camponeses, Gacha e Freddy fugiram de seu esconderijo em uma caminhonete vermelha. Ao descerem do veículo, Freddy e um grupo de guarda-costas correram para um conjunto próximo de árvores e começaram a atirar alucinadamente e a lançar granadas contra os helicópteros, mas foram subjugados pelo poder de fogo. Gacha e o filho foram mortos pelas rajadas de tiros. Quando recuperaram seu corpo, Freddy estava em uma situação lamentável. José Gacha levou tantos tiros que seu rosto estava irreconhecível e reduzido a uma massa sangrenta.

No dia seguinte, os corpos do pai, do filho e dos cinco guarda-costas foram sepultados na cidade de Tolú, em uma vala comum, porque ninguém imaginava que alguém fosse reclamá-los. Mas, no domingo de 17 de dezembro, a mãe de Freddy e a irmã de José Gacha chegaram para recuperá-los. Ismael Rodríguez Gacha, um irmão, também estava presente. Um juiz ordenou a exumação dos corpos, que foram transportados pela família em um avião particular até Bogotá, onde foram sepultados na cidade de Pacho, a três horas da capital colombiana. Os parentes dos três dos guarda-costas também chegaram para reivindicar seus corpos. Os outros dois guarda-costas permaneceram na vala comum.

Passados alguns dias, levamos El Navegante à embaixada para preencher a papelada da recompensa de US$1 milhão, e lhe prometemos que teríamos o dinheiro em breve. Mas, depois de aproximadamente um mês de idas e voltas burocráticas, El Navegante começou a perder a paciência. Ele retornou à embaixada para uma reunião comigo e com Gary. Nós nos sentamos em uma sala mal ventilada e bebemos algumas xícaras de café açucarado. Dissemos a ele que não se preocupasse, que a grana estava a caminho e só estava atrasada por conta da burocracia. O problema era que El Navegante não acreditava. Ele saltou da cadeira e nos disse para esquecer o dinheiro enquanto caminhava até a porta. Ele estava puto da vida! Em voz alta, ele nos contou que o Cartel de Cali já havia lhe pagado US$1 milhão pela cabeça de José Gacha.

Eu mal podia acreditar em meus ouvidos e pedi que ele repetisse o que tinha acabado dizer, e ele repetiu. Imediatamente o botamos para correr. Eu e Gary relatamos o ocorrido aos nossos chefes, e a decisão foi de não pagá-lo, já que era antiético trabalhar colaborativamente com um membro de um cartel. Poderíamos ser acusados de trabalhar com o Cartel de Cali em sua guerra sórdida contra Pablo Escobar.

E, apesar da lambança de El Navegante com a recompensa, tínhamos motivos para comemorar. Graças à morte de um dos membros mais proeminentes do Cartel de Medellín, sentimos que nada nos impediria de derrubar toda a organização criminosa. De repente, grande parte das informações colhidas nas ações policiais começou a render frutos.

A prova disso era Julio Corredor Rivera, suspeito de lavar dinheiro para Pablo Escobar. Nossas operações em seu escritório na Colômbia levaram ao confisco de muitas contas bancárias norte-americanas do cartel. Mais tarde, ele foi assassinado pelos *sicarios* de Escobar em Bogotá.

Intensificamos também nossa coleta de informações. Assim, nossa vida profissional começou a girar em torno do centro secreto de coleta de dados que ficava no escritório da PNC-DIJIN em Bogotá — o coração e a alma de nossas operações investigativas. Localizada logo atrás de uma fileira de secretárias e acessível somente por meio de uma porta oculta que ficava em uma estante de livros, a sala de teletipo era um esconderijo. Era um cômodo abafado que abrigava quatro analistas da DIJIN contratados localmente e que ficavam sentados em frente a uma série de módulos, monitorando cerca de cinquenta linhas telefônicas que eram usadas por alguns dos maiores traficantes da Colômbia. Na época de nossa investigação, os barões da droga falavam abertamente ao telefone. Às vezes, falavam em código para se referir às remessas de cocaína, só que nossos analistas se tornaram verdadeiros peritos em desvendar esses códigos. Por exemplo, "Estou enviando vinte cabeças de bovinos de cara branca para La Playa" na verdade significava "Estou enviando vinte quilos de cocaína para Miami". Ou "Vinte melões estão a caminho de Las Torres" era o código para "Vinte milhões estão a caminho de Nova York".

Eu dava um pulo na sala secreta todos os dias para falar com os analistas, e eles me deixavam escutar as conversas mais interessantes que haviam gravado. Por causa disso, passei a ser considerado o principal contato entre a DEA e a DIJIN. Às vezes, eles me ligavam para fazer um resumo de alguma coisa que havia encontrado. Eu anotava milhares de coisas em blocos de notas e enviava relatórios diários aos meus chefes. Fiz questão de numerar todos os blocos de notas, e, quando terminei minha missão na Colômbia, eu tinha duzentos deles.

Nisso, acabei conhecendo um sargento aposentado. Apesar de ser calado, ele encontrava um monte de informações úteis para nós, que resultavam em grandes apreensões de cocaína. As interceptações eram tecnicamente ilegais e, quando eu enviava minhas anotações por teletipo para a sede da DEA, todo mundo sabia que elas não poderiam ser usadas para a instauração de processos penais. Ainda assim, as interceptações forneciam muitas pistas excelentes que repassávamos aos nossos colegas agentes nos Estados Unidos. Se uma dessas interceptações levasse a uma prisão, eu recompensava o analista: enviava uma carta de recomendação elogiando seu trabalho para seu superior imediato na PNC, a principal corporação responsável pela caçada a Pablo Escobar. Essas cartas eram muito importantes para os analistas, assim como nossa insistência em lhes repassar as informações obtidas de nossas próprias fontes nos Estados Unidos. Era um modo de ganhar a confiança deles, já que os analistas se davam conta de que a operação não era uma via de mão única. Os mais diligentes recebiam uma grana extra da DEA; logo, um policial aposentado que ganhava US$200 por mês poderia ganhar o dobro, caso fizesse um bom trabalho para nós. Isso era feito às escondidas, pois nem seus chefes sabiam.

No final de 1990, na posse das informações coletadas no centro de coleta de dados, Gary e eu conseguimos enviar nosso primeiro policial colombiano para uma apreensão de drogas. Os analistas de dados reuniram informações reveladoras de que um grupo de traficantes — o Cartel de La Costa — estava operando em Montería, uma cidade com clima seco e escaldante de 150 mil habitantes, na região norte do país, próxima da costa do Caribe, e planejava despachar centenas de quilos de cocaína para Miami. Nós dois achávamos que Pedro Rojas, capitão da DIJIN em Bogotá, era o homem certo para o trabalho. Pedro era o chefe da divisão antinarcóticos da DIJIN — era alto, magricela e bastante comprometido com o trabalho. Ele também era um exímio cavaleiro e uma vez me mostrou uma fotografia montado em seu cavalo. Não sei por que, mas isso o fazia parecer um agente da lei ainda mais íntegro.

Para que Pedro capturasse os bandidos, que trabalhavam com membros do Cartel de Medellín no armazenamento da cocaína antes de exportá-la à Miami, Gary e eu providenciamos a ele uma ajuda de custo diária e a grana do deslocamento até Montería. Com suas planícies ondulantes, população esparsa e proximidade de um porto caribenho, Montería era um centro ideal para traficantes de drogas, que construíam pistas de pouso clandestinas nos arredores da cidade e escondiam paletes de cocaína em celeiros abandonados.

Mas as coisas deram tragicamente errado, e Pedro não chegou muito longe. Em 19 de janeiro de 1991, Pedro Rojas e seu motorista, o policial Juan Enrique Montanez, estavam seguindo um veículo que transportava quatro membros do grupo de traficantes até uma fazenda nos limites da cidade, onde toneladas de cocaína teriam sido escondidas. E simplesmente desapareceram. Mais tarde, soubemos que eles foram mortos pelos capangas de Pablo Escobar e que seus corpos foram esquartejados e jogados no rio Sinú, que corta a cidade. Gary e eu ficamos desolados. Então, convencemos a DEA a doar o dinheiro que havíamos reservado para o trabalho de Pedro Rojas em Montería — cerca de US$20 mil — à sua família. Entregamos a quantia à esposa e ao pai de Pedro, que também havia sido policial, em uma pequena cerimônia na sede da DIJIN, em Bogotá. Foi um evento informal realizado no refeitório dos oficiais. Recordo-me de que seu pai, um policial aposentado, estava de terno. Lembro-me também de que sua esposa estava presente. Gary e eu representamos a DEA e fizemos um breve discurso agradecendo à família, antes de presentear sua esposa com um envelope de dinheiro. Ambos nos sentíamos mal, já que apoiamos a missão e fornecemos a Pedro os fundos operacionais para se deslocar até Montería. Acabou que as informações coletadas por Pedro resultaram em diversas prisões e apreensões de drogas na região, incluindo mais de dez toneladas de coca encontradas em uma fazenda chamada Manaos, nos limites de Montería.

Com a guerra contra Escobar a todo vapor, eu era enviado com frequência para lutar na linha de frente. O voo do Aeroporto Internacional El Dorado de Bogotá até Medellín levava cerca de uma hora. Eu voava com a aeronave Aero Commander da DEA. Tínhamos nossos próprios pilotos e, na época que caçávamos Escobar, os voos da DEA a Medellín eram a prioridade número um em relação a quaisquer solicitações de serviço aéreo da DEA.

Houve ocasiões em que outras missões tiveram que nos ceder a vez, para que chegássemos a Medellín o mais rápido possível.

A primeira vez que pisei na Colômbia, a polícia veio me buscar em um comboio de três veículos blindados. Sentei-me entre dois policiais armados até os dentes no banco trás do segundo jipe. Eles me olharam e um deles me perguntou se eu tinha uma arma. Quando afirmei que sim, me disseram para posicioná-la sobre meu peito e ficar com o dedo no gatilho durante todo o trajeto até a academia de polícia, lugar em que eu moraria enquanto estivesse na cidade. Naquele tempo, os pistoleiros viajavam em duplas em motos e assassinavam centenas de policiais, logo, todos tínhamos que estar preparados para nos defender nas estradas.

Nervoso, peguei minha pistola semiautomática 9mm Smith & Wesson de aço inoxidável e a segurei sobre o meu peito no banco de trás do jipe da polícia durante meia hora de embrulhar o estômago naquele trajeto pelas montanhas. Os policiais de Medellín dirigiam como pilotos de Fórmula 1. À medida que contornávamos cada curva montanhosa em uma velocidade alucinante, eu engolia em seco para não ficar enjoado. Segurava a minha arma com tanta força que meus dedos estavam gelados e úmidos de suor. Naquela fração de segundo, tive sérias dúvidas sobre a operação de captura do ardiloso Pablo Escobar — um Dom mafioso que comandava um exército leal de assassinos, que tinha cerca de oitocentos refúgios e centenas de milhares de dólares à disposição para se defender, sem mencionar as dezenas de guerrilheiros de esquerda que ele aliciou para lutar contra o governo.

Onde é que fui me meter?, eu me questionava.

Mas foi um lapso momentâneo. Eu sabia que tinha sido escolhido para fazer um trabalho — talvez o trabalho mais importante da minha carreira — e mantive meus olhos fixos na estrada sinuosa à minha frente.

STEVE

A ideia de se mudar para a Colômbia veio de Connie. Certo dia, depois de quatro anos morando em Miami, ela disse: "Foi tudo muito emocionante, mas para onde vamos agora?"

Não me leve a mal. Amávamos Miami. Adorávamos as praias, o calor e a diversidade interessante de pessoas. Miami ainda é nossa cidade favorita nos Estados Unidos. Tínhamos começado a construir uma nova casa em Fort Lauderdale, e houve ocasiões em que achávamos que viveríamos no sul da Flórida pelo resto de nossas vidas.

Contudo, penso que, uma vez que nos estabelecemos, nós dois percebemos que faltava alguma coisa. Ansiávamos por emoção e por um novo desafio. E, quando Connie me fez aquela pergunta, acho que ela sabia que a próxima aventura óbvia de minha carreira seria a Colômbia. Apesar de trabalhar em Miami, em casos que envolviam Pablo Escobar e sua gangue, trabalhar na Colômbia seria a minha oportunidade derradeira de caçar Escobar em pessoa. Se era para trabalhar como um agente da DEA no combate a narcotraficantes, eu queria fisgar o maior peixe que pudesse. Mas Connie tinha uma condição: ela só iria se pudesse levar "Puff", o gato.

Logo após me candidatar a uma transferência para a Colômbia, fui selecionado para o escritório da DEA em Barranquilla, uma cidade histórica na costa norte do Caribe. Estávamos bastante animados com a mudança, porém, depois de algumas semanas, fui notificado de que meu nome havia sido preterido, e a vaga fora dada a outro agente que já falava espanhol. Não achei justo, e tanto eu como Connie ficamos decepcionados. Após reclamar, alguns meses depois, um coordenador da DEA me ligou, prestou sua solidariedade e me informou que três vagas seriam abertas em Bogotá e que eu deveria me candidatar. Foi o que fiz, e acabei sendo escolhido para uma delas.

À medida que Connie e eu pesquisávamos tudo a respeito da Colômbia, percebemos que Bogotá seria de fato a aventura de nossas vidas. Mas também seria perigoso. Connie ainda guarda a cartilha que recebemos do Departamento de Estado com orientações de viagem, que determinava que as famílias de membros do governo norte-americano somente tinham permissão para viajar de avião e entre cidades grandes, visto que qualquer viagem de carro que não fosse para Bogotá poderia expor as pessoas ao risco de sequestro. As estradas também eram arriscadas, já que os criminosos armavam bloqueios com postos de controle, passando-se por policiais ou militares. Segundo a cartilha, os atentados eram comuns. Então percebi que Connie estava realmente verificando a papelada necessária para levar seu gato para a Colômbia.

No decorrer dos anos, sempre acompanhávamos as notícias sobre o país com bastante atenção. Estávamos cientes dos laboratórios de cocaína na selva, dos carros-bomba, dos assassinatos de juízes e políticos e até mesmo dos cidadãos comuns que tiveram o azar de serem apanhados no fogo cruzado. Além dos narcotraficantes, a violência no país também vinha dos combatentes guerrilheiros do grupo M-19 e das FARC, mencionada anteriormente, que muitas vezes trabalhavam em parceria com os cartéis, oferecendo segurança às suas operações na selva.

Ao longo da minha carreira como agente e policial, eu já tinha visto muita coisa, mas me recordo de ter ficado horrorizado com as imagens dos desesperados familiares dos mortos e dos destroços em chamas do voo 203 da Avianca na TV. No início da manhã do dia 27 de novembro de 1989, uma aeronave explodiu cinco minutos após a decolagem do Aeroporto Internacional El Dorado de Bogotá e se chocou contra a encosta de uma montanha. Nos Estados Unidos, os noticiários de TV focavam o metal retorcido dos escombros, as malas rasgadas e as roupas espalhadas dos passageiros pela encosta, nos arredores de Bogotá. Nenhum canal exibiu os corpos desfigurados, já que as cenas eram consideradas aterradoras demais para serem mostradas aos telespectadores norte-americanos do horário nobre. Eu assistiria a essas imagens depois na TV nacional colombiana, que muitas vezes relembrava o desastre quando passava alguma reportagem sobre Pablo Escobar.

A bomba, plantada por um dos pistoleiros de Escobar, matou todos os 107 passageiros e tripulantes. Mais tarde, descobri que dois de nossos agentes embarcariam naquele voo, assim como o candidato progressista à presidência César Gaviria. Fiquei sabendo também que não tínhamos informações antecipadas de que o ataque estava para acontecer, e foi por algum milagre ou por um acaso maluco do destino que os agentes e César Gaviria cancelaram suas viagens.

Nas horas que se seguiram ao desastre que chocou o mundo, um homem não identificado ligou para a Caracol Radio e disse que os Extraditáveis haviam explodido o avião para matar vários informantes da polícia a bordo. Ele também afirmou que os homens deram informações à polícia que haviam levado à descoberta do esconderijo de Pablo Escobar, e que isso obrigou o narcotraficante a fugir para salvar a própria vida. Mas, na sede na DEA na embaixada dos Estados Unidos, agentes desconfiavam que o verdadeiro alvo fosse César Gaviria, o ex-chefe de campanha de Carlos Galán. O atentado da Avianca era a continuidade do intuito sinistro de Escobar contra a campanha de Carlos Galán. No entanto, com o assassinato do ex-candidato, César Gaviria assumira uma posição linha dura contra os Extraditáveis.

Ao mesmo tempo em que os colombianos se sentiam atordoados com as mortes sem sentido dos civis a bordo da aeronave da Avianca — a primeira vez que uma companhia aérea comercial era alvo de um ato de terrorismo no país —, o desespero e a indignação deles aumentavam. Aparentemente, os Extraditáveis eram invencíveis. Passados alguns dias, em 6 de dezembro, eles atacaram novamente — detonaram quinhentos quilos de dinamite nos arredores da sede da DAS, em Bogotá. A bomba deixou mais de sessenta mortos e mil feridos, e destruiu centenas de edifícios próximos, em vários quarteirões da cidade. O alvo era o diretor-geral da DAS, Miguel Maza Márquez, um dos maiores inimigos de Escobar. Ele escapou ileso, e, nos anos seguintes, revelou-se uma das nossas fontes de informações mais confiáveis na Colômbia.

Cinco meses depois, em maio de 1990, o grupo de criminosos continuava com sua impiedosa campanha de terror. Os

Extraditáveis eram os responsáveis pelo ataque de carros-bomba a dois shoppings de Bogotá que deixaram 26 mortos e dezenas de feridos. Centenas de pessoas estavam nos shoppings dos bairros de classe alta da cidade quando as bombas explodiram. Entre os mortos, estavam uma garotinha de 7 anos e uma mulher grávida de 6 meses.

Mesmo que as estatísticas fossem assustadoras, sabíamos que nada nos deteria. Ao assistirmos àquelas cenas distantes de carnificina em nossa sala em Fort Lauderdale, a coisa toda parecia surreal. Ainda éramos jovens — na casa dos 30 e poucos anos! — e estávamos determinados a ir para a Colômbia. Nada nos impediria. Connie estava sempre ao meu lado, embora isso significasse que ela teria que morar longe de seus familiares mais uma vez e deixar o emprego que tanto amava. Óbvio que nossas famílias achavam aquilo tudo uma loucura, mas Connie deu o seu jeito e lhes explicou que ambos estávamos indo por livre e espontânea vontade — era a oportunidade de nossas vidas.

Tínhamos acabado de construir nossa casa quando soube de minha transferência. E, antes de ir para Washington para um curso de espanhol de seis meses, até chegamos a morar lá por algumas semanas. Após quatro anos no sul da Flórida, meu espanhol ainda era hesitante. Alugamos nossa casa para outro agente da DEA e sua família, que cuidou muito bem da propriedade, mesmo quando o furacão Andrew varreu o sul da Flórida em agosto de 1992, matando 65 pessoas e acarretando um prejuízo de bilhões de dólares. Ao contrário de muitas pessoas que ficaram desabrigadas, tivemos sorte e escapamos, nosso prejuízo foi a queda de uma árvore em nosso quintal e alguns danos à parede de gesso, causados pelos ventos de mais de 240km/h que as sacudiram. Devo dizer que não gostamos muito da ideia de deixar nosso novo lar em Fort Lauderdale, mas isso não interferiu em nossa decisão de nos mudarmos para a Colômbia. Nada poderia nos parar.

Além do mais, Connie e eu queríamos filhos. Eu já tinha dois filhos do meu casamento anterior, mas eles moravam com a mãe, e queríamos ter nossos filhos também. Tentamos sem sucesso ter filhos biológicos e, quando morávamos na Flórida, Connie passou por uma bateria de procedimentos médicos que não deram resultado, então pensamos em adotar. Mas logo descobrimos que o processo de adoção no sul da Flórida era um esquema de extorsão. O processo custava os olhos da cara, as filas de espera eram imensas e, aparentemente, ninguém se importava com o que era melhor para as crianças, a menos que você fosse famoso e cheio da grana. Talvez, quem sabe, as coisas fossem diferentes na Colômbia, ainda que a possibilidade da adoção não tenha influenciado nossa decisão de ir para lá.

Ainda que não parássemos de falar sobre o nosso entusiasmo de estar indo para um lugar novo, devo admitir que foi com certa apreensão que embarquei em nosso voo para Bogotá, no Aeroporto Internacional de Miami. Quando sobrevoávamos a América Central e a Região de Darién, espiei pela janela e o céu estava escurecendo. Apertei a mão de Connie enquanto ela adormecia no assento ao meu lado.

Sim, a Colômbia seria uma grande aventura para nós dois, mas eu tinha certeza de que também seria a missão mais importante da minha carreira policial, na qual eu colocaria em prática tudo que havia aprendido e testaria minha coragem como agente da narcóticos.

Estava determinado a capturar Pablo Escobar. Meses de pesquisa me convenceram de que ele era um monstro desalmado. Eu não via problema algum em meter uma bala em sua cabeça.

JAVIER

Joe Toft queria que eu estivesse no epicentro da violência relacionada às drogas sempre que possível e, durante meu primeiro ano na Colômbia, isso significava passar até mesmo o Natal e o Ano-novo em Medellín.

Era tudo parte do grande plano de Joe — provar para a polícia colombiana que nós a apoiávamos totalmente, assumindo os mesmos riscos que os policiais comuns na caçada pelo narcotraficante mais procurado do mundo. A PNC precisava perceber que a DEA finalmente havia selecionado os agentes certos para o trabalho, e que estávamos dispostos até a sacrificar nossas folgas para trabalhar nesse caso, independentemente dos obstáculos que encontrássemos. A CIA e o SEAL Team Six [Grupo de Desenvolvimento de Guerra Naval Especial dos Estados Unidos] também eram despachados regularmente para Medellín, mas nosso pessoal na DEA estava convencido de que Pablo Escobar era exclusivamente nosso alvo.

Era uma estratégia inteligente, e, na maioria das vezes, eu a aceitava sem questionar. Só que, naquele ano, eu tinha planos para as minhas férias — parte deles envolviam uma bela mulher —, e passá-las em uma base militar com um bando de policiais colombianos e com as forças especiais dos Estados Unidos não me deixava especialmente de bom humor. Não me entenda mal; apesar da violência, Medellín era uma cidade linda — cercada por montanhas verdejantes, com o clima quente e temperado e as ruas eram cheias de algumas das mulheres mais bonitas que eu já vira. Antes de o cartel transformar Medellín em uma zona de guerra urbana, a segunda maior cidade da Colômbia também era um grande polo industrial de cerca de 2 milhões de habitantes, conhecido por suas exportações de tecidos e orquídeas. Entretanto, após Pablo Escobar e o restante dos Extraditáveis lançarem sua guerra contra o governo e contra a polícia, os homicídios somavam em média vinte por dia. Em 1990, a violência relacionada às drogas foi responsável pela morte de 350 policiais de um total de 4.637 homicídios. Em 1991, as mortes subiriam para 6.349. O número de pessoas baleadas era tão alto, ainda mais nos finais de semana, que as ambulâncias da cidade não davam conta. Os táxis e os veículos particulares frequentemente chegavam apressados na entrada de emergência do hospital público com os feridos deitados nos bancos traseiros, que, não raro, estavam cobertos de sangue.

Os carros-bomba eram bastante assustadores, pois você nunca sabia onde seriam detonados. Neste caso, as suas chances de sobreviver eram mínimas. Certa vez, uma bomba explodiu ao lado da praça dos touros, matando vinte jovens policiais que estavam na caçamba de uma caminhonete. Compareci a um funeral de alguns policiais conhecidos, havia oito caixões. Os policiais do esquadrão de elite do departamento de narcóticos que morriam no cumprimento do dever recebiam as liturgias para ofício fúnebre na capela da sede do Bloco de Busca de Escobar, antes de serem enterrados em suas cidades natais.

Além dos carros-bomba, o Cartel de Medellín tinha outros métodos de assassinar policiais, cada um com uma recompensa de aproximadamente US$100 por cabeça. Muitas vezes, o cartel contratava moças bonitas para seduzir um policial em um bar. Então, elas sugeriam que o policial fosse até sua casa, onde um grupo de *sicarios* estaria esperando para atacá-lo. Não raro, antes de morrer, os policiais eram torturados.

Outro método comum, testado e comprovado, era o ataque realizado por dois caras em uma moto: um dirigia e o passageiro que carregava uma arma executava o alvo. Naturalmente, esse método foi praticado com juristas e políticos, quando a violência relacionada às drogas assolou o país, em meados da década de 1980. Muitos de meus informantes foram assassinados exatamente dessa forma, em Medellín.

É difícil exprimir a angústia que pairava no ar, a sensação de que você sempre era um alvo. Medellín era perigosa a tal ponto que só podíamos ficar na cidade alguns dias de cada vez. Como um gringo da narcóticos, eu era um alvo tão certo que o comboio que me escoltou do aeroporto me deixou no que mais parecia uma fortaleza local — a academia de polícia Carlos Holguín nas cercanias da cidade.

A academia de polícia também era o centro de comando do *Bloc de Búsqueda* — um grupo de oficiais de elite da Polícia Nacional da Colômbia que passava o dia inteiro caçando Pablo Escobar e seus capangas. Criado pelo presidente Virgilio Barco em 1986, o grupo passou pelas mãos de alguns líderes antes de os colombianos realmente levarem as coisas a sério e nomearem o coronel Hugo Martinez para liderá-lo, em 1989. O general Octavio Vargas Silva era o líder nacional do grupo e seu principal estrategista. Em campo, Hugo era um policial sensato e um líder nato. Esguio e alto, com ombros largos e uma presença imponente, era conhecido por todos como Flaco, ou Magro. Hugo era forte e exigia respeito, embora não se relacionasse muito com os outros membros do Bloco de Busca e passasse a maior parte do tempo em seu escritório examinando a fundo os relatórios do serviço de inteligência. Ele havia estudado Pablo Escobar, conhecia seus hábitos e suas namoradas e havia mapeado seus esconderijos em Medellín. Sabia que Escobar contratava arquitetos e empreiteiros a fim de construir seus esconderijos e os matava quando o trabalho era concluído.

Minha relação com Hugo Martinez era bastante formal; nos reuníamos com frequência para compartilhar informações. Eu repassava as pistas que havíamos coletado sobre as operações de drogas nos Estados Unidos e providenciava a papelada com o intuito de fornecer qualquer assistência financeira de Washington para o Bloco de Busca. Em contrapartida, ele compartilhava comigo as informações da PNC que seus homens coletavam sobre o Cartel de Medellín. Desde o princípio, eu sabia que, se alguém tinha capacidade e dedicação para capturar Pablo Escobar, esse alguém era Hugo Martinez. Acho que o narcotraficante também sabia disso. Ele detestava o Bloco de Busca e Hugo, pois eles eram os únicos que realmente se empenhavam para que ele fosse preso. Pablo Escobar também sabia que Hugo era incorruptível. Por isso, plantou carros-bomba perto da academia de polícia Carlos Holguín e tentou envenenar os policiais. Ele também subornou policiais para que dedurassem as atividades do Bloco de Busca, razão pela qual Hugo proibira qualquer pessoa na academia de fazer ligações antes de sair para uma operação. A despeito das tentativas para suborná-lo e das incontáveis ameaças à sua família e à sua própria vida, Hugo não hesitava em seu dever de capturar Pablo Escobar vivo ou morto. Pelo menos, não no início.

Quando as coisas se tornaram extremamente perigosas em Medellín, fui levado diretamente para a academia de polícia a bordo de um helicóptero Huey com metralhadoras calibre .30 acopladas às portas. O helicóptero estava me aguardando no aeroporto de Medellín para me levar até a base. O voo levava cerca de quinze minutos, e o pouso em uma clareira gramada rodeada por árvores dentro da escola da academia Carlos Holguín era sempre agoniante, com os dois atiradores pendurados nas portas do helicóptero para garantir que os pilotos não batessem em nenhuma árvore.

A academia de polícia abrigava cerca de seiscentos policiais e parecia mais uma base militar ao estilo norte-americano do que uma escola preparatória. Contava com diversos edifícios que ficavam atrás de um perímetro externo fortemente protegido com duas entradas para veículos. Não se viam cercas em lugar algum, embora as ruas circundantes do bairro fossem bloqueadas com barreiras de concreto. Como a base estava localizada na Comuna Manrique, um distrito operário, à noite, era possível ter uma vista deslumbrante do vale e das luzes de uma das favelas mais perigosas da cidade, onde Escobar costumava recrutar seus *sicarios*. Caso você não soubesse para o que estava olhando, a vista daquela majestosa encosta do morro com suas luzes piscantes era verdadeiramente mágica.

Apesar da forte presença policial armada na base, a segurança era problemática. Certa noite, um *sicario* disparou contra nós dentro do perímetro da base de Carlos Holguín, enquanto estávamos sentados no Candilejas Bar, comendo um lanche e bebendo uma cerveja. Os policiais à paisana imediatamente sacaram as armas, e todos começaram a atirar, o que resultou na morte de um policial uniformizado pelas mãos de um policial à paisana. Durante o tumulto, larguei meu lanche e minha cerveja intocados na mesa e mais do que depressa me joguei atrás de um carro até o tiroteio acabar, arrastando dois agentes da CIA comigo. Eles queriam que eu corresse para uma viela escura com eles rumo à área principal da base, mas eu lhes disse que aquilo era o caminho mais seguro para tomar um tiro e ordenei que ficassem atrás do carro. Tenho certeza de que salvei a vida deles naquela noite.

Fiquei no Alojamento dos Oficiais da PNC, um nome pomposo para um edifício apertado sem ar-condicionado ou aquecimento. No verão, sempre dormíamos com as janelas abertas, o que significava que eu caía no sono com o zumbido constante dos mosquitos nos meus ouvidos e acordava tomado de picadas vermelhas. Os quartos ficavam próximos do refeitório, e os cozinheiros começaram a bater as panelas e a preparar a comida às 3h da manhã. Cada quarto tinha alguns beliches, e não raro eu dividia o espaço com um grupo de policiais da PNC. Era um ambiente fechado e às vezes nada confortável, mas foi assim que nos tornamos verdadeiros colegas, já que compartilhávamos um objetivo, e um banheiro, comum. Havia um banheiro para cada dois quartos, só que não havia sabonete e nem mesmo papel higiênico, e o chuveiro era um cano na parede — nada de duchas e muito menos água quente.

Naquele meu primeiro Natal, conheci intimamente um desses banheiros.

Na véspera de Natal, a base estava praticamente deserta, e o coronel Jorge Daniel Castro Castro, um oficial exigente e duro na queda que comandava a polícia uniformizada em Medellín e realizava cinco a sete operações *por dia* com o objetivo de capturar Pablo Escobar, era o comandante em exercício. Ele e seus homens me convidaram para uma festa de Natal que acabou sendo uma espécie de ritual de iniciação. A festa foi na casa de um dos oficiais da base e ficava próxima ao alojamento principal em que eu estava. Havia cerca de quinze pessoas na festa de Natal, incluindo esposas e filhos, e todos fizeram com que eu me sentisse em casa. Isso significava me embebedar com doses de Aguardiente Antioqueño — uma aguardente de qualidade duvidosa — a noite inteira, que fiquei mais do que feliz em aceitar. O problema é que, quando retornei ao alojamento às 2h da madrugada, eu estava muito mal e passei as horas seguintes vomitando até as tripas no banheiro comunitário. Jorge Daniel deve ter me ouvido do quarto ao lado enquanto cochilava. Provavelmente, acordou assustado com o som do meu vômito. Antes que eu percebesse, ele deu o alarme e acordou todos os oficiais da base.

"Eu preciso de um comprimido de Alka-Seltzer agora!", berrou o coronel enquanto corria pelo alojamento. "Me deem um Alka-Seltzer! Emergência! Javier está morrendo! Socorro. Me ajude!"

Tomei meu comprimido.

"Feliz Natal", balbuciei para Jorge, que me encarava com os olhos esbugalhados quando me viu suando em frente ao banheiro.

E, em seguida, corri imediatamente para o banheiro.

STEVE

Connie e eu chegamos a Bogotá em 16 de junho de 1991, três dias antes de Pablo Escobar se entregar à polícia.

Era um domingo tarde da noite e, quando desembarcamos de nosso voo da American Airlines e entramos no Aeroporto Internacional El Dorado, nos deparamos com paredes de concreto cinza tão sem graças que nem sequer tinham anúncios de propagandas. Parecia que tínhamos chegado a um *bunker* soviético. Ficamos imediatamente decepcionados.

Ouvia-se muito barulho e confusão, as autoridades disparavam a falar em espanhol dando instruções, as crianças choravam e as famílias falavam alto umas com as outras. Outros passageiros se empurravam e se acotovelavam, e todo mundo tentava se desviar

— dois gringos que mal entendiam a língua e se sentiam como se tivessem acabado de aterrizar na lua.

Quando saímos da ponte de embarque, aguardamos alguns minutos até que nossa escolta da DEA nos encontrasse, mas, como não vimos ninguém que parecesse estar nos procurando, seguimos a multidão até o guichê de serviço de imigração, ocupado por homens insolentes e melancólicos vestindo fardas cáqui. Enquanto aguardávamos na fila, um agente da DEA se aproximou de nós, mas não vimos nenhuma escolta armada, conforme esperávamos do protocolo. Ele mal nos olhou enquanto fazia sinal para que entrássemos na fila especial reservada para diplomatas. Podíamos afirmar que o agente não estava nada feliz por estar no aeroporto em um domingo de madrugada, e, com base nas poucas palavras que conseguimos trocar naquela noite, descobrimos que ele tinha saído de uma boa festa — talvez até um encontro promissor — para atender às nossas necessidades. Como ele era o agente de plantão, isso exigia que ele lidasse com uma série de responsabilidades que ainda não tinham sido atribuídas a outra pessoa.

E, ao que tudo indicava, o agente ficaria conosco a noite inteira, pois, ao passarmos pelo guichê de imigração, os funcionários colombianos do serviço de imigração não permitiram que saíssemos do aeroporto com nosso gato, Puff, apesar de termos preenchido toda a papelada antes de sair de Miami.

Até hoje, não sabemos se os problemas com a entrada de Puff tiveram alguma coisa a ver com o fato de nossos passaportes serem diplomáticos ou se todos estavam em um dia péssimo. Sejam lá quais forem as razões, não foi uma recepção nada calorosa, e nós três — Connie, eu e certamente Puff — ficamos nervosos com a experiência.

Quando resolvemos todos os trâmites de Puff, já estava quase amanhecendo. O agente passou a ser ainda mais babaca e nos levou para uma pensão caindo aos pedaços que ficava em um bairro afastado. Ele deixou claro que nenhum hotel em Bogotá nos aceitaria por causa do gato e simplesmente nos deixou na calçada como se dissesse: "Boa sorte, viu?"

Connie e eu carregamos as malas até o nosso quarto, que ficava no segundo andar. O mais estranho era que a porta do quarto não chegava até o teto. Era um espaço aberto, um vão grande o bastante para que eu ou qualquer outra pessoa conseguisse passar. Na verdade, aquela pensão em que estávamos hospedados de segura não tinha nada, e nossa bagagem ocupava praticamente todo o chão, de modo que tínhamos que contorná-la para que pudéssemos andar de um lado para o outro.

Quando fomos para a cama, coloquei minha pistola 9mm na mesinha de cabeceira. E, quando nós dois deitávamos no colchão gasto e mirrado, rolávamos diretamente para o centro, trombando um no outro do meu lado da cama. Puff deve ter sentido que algo estava acontecendo e pulou na cama conosco. Nem mesmo ele se sentiu confortável naquela primeira noite em Bogotá.

Estávamos tão cansados que não conseguíamos pegar no sono. E foi então que ouvimos o barulho de tiros do lado de fora da pensão. Imediatamente peguei minha pistola, mas os disparos se transformaram em tiros de metralhadoras. Olhei para a minha pequena arma e pensei: *O que vou fazer com isso?*

Mesmo que os disparos de metralhadora tenham durado apenas alguns segundos, Connie e eu nos entreolhamos e começamos a nos perguntar no que tínhamos nos metido desta vez. No entanto, também dissemos a nós mesmos que aprenderíamos a aproveitar ao máximo a nova aventura.

Talvez a atitude positiva tenha ajudado, pois no dia seguinte — nosso primeiro dia na embaixada — um de meus supervisores nos ofereceu seu apartamento temporário para que pudéssemos nos mudar da pensão com Puff. Ruben Prieto e sua esposa, Frances, estavam morando em um hotel na badalada Zona Rosa da cidade e se mudariam para alojamentos temporários. Mas, quando lhes contei a história de nossa dramática chegada, ele e sua esposa gentilmente abriram mão de seu apartamento temporário e continuaram no hotel. Como nós, eles amavam gatos. Ficamos no apartamento deles por alguns meses até encontrarmos um lugar permanente para morar.

Aquela primeira semana foi mais uma orientação do que qualquer outra coisa, e não recebi nenhuma atribuição especial. De primeira, já gostei de Javier e de Gary, e fiquei entusiasmado ao saber que trabalharia com eles na operação Pablo Escobar. Claro que eu já sabia muito a respeito de Escobar, devido às pesquisas que tinha feito em Miami, no entanto, nunca imaginei que seria um dos principais agentes do caso na operação colombiana. E, além de tudo, tive muita sorte, porque, quando se tratava de trabalhar com a PNC, Javier e Gary já haviam desenvolvido uma relação de confiança e respeito com os policiais. Apesar de saber que ainda precisava ganhar a confiança e o respeito dos colombianos por conta própria, fui aceito mais rápido, porque Javier e Gary me deram total apoio e aval imediatos. Posteriormente, Gary foi promovido e realocado para Barranquilla como o agente residente responsável, o que fez com que eu e Javier trabalhássemos como parceiros.

Na semana em que eu e Connie chegamos, Bogotá parecia estar em alerta máximo. As ruas estavam tomadas com tanques de guerra, e, onde quer que olhássemos, havia soldados mal-encarados empunhando fuzis AK-47 e jipes militares com metralhadoras calibre .30 na parte de trás, sendo manuseadas por soldados que aparentavam ser muito jovens.

A embaixada dos Estados Unidos em si era uma pequena fortaleza. Diversas equipes de agentes de segurança vigiavam o edifício. Equipes de segurança colombianas também vigiavam o perímetro. Eles fardavam feios uniformes marrons e carregavam revólveres calibre .38 ou espingardas calibre .12. A Polícia Nacional da Colômbia também tinha policiais em tempo integral patrulhando o perímetro. Eles também empunhavam revólveres e armas de longo alcance — normalmente um fuzil israelense de assalto Galil 7.62mm. Além do mais, havia policiais à paisana que se misturavam aos visitantes e câmeras em todos os lugares.

Dentro do complexo da embaixada, havia mais agentes de segurança com uniformes marrons e membros do escritório regional de segurança da embaixada, uma filial do Departamento de Estado responsável pela proteção da embaixada e de seu pessoal.

A entrada principal do edifício da embaixada era protegida por fuzileiros navais norte-americanos munidos de pistolas calibre .45, espingardas calibre .12 e rifles do tipo M16 e AR-15. Eles ficavam posicionados em frente às portas de entrada, dentro de uma cabine à prova de balas, onde tinham acesso a todas as câmeras e patrulhavam todas as portas de segurança que ficavam trancadas. Parte da função deles era averiguar os escritórios durante a noite para ter certeza de que ninguém deixaria documentos confidenciais espalhados. Se você comesse bola com os documentos, recebia uma advertência de demissão. Se recebesse três advertências, era considerado uma ameaça à segurança e enviado de volta aos Estados Unidos.

Já os agentes de segurança privada eram responsáveis por averiguar seu carro assim que você entrasse nos portões da embaixada. Abriam o capô e examinavam embaixo do carro com uma lanterna e um espelho, em busca de explosivos. A verificação de segurança seguinte era feita pelos fuzileiros navais na entrada principal.

Depois de passar por todas as verificações de segurança e receber o distintivo, comecei a trabalhar em estreita colaboração com Javier. Desde o momento que o conheci, fiquei impressionado. Ele havia chegado à Colômbia três anos antes. Javier falava espanhol, e logo percebi que ele tinha até o sotaque de Medellín e Bogotá. Ele conhecia todo mundo — os policiais, os pequenos traficantes, que ele conseguiu converter em fontes, e todos os bons botecos.

De início, trabalhamos nos escritórios do subsolo, mas depois todos fomos transferidos para o terceiro andar da embaixada, que se tornou uma ala exclusiva da DEA, atrás de uma pesada porta de segurança. Javier e eu dividíamos uma sala, e a vista de nossas janelas dava para a área de estacionamento adjacente à entrada principal do complexo da embaixada. O pessoal da segurança exigia que mantivéssemos as cortinas fechadas o tempo todo, para que ninguém do lado de fora pudesse enxergar nossos escritórios. Isso valia para toda a embaixada. Javier e eu tínhamos uma mesa e diversos arquivos, e, como eu era o instrutor principal de armas de fogo da DEA, tínhamos armários trancados onde eu guardava todas as munições e armas da DEA.

Mal cheguei e já levei uma bronca do meu novo chefe, Joe Toft. Ele até que era simpático, mas deixou bem claro que ele precisava ter conhecimento de qualquer informação que coletássemos antes de qualquer outra pessoa. Sua função era basicamente apresentar nossas descobertas ao embaixador, e era melhor termos certeza de que as informações eram precisas. Mais tarde, soube que Joe era pressionado com frequência pela sede da DEA em Washington, bem como por outras agências dentro da embaixada. A competição entre a DEA e a CIA era ferrenha, e Joe queria que a DEA estivesse à frente, ou seja, as informações que ele fornecia ao embaixador tinham que ser rigorosamente precisas. Caso lhe passássemos informações não comprovadas, Joe queria saber de antemão e, depois, queria saber exatamente o que estávamos fazendo para corroborar tais informações.

Um dos principais problemas que eu viria a ter com Joe era ele ser propenso a acreditar em quem quer que conseguisse as informações primeiro. Ele era próximo dos chefes da PNC e da DAS em Bogotá, e se lhe contassem alguma coisa antes de nós, Joe sempre acreditava na versão deles em vez de acreditar na nossa. Em seguida, acabava nos repreendendo por não lhe passar as informações de forma mais rápida, apesar de muitas vezes as informações não serem completas nem mesmo precisas. Os piores esculachos que tomei vieram de Joe, e foram uma consequência direta de ele ter recebido informações incompletas de outra pessoa. Ele simplesmente me avacalhava no corredor da DEA, na frente de todo mundo. Óbvio que estava totalmente errado, mas, quando chegava a hora de se desculpar, Joe me chamava em sua sala e fechava as portas. Na frente dos outros, ele jamais admitiria que estava errado.

Apesar de seu temperamento, eu sabia que Joe nos apoiava e queria vencer a todo custo, e isso significava capturar Pablo Escobar. Para tal, tínhamos praticamente tudo à nossa disposição — desde armas e helicópteros até nossos próprios veículos blindados. Por sermos agentes da DEA, recebemos Ford Broncos blindados. Tínhamos prioridade sobre os outros funcionários da embaixada e isso gerava muito ciúme, pois a maior parte do pessoal da embaixada dependia de uma van blindada para se deslocar, que demorava uma eternidade para driblar o intenso tráfico da manhã. Os funcionários da embaixada não tinham permissão para pegar táxis locais ou andar de transporte público.

Bogotá era uma cidade de pouco mais de 4 milhões de habitantes, onde as estradas construídas comportavam apenas uma fração dessa densidade populacional. A van da embaixada fazia uma série de paradas para pegar os funcionários espalhados pela cidade. E, para piorar o deslocamento diário, havia o fato de que, devido ao racionamento, a eletricidade era frequentemente cortada e os semáforos não funcionavam. Isso resultava em tumulto, caos e desastre. Não sei se você consegue entender a situação, a menos que a tenha vivenciado. Imagine o tráfego em uma cidade grande, como Nova York, sem semáforos funcionando. E, como se isso não bastasse, os colombianos dirigem em alta velocidade, por isso, sempre que pegávamos a estrada, sentíamos que nossas vidas estavam nas mãos deles.

Um dia, após retornarmos da embaixada para casa, Connie e eu vivenciamos um trágico acontecimento. Naquela noite, parecia que estávamos demorando uma eternidade para chegar em casa por conta do racionamento de energia elétrica e da falta de semáforos. Quando finalmente chegamos, encontramos Puff desmaiado no chão, ainda respirando, mas em sofrimento. Como já era tarde, o consultório veterinário estava fechado. Ainda assim, Connie conseguiu ligar para a veterinária em casa e descrever o estado de Puff. A veterinária concordou em nos encontrar em seu consultório, mas, novamente, tivemos que enfrentar o trânsito horrível. Chegamos ao consultório da veterinária cerca de quinze minutos antes dela. Infelizmente, Puff faleceu no colo de Connie.

Sobrecarregados pelas medidas de segurança e pelas peculiaridades culturais da vida na Colômbia, Connie e eu suportamos alguns momentos tensos, mas, acima de tudo, aprendemos a rir de nós mesmos. E dávamos boas risadas — tudo era engraçado, desde a pronúncia errada do meu nome como "Steek" ou "Stick" e o tráfego intenso de Bogotá até as xícaras de café carregadas de açúcar, chamadas de *tintos*, que eu era obrigado a beber em todas as reuniões! Sou o cara da Coca Diet e, antes da Colômbia, raramente bebia café.

Nunca nos adaptamos a alguns costumes. Por exemplo, éramos os únicos a frequentar os restaurantes às 18h; o resto do país jantava depois das 21h. Isso se tornou uma piada entre nós e a recepcionista de um de nossos restaurantes favoritos. Não me recordo do nome do restaurante, mas era o único lugar onde se podia comer um sanduíche cheesesteak Philly decente. Apesar de nossa preferência por jantar cedo, a recepcionista sempre nos arranjava uma mesa, e tínhamos praticamente o restaurante só para nós dois.

Uma noite, enquanto esperávamos pela nossa refeição, dois meninos de rua, sujos, começaram a nos encarar pelas janelas da frente do restaurante. Connie e eu nos sentimos culpados e pedimos um lanche para eles. Quando fui levar os lanches, cerca de quinze a vinte meninos de rua surgiram do nada acompanhados de dois adultos. Todos estavam sujos, maltrapilhos e pareciam não ter onde morar. Connie e eu pegamos todo o dinheiro que tínhamos, que não era muito, e pedimos lanches para todo mundo. O gerente do restaurante hesitou e disse que os desabrigados não podiam entrar no estabelecimento. Dissemos que entendíamos e levamos os lanches para a multidão faminta. Eles gostaram tanto da comida que cada um insistiu em apertar nossas mãos. Depois, todos se sentaram em um grande círculo. Os adultos desembrulhavam um lanche de cada vez e o distribuíam pelo círculo. Quando o lanche acabava, eles desembrulhavam o próximo e a cena se repetia. Desse jeito, todo mundo recebia uma parte igual e justa. Ficamos perplexos com a disciplina e com a preocupação que tinham uns com os outros. O comportamento daqueles colombianos desabrigados não condizia em nada com aquilo que fomos levados a acreditar. Sabíamos que talvez eles fossem perigosos e que se protegiam, mas também vimos o carinho e a gratidão deles.

Contudo, vivíamos em uma zona de guerra e aprendemos a não presumir nada. A violência era uma constante. Na maioria das noites, os noticiários televisivos transmitiam as cenas de carnificina da vida real. Ainda que na maioria das vezes não tivéssemos ideia do que os jornalistas e repórteres diziam, não dava para fugir daquelas imagens sinistras. Em Bogotá, as sirenes das ambulâncias e dos caminhões de bombeiros pareciam envolver a cidade como uma névoa matinal, escondendo as montanhas deslumbrantes que nos rodeavam.

Connie e eu sabíamos que qualquer carro estacionado poderia explodir, e basicamente éramos proibidos de fazer viagens de carro pelo país por conta do risco de sequestros. Bogotá era considerado um local de alto risco; famílias com crianças não eram permitidas. Anos após deixarmos a Colômbia, me lembro com pesar da intensa pressão que caraterizava nosso cotidiano em Bogotá. Como eu era norte-americano e agente da DEA, a recompensa pela minha cabeça era de US$300 mil — uma boa grana para um *sicario* ambicioso. E, mesmo depois de deixarmos a Colômbia em segurança, não tive coragem de contar isso para Connie. Afinal, ela já tinha o bastante com que se preocupar.

Connie não falava espanhol e teve de aceitar trabalhos burocráticos na embaixada, pois os cônjuges de agentes da DEA eram proibidos de trabalhar fora da embaixada. Simplesmente era muito perigoso.

Mas, apesar disso, eu não podia reclamar do nosso novo estilo de vida. Nós nos mudamos para um apartamento espetacular, na elegante e cara região norte de Bogotá. O imóvel tinha um hall de mármore e era espaçoso, tinha quatro quartos e as janelas se estendiam do chão até teto, o que nos proporcionava uma vista extraordinária dos Andes ao norte e, ao leste, de um clube equestre. Sempre que eu olhava para o clube, os cavalos lindamente bem tratados e seus cavaleiros vestidos de forma pomposa, com suas botas pretas e polidas, galopando pela pista, eu tinha a impressão de estar observando uma realidade diferente. Era uma cena digna do Palm Beach Polo e do Country Club. E era desse jeito que os ricos viviam em Bogotá, em uma bolha de opulência muito distante da realidade das favelas decadentes que rodeavam a cidade — um lugar governado por violência e corrupção. Ainda assim, éramos gratos por escapar ocasionalmente dessa realidade e morar em um lugar tão bonito, mesmo que fosse um complexo murado com seguranças armados nos portões. Morávamos ao lado do melhor shopping center da cidade e até trouxemos nosso carro, um Pontiac Grand Am 1989 cinza. O problema é que quase não havia Pontiacs na Colômbia, então, quando dávamos uma volta, o carro sempre chamava a atenção e, nos estacionamentos, as pessoas ficavam em volta olhando.

Nos finais de semana, gostávamos de sair para curtir. Íamos regularmente ao Den, onde as cervejas eram geladas e você podia se servir de rosbife fatiado com mostarda no bar. Após o trabalho, quando Javier e eu ficávamos na labuta até tarde, costumávamos parar lá para beber e comer um lanche rápido ou, caso fosse uma sexta-feira à noite, íamos para o Mr. Ribs. Era bem comum que quinze a trinta funcionários da DEA fossem ao Mr. Ribs com seus cônjuges ou namoradas beber juntos. Isso era totalmente contra as regras de segurança da embaixada, que proibia que mais de três funcionários se reunissem no mesmo estabelecimento ao mesmo tempo. Em teoria, se um local se tornasse conhecido como ponto de encontro de funcionários da embaixada, poderia virar um alvo de narcotraficantes e de grupos terroristas. Em teoria, se um lugar fosse atacado, quanto menos norte-americanos estivessem presentes, melhor. Mas o pessoal da DEA nem sempre seguia as regras, nem mesmo o pessoal da embaixada, que se reunia com a gente no Mr. Ribs. Os caras do escritório de segurança regional, responsáveis por aplicar as regras na embaixada, eram frequentadores assíduos do Mr. Ribs, além de serem nossos amigos!

No entanto, na maioria das vezes, organizávamos festas épicas aos finais de semana em nossas casas e, muitas vezes, contratávamos uma banda Mariachi. Sempre havia um aparelho de som estéreo potente para dançarmos. Não raro, contratávamos garçons para nos servir a comida e as bebidas e pessoas para fazer a limpeza. Essas festas sempre duravam até o início da manhã do dia seguinte. Se fosse a festa de despedida de um membro da equipe da embaixada, tínhamos uma tradição chamada "Círculo de Ouro". O ouro no caso era a tequila Jose Cuervo Ouro. Formávamos um círculo, abríamos a primeira garrafa, jogávamos a tampa fora e começávamos a beber doses diretamente da garrafa. Uma vez, bebemos cinco garrafas em uma única noite. A coisa foi feia. No dia seguinte, alguns de nós nos reunimos no meio da tarde em um restaurante ao ar livre para comer comida gordurosa e curar a ressaca juntos.

As festas dos fuzileiros navais que trabalhavam na embaixada eram ótimas. Lembravam as festas de fraternidade, porque eles compartilhavam uma casa. O andar de baixo era a área comum, onde aconteciam as festas. Havia um espaço para o bar, uma sala com mesa de sinuca e uma cozinha. Depois da cozinha, havia uma piscina coberta. Os fuzileiros navais sempre convidavam diversas moças colombianas jovens e bonitas, embora nós, homens casados, fôssemos com nossas esposas. A música estava sempre alta e a cerveja, sempre gelada.

Durante os feriados e os grandes eventos esportivos nos Estados Unidos, como o Super Bowl e o campeonato de futebol americano universitário, organizávamos jantares nos apartamentos uns dos outros. Todo mundo levava comida, bebida, gelo, tudo que fosse necessário. Connie e eu organizávamos os jantares de Ação de Graças e do Super Bowl. Nessas reuniões, nos sentíamos como se estivéssemos em casa, mesmo que por breves momentos. Comíamos bem, desfrutávamos de uma variedade de bebidas e garantíamos que nossos seguranças também comessem.

Os bons momentos eram necessários para aliviar a tensão. Todo santo dia nos preparávamos para o pior, mas, de alguma forma, também conseguíamos levar uma vida normal. Até hoje, não sei como foi possível fazer isso.

JAVIER

Assistimos à coisa toda pela TV — a rendição de Pablo Escobar. Nenhum de nós imaginava que isso aconteceria, e não reagimos bem — nossos empenhos de levá-lo à justiça sofreram um golpe esmagador. Era 19 de junho de 1991 e eu estava em Medellín, mas Joe imediatamente me chamou de volta a Bogotá, depois que a rendição foi anunciada. Todos assistimos aos eventos ao vivo na embaixada em um silêncio assombroso: o helicóptero amarelo do governo pousando perto da penitenciária que mais parecia um hotel fazenda, com uma piscina, jacuzzi, campo de futebol, e o que presumimos serem luxuosas acomodações, próximas da cidade natal de Escobar, Envigado, nas montanhas aos arredores de Medellín. A ampla "prisão" ficava no antigo Centro de Reabilitação para Dependentes de Drogas, foi reformada de acordo com as determinações de Escobar e era tão espetacular que foi apelidada de La Catedral. O complexo foi equipado com segurança rigorosa, projetada tanto para impedir que Pablo Escobar escapasse como para mantê-lo a salvo de seus inimigos. Nos arredores da instalação remodelada, havia uma cerca dupla de quase três metros de altura, quinze colunas de arame farpado eletrificado com 5 mil volts e sete torres de vigilância, além de duas guaritas na entrada do complexo. Pablo Escobar concordou em bancar sua estadia e em arcar com todas as despesas de funcionamento da prisão, como também fez o governo prometer que ele não teria visitas e que nenhuma aeronave sobrevoaria o complexo. Além de levar um grupo de pistoleiros de sua total confiança para protegê-lo, após se acomodar em La Catedral, o narcotraficante distribuiu até panfletos pedindo aos camponeses locais que lhe relatassem qualquer atividade suspeita em troca de dinheiro.

Pablo Escobar, então com 41 anos, foi o primeiro a descer do helicóptero. Ele usava calça jeans, uma jaqueta de couro branca e, visto que antes estava escondido, tinha começado a deixar a barbar crescer. Ansiosos, os repórteres o descreveram como o homem mais procurado do mundo. Ele entregou sua pistola 9mm carregada ao diretor da prisão antes de ser escoltado até sua cela de luxo com banheiro personalizado — Escobar era obcecado por banheiros. Basicamente, todos os inúmeros esconderijos que o narcotraficante usava tinham vasos sanitários e outros acessórios novinhos em folha. Ele foi acompanhado pelo padre Rafael Garcia Herreros, o "padre da televisão" de 82 anos que ajudou a negociar sua rendição com o governo. O carismático clérigo de cabelos brancos era o apresentador do *El Minuto de Dios* ["O Minuto de Deus", em tradução livre], o programa televisivo mais antigo da Colômbia, em que o padre fazia um breve sermão antes do noticiário noturno nacional. Nos dias que antecederam à data marcada para a rendição de Escobar, em um dos episódios do programa, o padre havia declarado que o assassino narcotraficante era um "homem bom".

"Pablo, entregue-se a mim o mais rápido possível", disse o padre em um de seus programas. "Vamos lhe garantir uma ótima vaga na Universidade da Paz."

Universidade da Paz era o nome dado pelo clérigo à La Catedral. Padre Rafael chegou a prometer a seu público que Pablo Escobar usaria seu tempo na prisão para estudar direito. O narcotraficante já havia se colocado no papel de pacificador, descrevendo sua rendição a um jornalista de Medellín, que o acompanhava a bordo do helicóptero, como "um ato de paz".

"Quero acrescentar a esses sete anos de perseguição todos os anos de prisão necessários a fim de contribuir para a paz da minha família e para a paz da Colômbia", afirmou.

A coisa era bastante surreal — era como ler um conto de Gabriel García Márquez. Na verdade, o autor e jornalista escreveu sobre a rendição, que foi intermediada por seu amigo, o diplomata e político Luis Alberto Villamizar Cárdenas. Pablo

Escobar chamou Villamizar, um de seus inimigos declarados e apoiador ferrenho da extradição, para assegurar os seus direitos quando se entregou, pois, segundo relatos, ele ficou impressionado com a forma como Luis Alberto, aliado político de Carlos Galán, que sobreviveu a uma tentativa de assassinato a mando de Escobar, havia negociado a dramática libertação de sua esposa e irmã, sequestradas pelos seus próprios *sicarios* em 1990 e mantidas em cativeiro por cinco meses.

"Ao longo de todos esses anos, Pablo Escobar tem sido a cruz que eu e minha família tivemos que carregar", disse Luis Alberto a Gabriel García Márquez, que anos depois escreveu sobre a provação do amigo no livro *Notícias de um Sequestro*. "Primeiro, ele me ameaça. Em seguida, ele ordena um atentado contra minha vida, do qual escapei por um milagre. Ele continua me ameaçando. Mandou assassinar Carlos Galán. Sequestrou minha esposa e irmã e agora quer que eu defenda seus direitos."

Eu avisei que a coisa toda era surreal. E ficou ainda mais patética com a resposta oficial do governo.

"Quero ressaltar que o compromisso do governo na luta contra o narcotráfico continua inabalável", anunciou César Gaviria ao país inteiro com o semblante sério, após a histórica rendição. "Nenhuma nação pagou um preço mais alto na guerra contra as drogas do que a Colômbia, tanto institucionalmente quanto com os milhares de vidas ceifadas, e a comunidade internacional deve assumir sua responsabilidade nesse conflito, que envolve consumidores e produtores."

Nenhum de nós, agentes, estava por dentro das conversas que ocorriam nos altos escalões entre o embaixador dos Estados Unidos e o presidente César Gaviria, mas o sentimento geral era de que o presidente cederia ao terrorismo. Na embaixada, a multidão de policiais estava enfurecida, assim como a polícia colombiana. Todos sentimos que havíamos perdido essa, pois Escobar havia desafiado o próprio país e levado a melhor, já que a Colômbia permitiu que ele se entregasse em sua própria prisão e ainda deixou que contratasse seus próprios guardas. E todo mundo sabia que ele não pararia de enviar cargas de cocaína mundo afora, só que dessa vez todas as remessas de drogas estariam protegidas pelo governo colombiano!

Eu sabia que os caras do Bloco de Busca estavam extremamente decepcionados, porque, no ano anterior à rendição, estavam cada vez mais perto de capturar Escobar, e sabiam que o narcotraficante fugia e se desesperava cada vez mais. De nossa parte, havíamos contribuído com a extradição de dezenas de traficantes para os Estados Unidos e muitos outros aguardavam o procedimento nas penitenciárias colombianas.

"Ainda que o imperador não tenha caído, o império está desmoronando", declarou o general Miguel Maza Márquez, o diretor do DAS, no verão de 1990, quando as forças de segurança de elite estavam desferindo golpe após golpe, desmantelando gradativamente a hierarquia de Escobar.

Em junho de 1990, uma equipe do Bloco de Busca matou o comandante militar efetivo do Cartel de Medellín, Jhon Jairo Arias Tascón, apelidado de Pinina, quando ele resistiu à prisão em Medellín. As autoridades disseram que Pinina organizava os *sicarios* de Escobar e as atividades terroristas do grupo. Um mês depois, Carlos Henao, cunhado de Escobar e importante diretor de segurança do cartel, foi capturado, bem como Edgar Escobar Taborda, chefe de propaganda do cartel e autor dos comunicados assinados pelos Extraditáveis. Conhecido como "o poeta", ele diligentemente enviava cartas à imprensa, ao gabinete federal de direitos humanos e ao procurador-geral afirmando que as forças de elite do Bloco de Busca estavam se comportando como bárbaros, visto que torturavam e matavam membros do cartel. Pablo Escobar estava ficando tão desesperado que começou a cobrar um "imposto de guerra" sobre as remessas de cocaína. O narcotraficante cobrava de seus companheiros traficantes do cartel uma porcentagem extra sobre as remessas de droga para que pudesse financiar sua guerra contra o governo.

Tenho certeza de que Escobar estava atordoado com a sucessão de ataques contra ele quando secretamente se ofereceu para negociar um cessar-fogo com César Gaviria no verão de 1990. Pelo menos durante alguns dias, houve uma trégua dos carros-bombas, que já haviam ceifado a vida de milhares de pessoas no país. Mas então, em 11 de agosto de 1990 — quatro dias depois que César Gaviria tomou posse como presidente, o Cartel de Medellín sofreu um duro golpe dos policiais da PNC quando mataram Gustavo Gaviria, primo e braço direito de Pablo Escobar. Gustavo coordenava rotas importantes de tráfico no México, Panamá, Haiti e Porto Rico. Ele foi morto a tiros em uma operação em um esconderijo em Medellín. Gustavo, inseparável de Escobar desde a infância, gerenciava a parte comercial do império da cocaína.

O golpe só pode ser equiparado em importância à morte de Rodríguez Gacha. Abatido pela dor, Pablo Escobar se enfureceu contra a polícia e contra o governo, e a violência mais uma vez se instaurou.

Mesmo assim, o governo continuava a negociar secretamente com Escobar. Tínhamos ouvido alguns boatos, sobretudo entre o pessoal da DIJIN, de que o governo estava dialogando com Pablo e considerando sua rendição em uma prisão projetada por ele mesmo, com segurança particular. Só que, naquela época, não acreditamos neles. Parecia loucura.

Até que a loucura se tornou realidade.

Era por isso que os policiais colombianos ficaram tão contrariados. Os homens de Escobar haviam corrompido a polícia, e até um tenente do PNC estava trabalhando para o narcotraficante. Pedro Fernando Chunza-Plazas era responsável por treinar os *sicarios* de Escobar na preparação de carros-bombas e no assassinato de policiais em Medellín. Pedro Fernando era tão importante para o Cartel de Medellín que Pablo Escobar o encarregou de proteger sua própria família.

Quando o narcotraficante não estava enviando seus pistoleiros em missões terroristas, estava pagando congressistas colombianos por meio de seus advogados para que votassem contra a extradição.

No final, foi a campanha de terror e suborno de Escobar que colocou César Gaviria em um beco totalmente sem saída. Dizíamos sempre que não se pode e não se deve negociar com terroristas, mas foi o que o governo de César Gaviria fez. E, apesar de o governo parecer extremamente fraco por atender às exigências de

Pablo Escobar, havia um forte argumento: salvar pessoas inocentes de acabar explodindo em ataques aleatórios de carros-bombas. Horas antes da rendição, o congresso colombiano votou pela proibição da extradição em qualquer circunstância, proporcionando a Pablo Escobar uma certa garantia, caso César Gaviria mudasse de opinião.

Nas semanas que se seguiram à rendição negociada de Escobar, uma aparência de paz tomou conta da Colômbia. Cessaram as explosões de carros-bombas e os colombianos pareciam estar voltando à vida normal. No entanto, os homens que arriscaram as próprias vidas na caçada a Pablo Escobar se sentiram completamente traídos, e o novo governo parecia debilitado demais para não ceder às exigências do narcotraficante. O governo não somente permitiu que Pablo Escobar se declarasse culpado de apenas um crime doloso, que acarretava uma sentença de prisão de cinco anos, como o criminoso mais procurado do mundo também teria permissão para ficar com todos os seus ganhos ilícitos — bilhões, casas e carros chamativos. Ninguém nem sequer cogitou confiscar seus bens.

Uma vez em segurança dentro de sua luxuosa cela, a polícia sabia que não poderia tocá-lo. O Bloco de Busca de Medellín foi dissolvido e Hugo Martinez recebeu um cargo diplomático na Espanha. Na embaixada, voltamos a trabalhar nos casos de repressão às drogas.

Fiquei estupefato. Aquilo tudo me passou uma péssima impressão. Tudo mudou, ainda que nada tenha mudado. A cocaína ainda estava saindo do país. Pablo Escobar havia enfrentado o governo colombiano e levado a melhor. E, já que o narcotraficante estava gerenciando suas operações de drogas direto de sua confortável penitenciária, eu não conseguia deixar de achar que todos os policiais colombianos assassinados tinham realmente morrido a troco de nada.

STEVE

Uma das minhas primeiras missões na Colômbia não tinha nada a ver com Pablo Escobar.

Obviamente, o narcotraficante era o nosso foco e tentávamos coletar todos os dados e informações que conseguíssemos sobre as operações dele na "prisão". Sabíamos que ele não interromperia suas atividades criminosas ou seus esforços de se tornar ainda mais rico e poderoso, mas conseguir informações durante o período em que Pablo Escobar estava "preso" era bastante difícil, sobretudo porque uma das condições de sua rendição nos impedia de chegar próximo o suficiente das imediações de La Catedral. Não conseguíamos interceptar nenhuma de suas comunicações, o que era inusitado. Os informantes basicamente não nos relatavam nada. E não podíamos chegar perto o suficiente do perímetro da prisão para vigiar nada.

Pouco depois da minha chegada à Colômbia, já que a investigação de Pablo Escobar não progredia, decidi me dedicar ao estudo de todos os arquivos que tínhamos sobre o Cartel de Medellín.

Foi então que fui designado para Carlos Lehder. Minha tarefa era precisamente organizar uma minioperação de estilo militar para retirar seus familiares diretos da Colômbia e realocá-los em um local secreto nos Estados Unidos o mais rápido possível. Carlos Lehder, cofundador do Cartel de Medellín, foi o único membro do alto escalão da organização criminosa a ser processado nos Estados Unidos por tráfico de drogas. Após um julgamento de sete meses no tribunal federal de Jacksonville, Flórida, ele foi condenado a 135 anos mais prisão perpétua, sem possibilidade de liberdade condicional. Com o objetivo de reduzir sua sentença e garantir a segurança de sua família na Colômbia, ele assinou um acordo de confissão com os promotores federais para ser testemunha-chave no julgamento de um poderoso homem panamenho, Manuel Antonio Noriega. Era um ex-aliado dos EUA e informante da CIA que tivera um papel decisivo na luta contra a propagação do comunismo na América Central e no Caribe, parte essencial do caso Irã-Contras, que envolvia o uso de drogas e armas a fim de ajudar agentes secretos a armar os guerrilheiros Contras em sua batalha em oposição aos sandinistas na Nicarágua, em meados da década de 1980.

Nos meses que antecederam o início do julgamento de Antonio Noriega, em setembro de 1991, fui às pressas para Bogotá tentando encontrar um esconderijo para a esposa e a filha de Carlos Lehder. Carlos tinha medo, e com razão, de que seus inimigos na Colômbia atentassem contra sua família para impedi-lo de abrir a boca sobre a relação de Antonio Noriega com o cartel. Sabíamos que Pablo Escobar já havia enviado seus capangas aos Estados Unidos para matar qualquer testemunha.

No que se esperava ser um depoimento bombástico, Carlos Lehder descreveu como Antonio Noriega fez negócios com o

Cartel de Medellín e como, na prática, vendeu seu país ao cartel como ponto de transbordo em troca de uma participação nos lucros do tráfico. Ao mesmo tempo em que ajudava o cartel, ele também fornecia informações à DEA e à CIA. Em 1982, quando era chefe do departamento de serviço de inteligência e repressão às drogas no Panamá, Antonio Noriega se ofereceu para "construir uma rota de cocaína" para Pablo Escobar nos Estados Unidos. Ele também se ofereceu para lavar dinheiro para o cartel. Após uma visita secreta à fazenda de Escobar em Medellín, o narcotraficante prometeu a Antonio Noriega US$1.000 para cada quilo de cocaína transportado pelo Panamá. Segundo as estimativas de Carlos Lehder, mais de uma tonelada de cocaína passava pelo país mensalmente rumo aos Estados Unidos. A promessa ainda incluía 5% sobre os US$60 milhões estimados que eram depositados toda semana nos bancos panamenses durante o auge do comércio de drogas. E tudo isso enquanto os Estados Unidos lhe pagavam US$200 mil por ano para ser um informante!

Em 1988, os Estados Unidos simplesmente cansaram do jogo duplo de Antonio Noriega, e ele foi indiciado em um tribunal federal dos EUA por tráfico de drogas. Em dezembro de 1989, após alegações de que havia fraudado as eleições nacionais no Panamá, o presidente George H. W. Bush instaurou a Operation Just Cause [Operação Justa Causa]. Durante a invasão militar norte-americana ao Panamá, Antonio Noriega buscou refúgio na embaixada do Vaticano, na Cidade do Panamá. Em um episódio notório, os soldados norte-americanos o obrigaram a sair da embaixada tocando rock, The Clash, Van Halen e U2, em alto volume, sem parar por três dias e três noites. Em 3 de janeiro de 1990, Antonio Noriega se rendeu, tornando-se um prisioneiro dos Estados Unidos. Ele foi levado a Miami para ser julgado por tráfico de drogas, formação de quadrilha e lavagem de dinheiro.

Carlos Lehder foi testemunha ocular das reuniões do coronel com o cartel e era o encarregado de transportar as drogas para dentro e para fora do Panamá. Enquanto Carlos se preparava para depor, recebi a missão secreta de levar a sua família em segurança para um esconderijo. Garantir a segurança de sua família era uma missão tão confidencial que somente alguns membros do alto escalão e muito confiáveis da Polícia Nacional da Colômbia foram informados, e o alto comando da DEA achou que seria mais seguro para a família se providenciássemos essa transferência sozinhos, sem as autoridades colombianas.

Joe Toft me entregou uma pilha de passaportes colombianos para a família Lehder. Além de sua esposa e filha, alguns parentes também tiveram que deixar a Colômbia. Todos os passaportes já haviam sido carimbados com vistos dos EUA. Liguei para a esposa de Carlos Lehder e disse-lhe que havia arranjado um esconderijo para ficarem, enquanto os preparativos finais estavam sendo feitos. Em seguida, pedi a uma de nossas secretárias que providenciasse reservas, em nome de um de nossos guarda-costas, em um hotel na sofisticada Zona Rosa de Bogotá por alguns dias, durante os preparativos finais para tirar ela e a família do país. Usávamos nossos *escoltas* locais para a maior parte do trabalho de campo. Os *escoltas* da DEA eram em sua grande maioria policiais colombianos aposentados selecionados pelo nosso escritório e contratados como seguranças armados em tempo integral.

Fornecemos a um de nossos *escoltas* dinheiro suficiente para os quartos do hotel, e ele voltou com as chaves.

Liguei então para a esposa de Carlos Lehder e a aconselhei a me encontrar perto do hotel. Não queríamos que a família fosse vista no hotel na companhia de um bando de norte-americanos, pois isso chamaria muita atenção. Encontrei-me com o pequeno grupo, que incluía a amada filha de Carlos Lehder, Monica. Todos pareciam muito nervosos e apavorados. Entreguei à esposa de Carlos as chaves do quarto, fiz o possível para tranquilizá-las, e as instruí a ficar dentro de seus quartos e pedir as refeições pelo serviço de quarto. E, sem o conhecimento delas nem dos parentes, posicionamos diversos *escoltas* da DEA dentro e ao redor do hotel, a fim de protegê-las.

Mais tarde naquele dia, usamos uma agência de viagens colombiana para reservar as passagens aéreas. A DEA tinha uma relação de trabalho próxima com o proprietário de uma agência de viagens local, e ele concordou em comprar as passagens com nomes falsos. Claro que isso foi antes do 11 de setembro — naquela época, as normas de segurança não eram muito rígidas. Sabíamos que era possível mudar os nomes nas passagens no balcão da companhia aérea quando todos chegassem ao aeroporto.

A família ficou no hotel sem intercorrências. Falamos diversas vezes com a esposa de Carlos Lehder pelo telefone, mas as ligações eram bastante enigmáticas, já que nunca sabíamos quem poderia estar ouvindo. Na última noite da família em Bogotá, fomos ao hotel. No entanto, pedimos para que um de nossos *escoltas* falasse com a esposa para que ninguém a visse conversando com um gringo.

Com base em nossas instruções, o *escolta* disse à família para estar pronta para ir ao aeroporto na manhã seguinte, às 5h. Tínhamos comprado passagens pela American Airlines, que tinha um único voo diário de Bogotá direto para Miami no início da manhã.

Na manhã seguinte, vários outros agentes da DEA e eu, acompanhados por diversos *escoltas,* chegamos ao hotel e escoltamos a família Lehder até os SUVs. Dois veículos levavam os membros da família acompanhados por dois agentes e um motorista, e um terceiro seguia atrás como segurança adicional. Todos os nossos agentes estavam armados com pistolas e metralhadoras a postos, preparados para o caso de um ataque.

Como o governo autorizou os agentes da DEA a portar armas na Colômbia, todos nós tínhamos a permissão para porte de armas ocultas. Nossos *escoltas* carregavam revólveres, e alguns deles, submetralhadoras Uzi. Ao seguirmos uma rota planejada com antecedência, que passava longe das principais vias públicas, chegamos ao Aeroporto Internacional El Dorado sem qualquer incidente.

No aeroporto, estacionamos nas vagas diplomáticas, próximas à entrada principal do terminal internacional. Dois *escoltas* e dois agentes da DEA fizeram um rápido reconhecimento do aeroporto a fim de detectar alguma movimentação suspeita. Como tudo parecia normal, tiramos a família dos veículos, pegamos as bagagens e as escoltamos até o terminal internacional. E, como a DEA tinha uma estreita relação de trabalho com o pessoal da American Airlines em Bogotá, já havíamos agilizado o processo de check-in para que a família pudesse ser transferida para um local menos público e mais seguro, a fim de aguardar o voo. Assim que entramos no aeroporto, encontramos nosso contato da American Airlines, colocamos a família e as respectivas bagagens em uma fila separada, alteramos os nomes falsos nas passagens aéreas reservadas anteriormente com os nomes verdadeiros da família Lehder, verificamos a bagagem e os escoltamos até o posto de controle de segurança do aeroporto. Depois, todos nós ficamos em uma sala de espera reservada.

Uma vez que o avião estava preparado para decolar, a American Airlines permitiu que a família embarcasse primeiro, para que não precisassem ficar na fila. A família colaborou muito com a gente, e a esposa nos agradeceu pela ajuda enquanto todos embarcavam. O voo partiu sem incidentes e, algumas horas depois, a família Lehder chegou em segurança a Miami. Uma vez lá, a família foi recebida por delegados federais e nunca mais ouvi falar deles.

Eu nunca tinha pensado muito a respeito da família Lehder até um ano depois, quando uma estranha carta chegou à embaixada dos Estados Unidos em Bogotá, endereçada a mim. O selo do remetente indicava que a carta tinha sido enviada da U.S. Federal Bureau of Prisons [Agência Penitenciária dos Estados Unidos], do Departamento de Monitoramento de Detentos, em Washington, D.C. E o endereço no envelope estava escrito em espanhol. Era uma situação muito incomum. Na verdade, eu nunca tinha recebido ou visto uma carta assim. Dentro do envelope, havia uma única página de caderno com uma mensagem escrita à mão para mim. A carta dizia: "Bogotá, Colômbia, USA-92. Para o Agente Especial da DEA Steve Murphy — Meus profundos agradecimentos por ajudar a minha família e o meu país. Ao seu dispor, CL."

Eu já havia recebido cartas de detentos oferecendo informações sobre investigações em andamento, mas geralmente elas eram recebidas com desconfiança. Contudo, era a primeira vez que um presidiário me enviava um bilhete de agradecimento. Mostrei a carta para Javier. Logicamente, nós dois soubemos na hora de quem era.

JAVIER

Nós o apelidamos de Oscar.

Até hoje não posso revelar sua verdadeira identidade. Vamos apenas dizer que ele era uma fonte — uma fonte *daquelas*, que contou sua história para o procurador-geral da Colômbia e depois para nós. As informações de Oscar eram de tal importância que decidimos levá-lo de avião para os Estados Unidos para que fosse cuidadosamente interrogado. Mais tarde, ele testemunhou em segredo ao Congresso. Sabíamos que Escobar tentaria matá-lo, por isso o colocamos no programa de proteção a testemunhas nos Estados Unidos.

Nós o encontramos em Medellín, e ele nos descreveu um panorama desolador sobre o que realmente estava acontecendo em La Catedral, um ano depois que Escobar atravessou os portões da prisão em uma suntuosa demonstração pacífica de rendição às autoridades.

Oscar nos contou o que já suspeitávamos desde o início — que Pablo Escobar estava pintando o sete com seus lacaios dentro da prisão, onde tinha acesso a transmissores de rádio, aparelhos de fax e telefones seguros. Ele estava ordenando o sequestro e a morte de seus inimigos, incluindo quaisquer possíveis testemunhas no julgamento de Noriega em Miami. Um de seus pistoleiros chegou a ser capturado nos Estados Unidos enquanto cumpria suas ordens.

Oscar sabia do que estava falando. Ele nos disse que era o único sobrevivente de um massacre de traficantes comandado por Escobar de dentro da prisão.

A coisa toda teve início com um saco de dinheiro apodrecido. Ao serem desenterradas pelos *sicários*, as notas estavam deterioradas por não terem sido devidamente armazenadas. Os pistoleiros levaram a grana para Pablo Escobar na prisão e afirmaram que a haviam encontrado em uma propriedade de Gerardo Moncada, um dos traficantes de Escobar, em Medellín. Os *sicários* disseram a Escobar que Gerardo Moncada e seu sócio, Fernando Galeano, estavam escondendo dinheiro sem o conhecimento dele. Oscar contou que os *sicarios* estavam com ciúmes de Gerardo Moncada e de Fernando Galeano e recorreram a Escobar para tirá-los de circulação. Ao que tudo indicava, o plano tinha dado certo, pois Escobar estava tomado pela fúria e vociferava que havia sido traído por dois de seus associados mais confiáveis. Ele ordenou que os dois homens fossem levados à La Catedral para uma "conversa". Nem Gerardo Moncada nem Fernando Galeano deram muita importância à reunião. Até dispensaram seu chefe de segurança, Diego Fernando Murillo Bejarano — mais conhecido como Don Berna.

No entanto, quando Gerardo Moncada entrou na prisão e viu o saco de dinheiro em decomposição no chão, soube de imediato o que se passava pela cabeça de Escobar. Gerardo tropeçou nas próprias palavras ao tentar explicar ao narcotraficante que não estavam escondendo dinheiro. Eles haviam enterrado a grana cinco anos antes e esqueceram completamente. Pablo Escobar ficou em silêncio, mas todos no recinto podiam sentir a tensão. O barão das drogas acusou os dois de roubar US$20 milhões em receitas do comércio de cocaína e lembrou-os de que somente podiam fazer negócios porque ele sacrificara sua própria liberdade em prol da luta contra a extradição. Pablo afirmou que agora eles lhe deviam US$200 mil por cada carregamento de coca que enviassem para o exterior. Quando os dois homens, amigos de infância e sócios de longa data de Escobar, se recusaram a pagá-lo, o narcotraficante mal conseguiu conter a raiva. Segundo Oscar, ele pegou um grande pedaço de pau e começou a bater em Gerardo Moncada. Em seguida, os *sicarios* foram para cima de Fernando Galeano e o mataram. Os corpos foram queimados e cortados em pequenos pedaços. Então, Pablo Escobar deixou bem claro que assumiria o controle de todos os bens de Moncada e de Galeano — fazendas, negócios e residências. Ordenou também a morte de suas famílias e de seus parceiros comerciais. Em uma demonstração mórbida de seu domínio, Pablo Escobar mandou que seus capangas enviassem os pênis carbonizados dos dois homens a suas esposas.

A selvageria de Pablo Escobar acabaria se tornando sua própria ruína.

As informações de Oscar se revelaram tão bombásticas que o governo colombiano não pôde mais fazer vistas grossas para o que estava acontecendo em La Catedral. César Gaviria ordenou que Escobar fosse transferido para uma prisão mais segura — um quartel-general transformado em penitenciária nos limites de Medellín. Óbvio que o narcotraficante se recusou a ser transferido pacificamente e exigiu uma reunião com as autoridades federais do mais alto escalão em La Catedral. Foi quando o vice-ministro da Justiça, Eduardo Mendoza, e o diretor-geral das prisões do país, tenente-coronel Hernando Navas, foram enviados à La Catedral para negociar a transferência. Ingenuamente, as autoridades do governo chegaram à La Catedral sem *escolta* armada, com o objetivo de informar a Pablo Escobar que ele estava sendo transferido para o quartel e que retornaria à sua prisão assim que a segurança fosse melhorada.

Mas, quando chegaram à prisão, Pablo Escobar não estava a fim de conversar. Após serem escoltadas até a suíte privativa do narcotraficante, as duas autoridades do governo foram cercadas pelos capangas de Escobar, que disseram que só sairiam dali mortas. Eduardo Mendoza, Hernando Navas e o carcereiro foram mantidos como reféns. Posteriormente, Eduardo Mendoza descreveu como o *sicario* de maior confiança de Pablo Escobar, Popeye, empurrou o cano de uma Uzi contra sua cabeça e jurou matá-lo. Por volta das 4h da manhã, sob as contínuas ameaças de morte de Pablo Escobar, Eduardo Mendoza ouviu duas explosões seguidas de gritos e tiroteios. As tropas do governo invadiram a prisão para resgatar os reféns e capturar Escobar, que conseguiu escapar por um túnel com seu irmão, Roberto, e um bando de outros detentos. Ainda que as tropas armadas até os dentes e seus cães farejadores tenham cercado todo o perímetro ao redor de Envigado em busca de Pablo Escobar e de seus capangas, eles haviam desaparecido há muito tempo, escondidos em um dos muitos esconderijos que o cartel mantinha em Medellín e nos arredores.

Mais tarde, em uma entrevista coletiva à imprensa, Eduardo Mendoza, com as roupas esfarrapadas, afirmou que foi salvo por um soldado e forçado a rastejar na lama durante o tumulto para escapar da saraivada de balas que ricocheteava nas paredes da prisão.

Fiquei sabendo da fuga de Pablo Escobar na manhã seguinte, quando vi o noticiário. Ao chegar à embaixada, tudo estava um caos e todos faziam perguntas. Naquela manhã, não tínhamos muitas informações, mas todo mundo entrava no escritório e nos perguntava o que estava ocorrendo. O embaixador falava com o presidente colombiano, Joe Toft falava com o chefe da PNC e nós falávamos com os nossos colegas da PNC. E tenho certeza de que a CIA estava conversando com seus colegas militares colombianos e do departamento de inteligência. Não demorou muito para que Joe chamasse Steve e eu em sua sala e nos dissesse que o embaixador nos queria em Medellín imediatamente; o avião da DEA já estava esperando no aeroporto de Bogotá. A solicitação era da PNC, que afirmou a Joe que a situação era caótica. A mídia estava enlouquecida com a fuga; alguém em uma estação de rádio alegando ser Pablo Escobar disse que o governo colombiano havia quebrado o acordo e que ele não tinha feito nada de errado.

Ambos retornamos para a casa a fim de fazermos as malas e corremos para o aeroporto. Joe Toft afirmou que nosso governo queria um inventário de tudo que estava na prisão para verificar se havia alguma informação viável. Como todo mundo no escritório da DEA, ficamos empolgados!

A fuga significava que estávamos todos livres para caçar o nosso maior alvo. A caçada estava de volta! Era a nossa chance de finalmente ver Pablo Escobar pagar pelo que fez.

Quando chegamos ao Aeroporto Rionegro, em Medellín, um helicóptero Huey equipado com duas metralhadoras de calibre .30 de cada lado nos aguardava. Impossível não perceber que o para-brisa do helicóptero da PNC havia sido reparado por causa de um buraco de bala. Na verdade, durante os dezoito meses seguintes da caçada a Pablo Escobar, todo helicóptero da PNC em que voávamos tinha pelo menos um buraco de bala. Rimos nervosamente com o piloto enquanto decolávamos rumo à academia Carlos Holguín, impacientes para obter a autorização oficial do comandante da PNC para entrar em La Catedral.

Mesmo que Steve já estivesse na Colômbia há um ano, eu ainda estava um pouco cético em relação a ele. Ele mal arranhava no espanhol, mas se poderia dizer que ele estava tentando e aproveitava todas as oportunidades para praticar o idioma. Não éramos muito próximos e, enquanto Escobar estava na prisão, nos sentávamos juntos durante as apresentações da DEA e conduzimos algumas operações, mas nada se igualava à magnitude da busca por Pablo Escobar.

Não estava convencido a respeito de Steve, pois, sob muitos aspectos, éramos completos opostos. Contudo, ainda que aparentemente fôssemos uma dupla estranha de parceiros, mais tarde nossas diferenças seriam uma vantagem como equipe. Steve era superorganizado e eu odiava burocracia. Só que eu havia construído uma grande rede de contatos com as autoridades policiais da Colômbia, às quais poderíamos recorrer a qualquer momento. Mas a nova caçada a Pablo Escobar nos aproximaria e, não sei como, Steve se tornaria meu parceiro de confiança e meu melhor amigo.

Enquanto eu estava deitado de olhos estatelados, me revirando de um lado para o outro na cama de Pablo Escobar, a Virgem Maria velava por mim. Jamais imaginei que fosse assim que eu passaria a minha primeira noite em La Catedral, como também nunca sequer imaginei que algum dia entraria na toca do leão — a luxuosa suíte que se passava pela cela de prisão de um narcotraficante bilionário.

Tudo começou na base oficial militar. Um dia após a audaciosa fuga de Pablo Escobar da prisão, Joe Toft nos enviou à La Catedral para coletar o máximo de informações que pudéssemos. Mas, assim que Steve e eu pousamos na academia Carlos Holguín em Medellín, tivemos que obter autorização oficial para visitar a prisão. Tivemos que nos apresentar formalmente ao comandante — um homem de quem nunca gostamos muito e que assumira o comando quando Hugo Martinez foi enviado à Espanha, após a rendição de Pablo Escobar. O coronel Lino Pinzon era alto e presunçoso — uma figura imponente em seu uniforme da PNC perfeitamente engomado. Sempre tivemos a sensação de que ele nunca nos quis por perto — nós, os norte-americanos — e quem poderia culpá-lo? Talvez sentíssemos a mesma coisa se estivéssemos em seu lugar. Seja como for, quando nos reunimos em seu escritório para discutir a logística de entrar em La Catedral, não houve saudações cordiais nem xícaras açucaradas de *tinto*. Lino Pinzon deixou claro que estava no comando e tomaria as decisões sobre como realizar a nova caçada. Após uma breve conversa, praticamente um monólogo, fomos dispensados. Por mais que a nova missão de capturar Escobar fosse importante para nós, nem eu, tampouco Steve víamos qualquer senso de urgência por parte do coronel.

Nos dias que se seguiram à fuga de Pablo Escobar, a confusão tomou conta da base, e presumo que Lino Pinzon tivesse sua própria maneira de tentar controlá-la. Não havia infraestrutura alguma para capturar Escobar e havia pouco diálogo entre os parceiros policiais, nós e os caras da DIJIN. Como Lino Pinzon estava decidido a comandar com punho de ferro, quando alguns policiais à paisana da DIJIN chegavam na base para trabalhar, ele os saudava formalmente. A ideia era péssima desde o começo, e as coisas só pioraram com o passar dos dias. Os agentes da inteligência colombiana detestavam Lino Pinzon, pois eram obrigados a se levantar às 6h da manhã junto com os outros jovens recrutas da PNC para fazer flexões. E isso depois de terem passado a noite inteira seguindo pistas de Escobar. Os caras da DIJIN não estavam acostumados a responder a ninguém além de seu próprio chefe em Bogotá, no entanto, Lino Pinzon insistia que se reportassem a ele. Na mesma hora, vimos a gravidade da situação e sabíamos que aquilo não daria certo. Um dos nossos primeiros pedidos a Joe Toft foi que insistisse com seu amigo Octavio Vargas Silva, o arquiteto do Bloco de Busca original, para que trouxesse Hugo Martinez imediatamente de volta e lhe devolvesse seu antigo posto de líder do Bloco de Busca em Medellín. Nós praticamente imploramos pela volta de Hugo Martinez, pois sentíamos que ele era o único com quem conseguiríamos trabalhar.

Após as formalidades na academia, Steve e eu voltamos ao helicóptero Huey e fizemos um voo curto até Envigado, a cerca de vinte minutos de distância. O helicóptero teve que pousar em uma colina gramada que ficava cerca de três quilômetros de La Catedral, já que Pablo Escobar havia instalado postes nos arredores da propriedade com o intuito de evitar qualquer tipo de pouso de aeronave armada. No local, havia também um canhão para abater qualquer avião que se aproximasse demais. Preciso lhe dar o devido crédito: Pablo Escobar pensava como um estrategista militar. Sem sombras de dúvidas, ele estava preocupado com os possíveis ataques de seus inimigos do governo e dos cartéis rivais.

Subimos colina acima por uma estradinha de terra batida e esburacada que havia sido parcialmente destruída pelas chuvas e estava repleta de pedras enormes. Fomos recebidos nos portões da prisão por um pequeno grupo de policiais da DIJIN. Eles já haviam feito o reconhecimento de todo o local e indicado o estande de tiro, onde os detentos praticavam tiro, e a casa do carcereiro, que ficava do lado de fora das barreiras de segurança. Nos fundos de La Catedral, havia um buraco na parte de trás do perímetro da cerca. Não era um portão: era somente uma abertura na cerca, de modo que as pessoas pudessem entrar e sair sem passar por nenhum posto de controle. Havia também um campo de futebol em tamanho real, com holofotes para jogos noturnos. Mais tarde, encontramos troféus em diversas celas, indicando que Pablo Escobar realizava seus próprios campeonatos de futebol na prisão.

Após a troca de tiros entre as autoridades colombianas e os homens de Pablo Escobar, o interior da prisão estava um caos.

Pisávamos sobre os estilhaços de vidro das janelas destruídas pelos disparos e as paredes estavam tomadas de buracos de balas.

No edifício principal, havia alguns escritórios para os funcionários da prisão, contornados por dois conjuntos de barras de aço pintadas de verde — as únicas que vimos dentro de toda La Catedral, supostamente construídas para manter as aparências, como se, de certo modo, fosse para provar que o complexo com cara de resort em que estávamos prestes a entrar era de fato uma prisão. Era uma piada interna de Pablo Escobar — mera concessão para as autoridades colombianas de que ele estava realmente em uma prisão, ainda que essa prisão tivesse sido projetada por ele mesmo!

Uma vez que se passava pelas barras, havia uma enfermaria, depósitos, uma cozinha e mais escritórios. Mesas de bilhar e de pingue-pongue e uma pintura a óleo enorme e espalhafatosa de Escobar e do padre Rafael Garcia Herreros tomavam conta do grande espaço de recreação. Pablo Escobar havia doado rios de dinheiro para as obras de caridade do padre católico e, obviamente, usou este para ajudá-lo nas negociações com o governo colombiano na ocasião de seu grande espetáculo de rendição.

A prisão era basicamente o que suspeitávamos — um clube de campo repleto de itens de luxo, como televisores de última geração, geladeiras e equipamento de som. E, apesar disso, ficamos maravilhados com seu design e organização. Nem a inteligência norte-americana nem a colombiana tinham a menor ideia de como os capangas de Escobar conseguiram transportar esses itens enormes até o topo da colina. E nós não tínhamos ideia de como Escobar havia contratado arquitetos e construtores para construir chalés de madeira em uma colina atrás da prisão. Depois, soubemos pelos policiais da PNC que o narcotraficante nunca dormia no mesmo lugar por mais de duas noites consecutivas. Isso incluía sua própria "cela" de prisão. Ele utilizava as casas de campo próximas para festas e dormia noites intercaladas em cada uma delas. Elas eram elegantemente decoradas, com jardineiras de flores, cestos suspensos, tapeçaria e cortinas luxuosas. Uma dessas casas tinha um banheiro que mais parecia um *bunker*, com paredes de cimento armado que deveriam ter mais de um metro de espessura. Um dos quartos de uma das casas tinha uma porta secreta que conduzia a um túnel de fuga rápida para as montanhas. Soubemos que Escobar tinha planos de transformar a prisão em um resort, depois que cumprisse sua pena.

Havia dinheiro enterrado em toda a propriedade, ou pelo menos foi o que nos disseram. Pouco tempo após a fuga, ouvimos boatos de que três policiais de baixa patente que vigiavam a prisão haviam encontrado uma *caleta* escondida com milhões de dólares e haviam mantido a descoberta em segredo. Depois de retornarem à Bogotá, todos se aposentaram. Ninguém nunca comentou sobre a quantia que encontraram, mas provavelmente era muita grana. Ficamos sabendo também que um *campesino* encontrou uma bela soma de dinheiro escondida na margem do rio, retirada de um buraco de terra próximo à prisão. O *campesino* admitira à polícia que havia pegado parte da grana, só que, quando os policiais lhe perguntaram por que não pegou tudo, ele respondeu que estava sem tempo, pois tinha que ir embora logo para ordenhar suas vacas.

Naquelas primeiras semanas intensas e conturbadas em La Catedral, os helicópteros decolavam e pousavam ininterruptamente, transportando um exército de especialistas que vasculhavam os prédios e os arredores. Providenciamos radares terrestres especiais e investigadores especializados para procurar restos mortais enterrados, mas nada foi encontrado no perímetro da prisão.

A própria "cela" de Escobar era um espaçoso quarto e escritório, surpreendentemente arrumado. A cama estava feita e o banheiro era limpíssimo. Escobar tinha uma queda por banheiros limpos e espaçosos, e, cada vez que invadíamos um esconderijo usado pelo narcotraficante, sempre nos deparávamos com um banheiro curiosamente deslumbrante com acessórios novinhos em folha. Seu aposento privado também abrigava uma grande variedade de armas diferentes. O narcotraficante tinha algemas descartáveis e um telescópio de última geração montado perto do parapeito de sua varanda térrea, do lado de fora da porta de sua cela na prisão. Um policial da PNC nos contou que Escobar o usava para ver a esposa e os filhos quando falava com eles pelo telefone.

Em seu escritório adjacente, encontramos um rolo de filme no lixo. Ao revelarmos o filme, vimos fotos de Pablo Escobar, incluindo a famosa imagem dele usando um suéter azul, que transformamos em cartazes de procurado, oferecendo US$2 milhões em troca de informações que levassem à sua captura. O governo da Colômbia ofereceu separadamente mais de US$6 milhões. E, por falar em cartazes de procurado, Escobar tinha uma coleção de todos os cartazes que já haviam sido divulgados contra ele na Colômbia e quase todos os artigos publicados sobre ele em seus arquivos. Havia também pilhas de livros de capa dura autopublicados assinados por Pablo Escobar e seus *sicarios*. Os volumes com capa de couro que destacavam cartoons satíricos ridicularizando os Estados Unidos eram assinados por Escobar e embalados em caixas de presente, também confeccionadas com couro macio da mais alta qualidade. Ninguém nunca descobriu quem os imprimiu. Tínhamos coisas mais importantes a fazer.

Estávamos fascinados com as coisas que encontrávamos e garantimos que tudo fosse fotografado. Além das pilhas de volumes satíricos, encontramos livros sobre como cuidar de pombos-correio. A prisão tinha diversos pombais, inclusive do lado de fora da cela de Escobar. Os pombos eram utilizados para enviar mensagens a vários associados do narcotraficante e a membros do cartel. Dentro do escritório do narcotraficante, também encontramos um cofre vazio. Não restam dúvidas de que ele levou todo o dinheiro que guardara lá para a sua fuga. Havia também lingeries de renda e brinquedos sexuais, incluindo vibradores, cuidadosamente guardados em um closet.

Em seus arquivos de correspondência, meticulosamente organizados, Pablo Escobar guardava todas as cartas de ameaças de seus inimigos. Encontramos também cartas de mães oferecendo suas filhas para fazer sexo com o barão das drogas. A despeito de sua promiscuidade, Escobar era devotado aos filhos. Do lado de fora de sua cela, havia uma área de estar com vista para um playground, com uma casinha de brinquedo com eletricidade e água corrente.

Mais do que depressa, nos juntamos aos policiais da inteligência e a Alonzo Arango Salazar — o subcomandante da DIJIN —, que estava à frente da operação de vasculhar os pertences de Pablo Escobar. Tínhamos um bom relacionamento com Alonzo Arango, que praticamente nos recebeu de braços abertos, e nos juntamos a ele na busca meticulosa pela prisão — um processo que levaria cerca de três meses para ser finalizado. Entre os especialistas que trouxemos estava o agente J. J. Ballestero, da ATF, que permaneceu em La Catedral por várias semanas examinando o enorme arsenal de armas e rastreando o armamento que apreendemos. J. J. estava destacado em Bogotá e fora designado para trabalhar no escritório da DEA na embaixada. Ele não informara aos seus superiores na sede da ATF em Washington que havia se juntado à busca em Envigado, e sua ausência só foi percebida depois de dias de trabalho da prisão. Quando o pessoal da chefia da ATF em D.C. descobriu, imediatamente ordenaram que J. J. retornasse à Bogotá, o que para nós foi péssimo. J. J. conquistara uma reputação espetacular na PNC; ele falava fluentemente espanhol e seu trabalho em La Catedral fora inestimável para nós.

A escapada de J. J. para La Catedral foi um dos momentos mais descontraídos que vivemos durante a busca. O outro foi o desafio proposto por Alonzo Arango. Ele tinha um senso de humor estranho, para dizer o mínimo, e, naquela primeira noite, ficou me provocando para dormir na cama de Escobar. Ao cair da noite, Steve já havia retornado à Bogotá para gerenciar a caçada a Pablo Escobar na sede da DEA, e eu fiquei sozinho com os policiais colombianos e os policiais da DIJIN alocados na prisão. Os policiais colombianos dormiam nos quartos adjacentes ao aposento de Escobar — que antes eram ocupados pelo pequeno exército de *sicarios* do narcotraficante.

Passei somente uma noite na cama de Escobar, e, nas outras noites que dormi na prisão, me juntei aos caras da PNC nos dormitórios. Não havia nada de errado com a cama. Na realidade, era surpreendentemente confortável — grande e feita sob medida, com uma base de cimento e dois colchões firmes empilhados um em cima do outro. Fiz questão de trocar os lençóis e, quando chegou a hora de dormir, me enfiei debaixo do edredom colorido. Um silêncio lúgubre envolveu o quarto, eu me mexia e me revirava, desperto. Não conseguia pegar no sono, ainda que estivesse exausto por conta do voo de Bogotá e do dia agitado e emocionante que passei vasculhando as coisas de Escobar.

Lá fora, o ar da montanha era fresco e revigorante. Estávamos tão longe que a escuridão era completa — tão palpável e profunda que fazia minha pele se arrepiar. Assim que entrei no quarto, notei a imagem da Virgem. Como eu estava totalmente acordado, acendi o abajur da mesa de cabeceira e me levantei para andar pelo quarto. E lá estava ela, iluminada pelo brilho da luz. A santa era de cerâmica — segurava o menino Jesus em seus braços, a verdadeira imagem da serenidade. Não pude deixar de pensar como um cara que matou milhares de pessoas inocentes poderia orar à Virgem Maria e se atrever a buscar sua proteção e sua bênção.

Voltei para a cama, mas fiquei acordado a noite toda tentando compreender Pablo Escobar, como era possível que sua alma maligna abrigasse qualquer indício de bondade, qualquer crença em Deus e na Virgem. Quanto mais eu pensava nisso, mais irritado ficava. Pela minha mente, passavam as imagens dos caixões de policiais assassinados em todos os funerais a que compareci desde que havia chegado à Colômbia, assim como as cenas dos destroços do atentado contra a Avianca e o desespero que se seguiu após o assassinato de César Galán.

Era impossível dormir.

Às 5h da manhã, o tilintar das panelas vindo da cozinha próxima anunciava o fim bem-vindo à minha noite excruciante. Os caras da PNC estavam preparando o café da manhã, e o aroma terroso levemente parecido com nozes do café recém-coado tomou conta do quarto. Particularmente, não gosto de café e quase nunca bebo, mas o cheiro me trouxe de volta à realidade, inaugurando um novo dia e, de alguma forma, renovando minhas energias para a tarefa hercúlea que nos aguardava — levar o narcotraficante assassino à justiça.

STEVE

O frango cozido era o pior: era cinza e enrugado como uma uva-passa, com resquícios de penas ainda saindo da pele dura e recém-depenada. Eu me esforcei para comê-lo com o arroz e as batatas que nos serviam em praticamente todas as refeições na base militar de Carlos Holguín, pois nem sempre tínhamos um pedaço de frango ou qualquer outra proteína. Aquilo era o que os policiais colombianos comiam, e era essencial que demonstrássemos que estávamos com eles no mesmo barco da renovada caçada a Pablo Escobar.

Então, comi o frango. Quando não tínhamos frango, o que nos restava era arroz e batatas. Como os dois eram insossos, colocávamos ketchup no arroz para dar um gostinho. Até hoje, ainda gosto de comer arroz assim.

Com o intuito de ganhar a confiança deles, dormíamos em beliches em dormitórios com até sete policiais cada. Os colchões eram úmidos e encaroçados, e cada um de nós recebia apenas um cobertor fino do exército para se proteger do frio da montanha. De manhã, o chuveiro só oferecia pequenos jatos de água fria. Papel higiênico e sabonete eram luxos.

A base Carlos Holguín era o ponto focal da busca, e tanto Javier quanto eu achávamos importante dividir o dormitório com os policiais locais e suportar as mesmas privações que eles, então eu acabava comendo as refeições com frango. No começo, estávamos sob as ordens de Lino Pinzon, que estava basicamente perdido. Felizmente, nossa pressão para trazer Hugo Martinez deu resultado, e Joe Toft e o embaixador conseguiram persuadir o diretor-geral da PNC, Octavio Vargas Silva, que por sua vez convenceu o presidente colombiano de que Hugo era o único homem para o cargo. Dois meses após a fuga de Pablo Escobar, Hugo Martinez retornou da Espanha e foi para a base Carlos Holguín, a fim de comandar a busca.

Foi quando conheci o general. Ele era alto e estava em ótima forma física. Tinha cabelos pretos e cheios e sempre usava uma farda verde. Era cordial, mas passava um ar profissional de autoridade. Não gostava de bater papo e sempre olhava nos seus olhos quando falava com você. Ouvia o que os outros tinham a dizer e era extremamente educado, mas não deixava dúvidas de quem estava no comando. O general não precisava afirmar que era chefe; você sabia que ele era.

Quando conheci Hugo Martinez, eu já estava na Colômbia há mais de um ano. Foi por causa de Javier que acabei tendo um bom relacionamento com ele. Javier me atestou como seu parceiro, o que fez com que Hugo me acolhesse no Bloco de Busca desde o início. A porta de sua sala estava sempre aberta para mim, e ele era paciente ao lidar com meu espanhol hesitante e com minhas intermináveis perguntas. Eu e Javier não fomos os únicos que ficamos contentes em ver Hugo Martinez de volta ao comando. A sensação de entusiasmo e alívio tomou conta de todas as patentes. De repente, havia um sentimento coletivo de esperança, e todos sentíamos que, desta vez, realmente conseguiríamos capturar Escobar. Javier e eu gostávamos de brincar que estávamos novamente na estrada, pisando fundo, a todo vapor.

Nas semanas logo após a fuga de Escobar, Joe Toft queria garantir que pelo menos um de nós sempre estivesse em Medellín e o outro na embaixada. Nossa tarefa era monitorar a busca na prisão, garimpando qualquer fragmento de informação, mas a prioridade era capturar Escobar. Foi uma época bastante intensa: havia especialistas do serviço de inteligência, analistas indo e vindo, bem como grupos de autoridades governamentais curiosas que se comportavam como turistas mórbidos, já que só queriam espiar a prisão onde o fora da lei mais famoso do mundo residiu por um ano.

Ninguém tirava folga e começamos a trabalhar ininterruptamente. Em Bogotá, todo mundo tentava voltar para casa ao menos uma vez por dia para um cochilo, tomar um banho e trocar de roupa. Era bastante caótico, mas acabou se transformando em um caos controlado. No Natal, nos informaram que um de nós deveria permanecer no país. Javier, que era solteiro, gentilmente se ofereceu para que Connie e eu pudéssemos voltar para casa a fim de vermos nossos familiares. Ele tirava férias em outras ocasiões, no entanto, naqueles dezoito meses intensos da segunda busca, nós praticamente vivíamos e respirávamos Pablo Escobar. Ninguém tinha muita vida social. Eu só via Connie ocasionalmente, e Javier trabalhava sem parar.

De fato, acho que nenhum de nós se importava em trabalhar como loucos. Ambos queríamos a todo custo encontrar Escobar, e sentíamos que a única forma de progredir um pouco era monitorar ativamente a linha de disque-denúncia que havíamos disponibilizado na base e realizar tantas operações quanto Hugo Martinez nos permitisse. Na prática, era contra a política dos Estados Unidos acompanharmos a polícia colombiana nas buscas, e Javier e eu tivemos algumas discussões longas sobre desacatar as ordens que nos obrigavam a permanecer dentro do perímetro do quartel em Medellín. Sabíamos que essas regras existiam para a nossa própria segurança, e todo norte-americano na base tinha que obedecê-las. Contudo, sabíamos também que não era possível fazer nosso trabalho direito ficando na base e simplesmente esperando que a PNC fizesse o trabalho de alto risco — caçar Pablo Escobar e sua organização. Desse modo, logo no início de nossa estadia em Medellín, eu e Javier concordamos que precisávamos acompanhar a PNC, sobretudo a unidade de elite da DIJIN. Decidimos sair da base com a PNC quando sentíamos que era por um bom motivo. E concordamos que não contaríamos isso aos outros norte-americanos. Assim, não colocávamos as pessoas em uma posição incômoda de ter que relatar nossas atividades a Bogotá. Os militares norte-americanos eram inteligentes e provavelmente sabiam o que estávamos fazendo, mas nunca nos perguntaram e nós nunca lhes contamos.

Essa política do não pergunte e não conte perdurou no decorrer do longo um ano e meio em que caçamos Escobar pela segunda vez. Não posso afirmar que Joe Toft sabia que estávamos saindo da base e acompanhando a PNC nas operações e nas missões de vigilância, mas ele era um cara inteligente, então provavelmente suspeitava que alguma coisa estivesse acontecendo. Prova disso é que recebíamos determinadas ordens que sugeriam que ele sabia que estávamos participando das operações. As ordens incluíam não portar armas longas — espingardas ou rifles — ou usar qualquer roupa de cor cáqui que nos fizesse parecer policiais ou militares colombianos. Não questionávamos essas ordens, e Joe Toft nos deixava em paz.

Fazíamos sempre questão de que ele soubesse das informações que estávamos coletando em Medellín, das missões realizadas pela PNC e dos resultados dessas missões. Joe estava ciente de que estávamos compartilhando as informações que havíamos obtido em Medellín com outros escritórios da DEA em todo o mundo, e, assim, ele garantia que tivéssemos os recursos necessário para fazer nosso trabalho. Contudo, ele nunca nos perguntou se saíamos da base e nós nunca mencionamos isso.

Os colombianos também sabiam que estávamos infringindo as regras e eram bastante cuidadosos em nunca nos colocar em uma situação em que nossas vidas corressem risco extremo. Como resultado, sempre permitíamos que os colombianos assumissem a liderança. Em contrapartida, eles se empenhavam para garantir que não corríamos perigo, ainda que isso fosse meio que ilusão, já que arriscamos a vida todo santo dia em que estivemos em Medellín.

No entanto, nossos problemas mais espinhosos não tinham nada a ver com o perigo que nos cercava, com a comida ruim, com nossa relação com os policiais colombianos ou mesmo com as longas horas de trabalho. Ainda hoje, me dói admitir que nossos maiores obstáculos na caçada épica a Pablo Escobar eram, muitas vezes, nossos compatriotas norte-americanos. Na Colômbia, as relações entre a DEA e as agências de inteligência dos EUA, como a CIA e a NSA eram, na melhor das hipóteses, tensas. Havia uma competição doentia entre nós e a CIA, até mesmo porque o chefe da base da CIA na Colômbia parecia menosprezar nosso trabalho.

Visto que éramos os agentes principais da DEA na Colômbia, eu e Javier estávamos focados em cumprir a lei e levar Pablo Escobar à justiça. De modo geral, estávamos sempre procurando evidências que pudessem ser usadas contra qualquer traficante de drogas em um tribunal dos Estados Unidos. A missão da CIA era diferente, e seu foco eram os grupos insurgentes, como as FARC e suas conexões com os regimes comunistas. Ao assassinar dezenas de policiais colombianos, as FARC se tornaram tão poderosas que, em 9 de novembro de 1992, César Gaviria declarou estado de emergência. O presidente os criticou severamente, chamando-os de "terroristas, assassinos e sequestradores, um bando de fanáticos desequilibrados que não leram os jornais nem a história do fim do totalitarismo comunista". E, logicamente, César Gaviria sabia que as FARC não tinham mais como objetivo apenas divulgar sua ideologia marxista. Como ele bem observou: "Eles só buscam o enriquecimento de seus líderes e o crescimento de sua renda, oriunda de sequestros, extorsões, assassinos de aluguel e pagamentos por proteção."

O estado de emergência de César Gaviria foi uma dádiva à caçada de Pablo Escobar; significava que qualquer criminoso que nos desse informações úteis para a captura do narcotraficante teria uma redução substancial em suas penas. Embora o tribunal constitucional da Colômbia — o órgão judicial mais importante do país — tenha invalidado esse dispositivo em maio de 1993, nos beneficiamos dos poucos meses em que esteve em vigor, coletamos uma quantidade imensa de informações de assassinos capturados e criminosos de segunda categoria que nos deram pistas valiosas sobre Pablo Escobar.

De início, recebemos um monte de dados e informações que comprovavam a íntima relação das FARC com os cartéis de cocaína. Sabíamos que os membros das FARC estavam fazendo a segurança dos laboratórios de cocaína do Cartel de Medellín que ficavam na selva. Obedientemente, passamos essa informação ao pessoal da CIA. No entanto, a liderança da CIA parecia não querer admitir que havia um ponto comum entre as drogas e o comunismo, já que isso misturava as coisas, ou talvez houvesse outras razões que nunca nos foram reveladas. E, apesar disso, estabeleceu-se uma péssima relação de trabalho entre a DEA e a CIA — e a parte mais triste foi que tanto os cartéis de drogas quanto os grupos insurgentes se beneficiaram dessa disputa interna.

Em Medellín, as FARC até conseguiram semear a discórdia entre nós da DEA, a Força Delta do Exército dos Estados Unidos e o SEAL Team Six da Marinha, destacados na base Carlos Holguín logo após a fuga de Pablo Escobar. Desde o primeiro momento, ficou claro que os agentes espiões tinham acesso a informações ultrassecretas sobre Escobar, mas se recusavam a compartilhá-las conosco porque não tínhamos as autorizações de segurança "adequadas". Foi necessária a intervenção de Joe Toft, que recorreu ao embaixador norte-americano, Morris Busby, para obtermos acesso e, mesmo assim, a CIA relutantemente nos entregou as informações aos poucos e pela metade. Ainda me recordo da humilhação de entrar em seus escritórios na embaixada dos Estados Unidos em Bogotá. Sempre que íamos até lá, o pessoal da CIA ligava uma luz azul piscante em todo o escritório para que todos soubessem que havia um "estranho" entre eles. Éramos então obrigados a nos sentar em uma mesa de tamanho infantil que ficava do lado de fora da sala do chefe da divisão e de seu assistente, onde tínhamos a permissão para analisar as informações. E sempre havia dois pares de olhos observando tudo que fazíamos. Acredite em mim, nunca nos sentimos bem-vindos.

Por fim, nunca achamos que as informações da CIA tinham muita serventia para nossa missão. Em muitos casos, descobrimos que seus cabogramas tinham exatamente a mesma informação que havíamos relatado dias antes. Apesar disso, esses relatórios nunca mencionavam que a informação vinha da DEA! Seja qual fossem as informações nos relatórios da CIA, elas sempre eram atribuídas a uma "fonte de informação confiável". Obviamente, isso demonstrava que a CIA tinha acesso a todos os nossos relatórios e cabogramas, mas nós não desfrutávamos da mesma cortesia profissional.

As coisas pioraram a tal ponto que eu e Javier acreditávamos que a CIA estava grampeando nossos telefones residenciais com o intuito de descobrir eventuais informações discutidas entre nós. Em termos legais, a CIA não pode investigar cidadãos norte-americanos, logo, se isso aconteceu, a agência cometeu um crime. Não tínhamos prova disso, mas nos deparamos com diversas situações em que a CIA sabia todos os detalhes de nossas conversas. Além do mais, quando desligávamos o telefone após a ligação, pegávamos o fone imediatamente depois e não escutávamos nada além do silêncio na linha; nunca ouvíamos o sinal de discagem. E, quando esperávamos na linha, escutávamos vários *cliques* antes que o sinal de discagem retornasse.

Será que estávamos paranoicos demais? Talvez, mas não correríamos esse risco, já que aquela era a missão mais importante de nossas carreiras. Se a CIA não estava monitorando nossos telefones, talvez o governo colombiano estivesse. Em uma viagem de volta aos Estados Unidos, comprei alguns aparelhos de fax. Instalamos um no apartamento de Javier, outro na minha casa em Bogotá e outro na base Carlos Holguín. Já tínhamos um em nosso escritório na embaixada. Naquela época, a tecnologia de interceptação de fax era relativamente nova e pouco utilizada, então, sempre que Javier e eu tínhamos algo importante a dizer, escrevíamos em um pedaço de papel e enviávamos por fax.

Quando precisávamos falar ao telefone, tínhamos nosso próprio código secreto. Usávamos diferentes termos para que ninguém soubesse exatamente a que nos referíamos. Boa parte de nossas conversas eram na base de inferências, caso você não soubesse do que ou de quem estávamos falando, era bem provável que não conseguisse descobrir. Para falar de determinados criminosos, usávamos apelidos ou outras palavras que somente nós dois conhecíamos. Às vezes, nos referíamos a uma pessoa de quem falamos antes sem mencionar seu nome. Quando se tratava de locais, nos referíamos a eventos anteriores que ocorreram dentro ou próximo a esse determinado local, em vez de dizer exatamente onde era. Para eventos, usávamos um exemplo parecido que já havia ocorrido. Por exemplo, para falar sobre um alvo atual, nos referíamos a um traficante que já havia sido morto anteriormente em um tiroteio com os policiais. Se tivéssemos informações sobre um local fora de Medellín, nos referiríamos a esse local mencionando alguém que ambos conhecíamos e que morava lá. Por exemplo, caso falássemos sobre Barranquilla, dizíamos: "onde Gary mora", ou se fosse sobre Cali, falávamos "onde Javier e Max trabalham", se fosse Miami "onde eu morava." Nova York era "onde Sam estava".

Em retrospecto, talvez fôssemos demasiadamente cautelosos, mas estávamos com os nervos à flor da pele, vivendo em um lugar onde éramos alvos de criminosos, ambos tínhamos recompensas de centenas de milhares de dólares por nossas cabeças. Sim, éramos paranoicos. E, conforme a caçada a Pablo Escobar se intensificava, ficamos ainda mais cismados. Javier e eu sabíamos que não podíamos confiar em ninguém. E, após a CIA ameaçar prender Javier, sabíamos que estávamos por conta própria.

JAVIER

A voz de Pablo Escobar era inconfundível, mesmo com a estática do rádio. Era uma voz profunda e grave. Ele disparava a falar fragmentos soltos de frases com um acentuado sotaque *paisa*. Aparentemente, o narcotraficante ficava contente em falar com seu filho adolescente, Juan Pablo, com quem conversava todos os dias às 17h. Mas, após sua fuga, nossa capacidade de rastrear essas ligações ficou prejudicada e os oficiais da inteligência colombiana na base da PNC praticamente não conseguiram ouvir nada por quase quatro meses, principalmente porque não estavam operando na frequência de rádio correta.

Eu consegui a frequência de rádio com uma fonte que trabalhava no gabinete do procurador-geral. A fonte havia conversado diversas vezes com Juan Pablo para negociar uma rendição. Ele havia memorizado a frequência e passado para mim. Mais tarde, ele foi morto pelos capangas de Escobar. Repassei a frequência de rádio para dois agentes da CIA destacados na base Carlos Holguín.

Tínhamos um centro de coleta de dados próprio na base, operado por funcionários da PNC. O governo da Colômbia também disponibilizou uma linha de disque-denúncia e ofereceu uma grande recompensa para quem fornecesse informações sobre o paradeiro de Escobar. O governo colombiano pagava por anúncios televisivos e incentivava seus cidadãos a ligar para o número para fornecer pistas. Com a empolgação dedicada aos prêmios de loteria, os anúncios prometiam até US$6,2 milhões e uma vida nova no exterior para qualquer um que desse informações que levassem à captura de Pablo Escobar.

Na Colômbia, vistos norte-americanos eram muito valorizados. E, em troca da promessa de um visto, Steve e eu conseguíamos muitas informações com os policiais de baixa patente e com os oficiais da inteligência da base com os quais tínhamos amizade. Quando eles queriam fugir das escassas rações da base, nós os levávamos para o bar Candilejas, ali perto, e pagávamos lanches e cervejas. Os majores Hugo Aguilar e Danilo Gonzalez se tornaram bons amigos e sempre compartilhavam informações com a gente. Ambos trabalhavam dia e noite, e eram responsáveis por muitas das operações bem-sucedidas contra o Cartel de Medellín. Assim que os colombianos descobriram que conseguíamos intermediar vistos dos Estados Unidos por meio de um programa especial da embaixada que agilizava toda a papelada em troca de cooperação e informações a respeito de Pablo Escobar, eles praticamente fizeram fila para nos ajudar! Preenchíamos um formulário oficial alegando que estavam nos ajudando e eles obtinham um visto de entrada de cinco anos, o que significava ouro para eles. Logo, tivemos uma enxurrada de pedidos de vistos de outros oficiais. No final das contas, isso era ótimo para nós, pois construímos mais relações pessoais, o que nos ajudava a desempenhar um trabalho melhor.

Na base, ficamos atolados com tantas chamadas do disque-denúncia. Às vezes, quem ligava só queria falar com um gringo, porque não confiava na polícia colombiana. Desse modo, durante a minha estadia, eu passava a maior parte do tempo no centro de coleta de informações. Toda vez que Steve e eu respondíamos à linha de disque-denúncia, nos encontrávamos com os possíveis informantes em um terminal rodoviário de Medellín. Não queríamos que eles fossem até o Bloco de Busca. O disque-denúncia e o centro de coleta de informações eram monitorados 24 horas por dia.

O principal objetivo do centro de coleta de informações era interceptar as conversas de Pablo Escobar e dos membros do cartel na tentativa de localizar e capturar o máximo de criminosos que pudéssemos encontrar. O acesso ao centro se dava pela sala de Hugo Martinez, onde havia uma estante de livros embutida na parede. Dentro da estante havia um botão secreto. Quando apertávamos o botão, havia o desbloqueio do mecanismo que mantinha a estante de livros no lugar. Assim que o mecanismo era desbloqueado, a estante se abria para a sala do coronel, de modo que conseguíamos entrar no centro de coleta de informações. A CIA tinha pleno conhecimento do centro de coleta de informações da PNC e, meses depois de iniciada a nova busca por Pablo Escobar, os agentes abordaram Hugo Martinez para também montar a sua própria sala secreta. Ele concordou, desde que seus homens tivessem acesso a todas as informações coletadas pela CIA.

O centro de coleta de informações da CIA na base Carlos Holguín era minúsculo, e cada espaço disponível no chão parecia estar tomado por pilhas de documentos, computadores e uma pequena máquina — como um rádio amador — que interceptava as frequências de rádio. Empurrei para o lado alguns documentos que estavam em uma cadeira e me sentei, já prevendo a ligação de Escobar para o filho no final da tarde. Pontualmente às 17h, os dois agentes da CIA que monitoravam o rádio fizeram sinal para que eu me aproximasse.

Tínhamos conseguido interceptar a ligação!

Soube de imediato que era Pablo Escobar, depois de ouvir sua voz em interceptações telefônicas ao longo dos últimos anos. Ele falava rápido e tinha um sotaque carregado, uma espécie de sotaque do sul dos Estados Unidos, mas em espanhol, seguido pelo uso do marcador de discurso *pues* (pois bem, então) depois de algumas palavras. Após anos estudando seus hábitos, já conhecíamos seus códigos. Por exemplo, *los tombos* era a expressão para se referir aos chapéus estilo safári de três pontas usados pela PNC. Ele usava números para se referir às localizações. *Caleta 3* era uma fazenda esconderijo. Ao ouvirmos a breve conversa, ficamos extasiados. Novamente, era a primeira vez em meses que tínhamos notícia dele. Os agentes da CIA gravaram a ligação e depois a reproduziram para mim em uma fita cassete. Perguntei se poderia levar a fita ao coronel Hugo Martinez para que ele ouvisse a conversa entre o narcotraficante e seu filho. Assim que concordaram, atravessei o corredor para abordar Hugo e lhe disse que tinha uma surpresa. Ele soube na mesma hora que era uma boa notícia, então ocupamos nossos lugares na salinha e nos aproximamos o máximo possível da mesa onde estava o gravador. Só posso descrever como uma expressão de pura alegria a que inundou o semblante de Hugo Martinez, quando ele ouviu Escobar e Juan Pablo conversando em meio à estática. Todos ouvimos atentamente a breve conversa, que detalhava que Juan Pablo precisava entrar em contato com o procurador-geral Gustavo de Greiff Restrepo para negociar a rendição do pai. Sem o conhecimento do presidente, Gustavo de Greiff estava jogando sujo e oferecendo secretamente proteção e uma pena reduzida a Pablo Escobar, desde que se entregasse. Descobrimos que Gustavo de Greiff queria ser o próximo herói colombiano e ainda aproveitar a situação para se eleger presidente da Colômbia. Ele estava negociando o acordo de rendição por meio de um de seus promotores em Medellín que, não se sabe como, se tornou amigo de Juan Pablo e acabou me dando a frequência de rádio. No rádio-telefone, o narcotraficante insistia ao filho que lhe arranjasse o melhor acordo de rendição possível no gabinete de Gustavo de Greiff. Ele estava disposto a voltar para a prisão, afirmou ao filho, mas tinha que ser para La Catedral ou outra prisão em Medellín.

"Dios te bendiga", disse Escobar ao expressar a bênção familiar por meio da qual encerrava todas as conversas com Juan Pablo. Ele sempre dizia que amava o filho e finalizava com *"agate pues!"* — "vá logo então!" Em seguida, ouvimos um *clique*, que significava que ele tinha desligado o rádio-telefone.

Hugo Martinez estava bastante animado e, ao voltarmos para seu escritório, ele me pediu uma cópia da fita cassete, que concordei em fornecer. Achei que não haveria problema algum e, quando voltei à sala minúscula, pedi uma cópia aos caras da CIA. Eles me falaram para voltar em meia hora. Fui para o meu dormitório escrever um relatório sobre a conversa que escutei na fita e, cinco minutos depois, alguém bateu na porta. Era um oficial da PNC, e ele disse que os gringos — o modo como os policiais colombianos se referiam a todos os norte-americanos, inclusive à CIA — queriam falar comigo. Quando retornei à salinha, os caras me deram o telefone. O chefe da divisão da CIA estava na outra linha praticamente aos berros.

"Em hipótese alguma você vai dar uma cópia dessa fita a Hugo Martinez", gritava. "Fui claro, Javier Peña?"

Para ser honesto, não estava nada claro.

Quando hesitei, a voz raivosa do outro lado da linha ameaçou me prender sob a acusação de traição.

Traição?

Meu sangue gelou e me recordei imediatamente das humilhações que sofri nos últimos dias no estágio pela Texas A&M University. Eu me senti como o jovem recruta nervoso sentado na frente do comandante da prisão de Huntsville que me chamava de mexicano preguiçoso e ameaçava arruinar minha carreira policial antes mesmo de começar. E tudo porque eu só queria mudar meu turno para ir a um casamento de família.

Só que, à medida que eu ouvia o discurso enfurecido do chefe da divisão da CIA, percebi que alguma coisa não estava certa. Mesmo assim, ele repetiu a ameaça e eu encerrei a conversa prometendo com relutância que não compartilharia a gravação com Hugo Martinez.

Abalado e enfurecido, retornei ao meu quarto e, enquanto tentava falar com Joe Toft em Bogotá, outro oficial da PNC bateu na minha porta. Desta vez, era Hugo Martinez que queria me ver. Caminhei vagarosamente até a sala do coronel, pensando em como lhe daria a notícia bombástica. No final, decidi ser franco com o homem que era praticamente nossa única esperança de capturar Pablo Escobar.

Até hoje, eu nunca me esquecerei da expressão de traição e tristeza estampada no rosto de Hugo Martinez quando lhe contei sobre o ocorrido com a fita. Quanto a mim, estava completamente envergonhado em sua presença. Lá estava eu, em sua sala, em sua base protegida pelas suas tropas. Nós, norte-americanos, estávamos lá como convidados. Eu lhe disse que, se estivesse em seu lugar, botaria para correr imediatamente todos os gringos, inclusive a DEA.

Não havia mais nada a dizer, e não parecia digno da minha parte tentar explicar a inveja e rivalidade mesquinhas entre agências que, supostamente, eram a causa daquele incidente.

Passei a frequência a Hugo Martinez, ele a escreveu em um pedaço de papel e deu a um de seus homens da sala de rádio. Em seguida, ele partiu para Bogotá para consultar seu chefe, o general Octavio Vargas Silva. A controvérsia desnecessária em torno de uma fita cassete quase pôs fim à nossa cooperação com os policiais mais competentes e esforçados da Colômbia. Tenho certeza de que houve ligações desesperadas entre Joe Toft e Octavio Vargas para apaziguar a iminência de um incidente internacional.

Decepcionado, voltei ao meu beliche, reiniciei meu notebook desengonçado e continuei a escrever meu relatório.

STEVE

A carta de Pablo Escobar foi escrita à mão em letras maiúsculas em uma folha sem pauta e endereçada à base Carlos Holguín para o coronel Hugo Martinez. Foram enviadas também cópias ao procurador-geral de Justiça da Colômbia, ao governador de Antioquía e ao prefeito de Medellín. A assinatura incluía uma impressão digital de seu polegar.

"Fui avisado das ameaças telefônicas dirigidas à minha mãe e ordenadas por você um dia depois que o 'pessoal' sob seu comando explodiu um carro-bomba em um prédio, onde moram alguns de meus parentes. Quero que saiba que suas ações terroristas não interromperão minha batalha e que minhas posições não mudaram."

A carta era de 28 de janeiro de 1993 e, quando a lemos, sabíamos o que significava: Pablo Escobar estava desesperado. Sabíamos que suas legiões de assassinos leais estavam sendo mortas, suas propriedades estavam sendo destruídas ou apreendidas e sua família estava correndo perigo. Mas, enquanto o Bloco de Busca apertava o cerco, as ameaças vinham também de outro lado. Seus inimigos decidiram se vingar e "eliminar Pablo Escobar da face da Terra".

O sombrio grupo de justiceiros se autodenominava *Perseguidos por Pablo Escobar*. Los Pepes, como se intitulavam, eram financiados por membros rivais do Cartel de Cali e pelos remanescentes das famílias Moncada/Galeano — parentes dos traficantes Gerardo Moncada e Fernando Galeano, cujos brutais assassinatos em La Catedral levaram à fuga de Pablo Escobar da prisão.

"Queremos que Pablo Escobar sinta na própria pele as consequências de sua índole terrorista", afirmou o grupo em seu primeiro comunicado à imprensa em janeiro de 1993. "Sempre que Pablo Escobar praticar um ato de terrorismo contra pessoas indefesas, responderemos com um ato semelhante."

Nos primeiros meses de 1993, o grupo Los Pepes iniciou uma campanha de vingança mortal — a política de extermínio resultou no assassinato de mais de vinte dos associados próximos a Pablo

Escobar e levou à detonação de onze carros-bomba em Medellín. Além de assassinar muitos dos advogados, contadores e sócios do narcotraficante, o grupo perseguia as empregadas domésticas que limpavam as casas de sua família e os tutores que ensinavam seus filhos. O grupo também atacava as casas de parentes distantes de Escobar, obrigando muitos a deixar o país. Alguns deles tentaram fixar residência no Chile, mas as autoridades não permitiam que ficassem, pois morriam de medo.

Ao ter como alvo as pessoas e as propriedades mais estimadas de Pablo Escobar, a vingança de Los Pepes tinha basicamente um significado teatral e simbólico. Vejamos La Manuela, a fazenda de oito hectares localizada perto da cidade natal do narcotraficante, Rionegro. A fazenda era uma das residências favoritas de Pablo Escobar, e o nome era uma homenagem à sua filha. Tinha um campo de futebol, quadras de tênis e até uma discoteca na espaçosa casa ao estilo colonial que dominava a propriedade. O grupo ateou fogo em boa parte da fazenda. Mais tarde, os saqueadores se dirigiram até os escombros carbonizados da mansão com o objetivo de vasculhar as paredes, na esperança de encontrar pacotes de dinheiro escondidos. Até mesmo a valiosa coleção de carros antigos de Pablo Escobar se tornou um alvo, quando Los Pepes incendiaram o depósito em que o narcotraficante guardava seus carros vintage, incluindo um Pontiac 1933 que Escobar alegava ter pertencido a Al Capone.

Em sua carta a Hugo Martinez, talvez Escobar ainda não soubesse quem eram os autores dos novos ataques contra ele e sua família. Continuava a culpar a PNC e teve o desplante de recriminá-los pelo uso de tortura e violência contra seus capangas. Em sua carta, ele menciona as "centenas de jovens que você matou em seu centro de tortura na escola preparatória da base Carlos Holguín".

Se ocorria algum tipo de tortura na base, nunca ficamos sabendo. Nos dezoito meses em que eu e Javier nos alternamos para morar lá, sempre estivemos cercados por representantes de diferentes áreas das agências de repressão ao crime e por supervisores de direitos humanos nomeados pelo próprio gabinete da procuradoria-geral de Bogotá, que ficavam de olho tanto na gente quanto na polícia colombiana. Eram entidades fiscalizadoras cujo trabalho era assegurar que nenhuma violação dos direitos humanos ocorresse na base Carlos Holguín. Além dos colombianos, nossos colegas norte-americanos da CIA e do SEAL Team Six também relatavam nossas atividades à embaixada.

Quando a PNC interrogava um acusado na base — ou, aliás, em qualquer lugar —, nunca estávamos presentes. As autoridades colombianas nos contavam depois o que haviam conseguido do acusado ou nos enviavam um relatório informativo. Se a PNC quisesse que pagássemos o informante, preenchíamos a papelada da DEA e o interrogávamos. Estávamos dispostos a fazer vista grossa para determinados procedimentos pouco ortodoxos a fim de realizar nosso trabalho, mas nem Javier nem eu nunca ultrapassamos os limites. Afinal de contas, as regras da DEA são absolutamente claras quanto às nossas obrigações. Além de defender a Constituição dos Estados Unidos onde quer que estivéssemos, éramos proibidos de submeter as pessoas detidas "a qualquer tratamento cruel ou desumano" e "se esse tipo de tratamento fosse observado por qualquer representante da DEA, ele deveria se retirar para sinalizar sua desaprovação".

O que poderíamos oferecer a uma pessoa detida, se achássemos que as informações eram necessárias, era dinheiro e, às vezes, uma nova vida nos Estados Unidos. Na zona de guerra brutal que era a Colômbia durante a segunda caçada a Pablo Escobar, a preocupação mais importante de um acusado sempre foi a segurança. Caso Escobar soubesse que um de seus ex-pistoleiros havia cooperado com a polícia ou conosco, a pessoa estaria praticamente condenada à morte. Oferecíamos aos detidos segurança e a oportunidade de serem realocados em um local não revelado nos Estados Unidos.

Se precisássemos de um lembrete de que Pablo Escobar estava disposto a atacar, mesmo encurralado e desesperado, bastava ler as cartas que ele enviava a Hugo Martinez com cada vez mais frequência desde que Los Pepes entraram em cena. Escobar havia declarado guerra total à Colômbia em meados de janeiro de 1993, duas semanas antes de enviar a primeira carta a Hugo.

"Vou tomar medidas de retaliação contra os parentes dos governantes", escreveu ele em letras maiúsculas. "Não se esqueça de que você também tem família."

Hugo Martinez conhecia bem as ameaças. Pablo havia pagado um cozinheiro para tentar envenenar sua comida, aliciou um cadete policial para atirar nele, ateou fogo em sua casa e enviou um de seus ex-colegas, durante a primeira caçada em 1990, com o intuito de lhe oferecer um suborno de US$6 milhões para interromper a guerra contra ele, na época do primeiro Bloco de Busca. Em troca do suborno, Escobar queria que o coronel encerrasse a busca ou, melhor ainda, fingisse continuar a caçada, mas sem prejudicar Pablo Escobar. A coisa chegou a tal ponto que, enquanto Hugo Martinez ouvia a escuta do telefone de que Pablo, o chefão do narcotráfico se dirigiu a ele pessoalmente. "Coronel, eu vou matá-lo", disse Escobar. "Eu vou matar toda a sua família até a terceira geração, e então vou desenterrar seus avós, atirar neles e enterrá-los novamente. Você está me ouvindo?"

Mas, se Hugo Martinez se sentiu amedrontado, tentava não deixar transparecer, ainda mais perto de seus homens da PNC. Durante a segunda caçada a Escobar, ele tomou precauções para garantir a segurança de sua família. Levou a família toda para a base, onde poderia ficar de olho. Eles moravam em uma casa na academia de polícia, que provavelmente era o local mais seguro de Medellín. A mudança teve que ser autorizada por Octavio Vargas, pois quase todos os policiais que trabalhavam na caçada a Escobar queriam morar lá com suas famílias.

O filho do coronel, o tenente Hugo Martinez, também trabalhava na base. Como seu pai, ele era alto e magro, sempre barbeado e com uma postura profissional — o tipo de pessoa que você passa a gostar imediatamente assim que a conhece. Embora seu pai fosse o líder do Bloco de Busca, ele não parecia arrogante ou esnobe. O tenente tinha conhecimentos técnicos e aprendeu a utilizar um equipamento de localização de frequência de rádio (RDF) ou radiogoniômetro. A radiogoniometria é a arte de localizar uma determinada frequência de rádio. Dentro do espectro de radiofrequência, existem milhares de frequências, e o desafio era tentar encontrar a que Escobar estava usando. O narcotraficante basicamente usava rádios-telefone que funcionavam em frequências de rádio para se comunicar com sua família. Como sabia que estávamos ouvindo as suas ligações, ele mudava constantemente de frequência para frustrar nossas tentativas.

O jovem tenente sempre nos falava a respeito de seu aprendizado sobre o rastreamento das frequências e saía pela cidade para praticar com seu equipamento RDF. Nessas práticas, tentava triangular as conversas telefônicas usando o equipamento. Em seguida, ele retornava à base e se reunia com seu pai para analisar o que havia encontrado. Eles também consultavam outros especialistas técnicos. Quando voltava de seus diversos exercícios militares, o tenente tentava explicar o que havia aprendido, quais erros havia cometido e como fazia para corrigi-los. Javier e eu éramos de pouca serventia, pois era uma área que não dominávamos nem tínhamos experiência. Além do mais, me faltava o vocabulário técnico em espanhol para realmente compreender o que ele falava, logo, suas explicações detalhadas fugiam ao meu entendimento.

Alguns caras da PNC não levavam muita fé no equipamento usado pelo tenente, mas talvez fosse só um pouco de ciúmes por ele ser filho do coronel. Quanto ao coronel, não estava nada contente com o envolvimento de seu filho na caçada a Pablo Escobar, em grande parte devido ao perigo.

Quando se tratava de sua família, Hugo Martinez era compreensivelmente protetor. E Javier e eu não pudemos deixar de notar que ele ficara bastante assustado com a primeira carta de Pablo Escobar. E quem não estaria? Em um impulso de pânico absoluto, ele ameaçou deixar o Bloco de Busca, e nós mais do que depressa arranjamos vistos dos Estados Unidos para toda a sua família. Mas, no fim das contas, eles aguentaram firme. Talvez fosse o entusiasmo da segunda caçada a Pablo Escobar. Em nossos íntimos, sabíamos que algo havia mudado; a vida de foragido do narcotraficante estava chegando ao fim. E sua preocupação com a segurança de sua esposa e filhos beirava o desespero. Ele tentava a todo custo tirar a família da Colômbia e, um mês depois de enviar sua carta recriminando e ameaçando Hugo Martinez, Escobar disse à sua esposa, Maria Victoria, para levar sua filha de 8 anos, Manuela, e seu filho de 17 anos, Juan Pablo, para Miami. Contudo, quando eles tentavam embarcar no Aeroporto Internacional de Bogotá, as autoridades colombianas não permitiram.

Pablo Escobar ficou tão surtado que recorreu ao governo norte-americano para ajudar a sua família. Em uma entrevista ao jornal *The New York Times,* realizada por fax na época em que ainda era foragido, ele prometeu se entregar se os Estados Unidos garantissem a segurança de sua esposa e filhos e lhes fornecesse visto de residência.

Claro que rejeitamos a oferta. Então a guerra continuou.

Fosse por causa da PNC ou de Los Pepes, achávamos que Pablo Escobar não tinha escapatória. Menos de dois meses depois de sua carta chegar à base, ele foi atingido por um golpe quase fatal. Javier estava em Medellín quando alguns membros do Bloco de Busca saíram em uma operação para capturar Mario Castaño Molina, mais conhecido como El Chopo, o tenente mais importante de Escobar. El Chopo era responsável por coordenar as atividades terroristas de Escobar e por organizar o exército cada vez menor de *sicários* que ainda eram leais ao chefe. Pessoalmente, ele também era responsável por dezenas de assassinatos. A PNC soube de seu paradeiro depois que seus colegas da DIJIN invadiram uma fazenda nas imediações de Medellín, onde Escobar armazenava dinamite e armas. Em troca da redução de pena, os dois *sicários* capturados na fazenda disseram às autoridades onde encontrar El Chopo, que estava hospedado em um hotel em Medellín. Hugo Martinez estava bastante entusiasmado por ter rastreado o número dois de Escobar e disse à força-tarefa composta de oito homens da DIJIN que queria El Chopo vivo. Ele tinha certeza de que o braço direito sabia o paradeiro de Pablo Escobar. Nesse meio--tempo, os agentes da DIJIN tinham grampeado o telefone de El Chopo no hotel e aguardavam para atacar quando interceptaram uma ligação do assassino pedindo o almoço. Quando os caras da DIJIN chegaram ao hotel, foram direto bater em seu quarto.

"Senhor, seu almoço", disse um dos policiais, ao mesmo tempo que os outros homens empunhavam suas armas.

Ao abrir a porta, um dos agentes tentou propor um acordo a El Chopo: eles não o matariam em troca de informações sobre a localização de Pablo Escobar. Mas o assassino não deu ouvidos. El Chopo sacou sua pistola automática Browning calibre 9mm e começou a atirar descontroladamente. No entanto, em clara desvantagem, acabou baleado pelos agentes da DIJIN. Ele morreu na hora, seu corpo deformado por 48 perfurações de bala. Embora não tivesse conseguido obter informação alguma de El Chopo a respeito de Escobar, o Bloco de Busca desferira o primeiro de uma série de golpes mortais no traficante. Octavio Vargas ficou tão eufórico que pegou um voo de Bogotá e foi a Medellín para parabenizar pessoalmente os membros do Bloco de Busca pelo excelente trabalho policial.

Em um relatório sigiloso que elaboramos para Joe Toft sobre o que chamamos de Operação Medellín, em março de 1993, registramos: "Pablo Escobar está preocupado e sob extrema pressão devido às constantes operações cotidianas da PNC para prendê--lo. Até o momento, a PNC cumpriu cerca de 3 mil mandados de busca e apreensão com o objetivo de prendê-lo." Os alvos eram os contadores, advogados e financistas, bem como os *sicarios* de Escobar. As autoridades apreenderam mais de US$14 milhões em bens do narcotraficante, incluindo três fazendas na área de Medellín. Vinte e cinco pistoleiros leais a Escobar foram mortos, tanto pela PNC quanto por Los Pepes. Outras 95 pessoas foram presas e 22 se renderam por livre e espontânea vontade às autoridades.

No entanto, os danos colaterais também foram graves. Entre 22 de julho de 1992, quando Escobar escapou, e meados de março de 1993, quando escrevemos nosso relatório a Joe Toft, 136 policiais foram mortos em serviço pelos pistoleiros de Escobar. O número de mortos em todo o país também aumentou nesse período. Foi o ano mais nefasto da Colômbia, com quase 29 mil homicídios registrados em 1992, em comparação aos 25.110 do ano anterior. Em Medellín e Bogotá, 112 civis morreram em ataques aleatórios de carros-bomba e 427 ficaram feridos.

Cerca de um mês após a morte de El Chopo, Connie e eu estávamos em Bogotá e, quando voltamos para casa, nuvens cinzentas de fumaça pairavam sobre nós — as consequências de uma poderosa explosão de carro-bomba. Já tínhamos visto a notícia na embaixada e perdemos até o rumo ao assistir ao frenesi: os escombros, a fumaça e os rostos cobertos de sangue das testemunhas estarrecidas por causa da explosão de um carro-bomba no Shopping Centro 93, localizado na sofisticada zona norte da cidade, a poucos quarteirões de onde morávamos. Vinte pessoas morreram, incluindo quatro crianças. A detonação de um carro--bomba com quase duzentos quilos de explosivos transformou o moderno shopping center em um amontoado de escombros. As lojas que ficavam em uma movimentada rua secundária também foram completamente destruídas, e mais de duas dúzias de carros que estavam em um estacionamento próximo e parados nessa mesma rua viraram uma massa cinzenta. A explosão deixou boa parte da zona norte da cidade envolta em uma espessa nuvem de fumaça, mesmo horas após a detonação.

Connie e eu tínhamos ido àquele shopping diversas vezes; dois dias antes da explosão, Connie tinha dado um pulo lá. A fachada do shopping era inteira de vidro, então, quando o carro-bomba explodiu, você já deve imaginar o que aconteceu: milhões de cacos de vidro voaram pelo ar matando e mutilando quem estivesse em seu caminho.

Naquela noite, quando voltamos para casa, Connie e eu assistimos às cenas televisivas dos bombeiros carregando os corpos sem vidas de criancinhas. Ao que parece, quando o carro-bomba explodiu, muitas mães estavam no shopping com seus filhos, comprando material escolar. Ainda acredito que o verdadeiro alvo da bomba era uma das drogarias pertencentes aos líderes do Cartel de Cali do outro lado da rua do shopping, mas a explosão cumpriu o intento para o qual foi designada — semear o pânico em toda a Colômbia. Após assistir a toda aquela carnificina, nossa primeira reação foi o choque: como alguém poderia ser tão cruel? Depois veio a raiva do que havia acontecido novamente com tantas pessoas inocentes. E tudo ainda piorou muito devido às mortes e aos ferimentos das crianças.

Até hoje as cenas de sofrimento e devastação me assombram. Recordo-me dos gritos de uma mulher desesperada ao andar por cima dos escombros e dos cadáveres procurando freneticamente pelo seu filho e berrando para a câmera: "Monstro... Santo Deus, porque vocês ainda não o pegaram?" Todo mundo sabia que ela se referia a Pablo Escobar. E, como todos os outros atos violentos de terror cometidos contra o povo colombiano, Pablo Escobar nunca assumia a autoria por nenhum dos atentados a bomba em shopping centers. Mas todos sabiam que ele era o responsável.

À medida que Escobar mandava tudo pelos ares na Colômbia, os atentados em nossos shopping centers locais de algum modo fortaleceram minha decisão de fazer tudo o que estivesse ao nosso alcance para capturá-lo. Já estávamos comprometidos com nossa missão, mas esses incidentes foram a gota d'água para mim, e decidi fazer tudo o que fosse preciso para tirá-lo das ruas.

Los Pepes também sabiam que Escobar era o responsável pelo último atentado ao shopping e, no dia seguinte, eles lançaram mão de um ato deturpado de vingança que só serviu para basicamente colocar todas as pessoas decentes contra eles. Em um sábado do dia 17 de abril — um dia após o atentado ao Shopping Centro 93 —, quinze homens armados a serviço de Los Pepes mataram Guido Parra Montoya, um dos advogados de longa data de Pablo Escobar, e seu filho de 16 anos. Guido Parra foi o principal mediador entre o narcotraficante e o governo colombiano e, mais tarde, Gustavo de Greiff tentou intermediar um acordo para sua rendição. Los Pepes atacaram sem dó nem piedade. Arrancaram pai e filho do condomínio que residiam em Medellín, mataram os dois a tiros e enfiaram os corpos no porta-malas de um táxi roubado.

"O que você achou da resposta ao atentado em Bogotá?", lia-se em uma faixa escrita à mão enrolada na cabeça de uma das vítimas. Outra faixa dizia: "Vocês foram sequestrados porque trabalham para Pablo Escobar."

O grupo adorava esses floreios dramáticos e, mais tarde, deixou outra placa presa ao corpo mutilado de outro associado de Escobar. Juan Guillermo Londono White, doleiro e responsável pelo dinheiro do cartel, foi acusado de ser "o testa de ferro servil e idealizador dos sequestros de Pablo Escobar", conforme os dizeres escritos à mão da faixa assinada por *Los Pepes* e presa ao seu cadáver. Os recados de Los Pepes pretendiam relembrar a época em que os Extraditáveis de Pablo Escobar deixavam um bilhete na cena de seus crimes — geralmente um cartão enrolado no pescoço de uma vítima ensanguentada.

Se alguma vez chegamos a alimentar quaisquer sentimentos de afinidade por Los Pepes ou intimamente torcíamos para que fossem atrás de Pablo Escobar, esses sentimentos logo desapareceram após os terríveis assassinatos de Guido Parra e seu filho inocente.

Mesmo assim, havia um enorme interesse em suas atividades. Embora não tivéssemos informações prévias sobre quem fazia parte do grupo de justiceiros, Joe Toft exigia atualizações praticamente a cada hora de suas atividades, sobretudo quando pessoas proeminentes eram encontradas mortas. No autêntico estilo Joe

Toft, ele não queria saber das ações de Los Pepes pelos jornais do dia seguinte; ele precisava saber assim que aconteciam. Los Pepes se tornaram prioridade para a embaixada dos Estados Unidos porque, a certa altura, a PNC foi acusada de repassar informações para o grupo e de possivelmente até estar trabalhando com eles.

Durante uma reunião com uma fonte secreta — um político do alto escalão do governo colombiano —, Joe Toft, Javier e eu soubemos que Los Pepes na verdade haviam se infiltrado no Bloco de Busca.

"Eles têm bandidos trabalhando no Bloque de Búsqueda e identificaram dois deles: 'Alberto' e 'Bernardo'", escrevemos após interrogar nossa fonte. A informação que a fonte nos repassava vinha de Rodriguez-Orejuela, do Cartel de Cali, que insistia que o general Octavio Vargas da PNC e o coronel Hugo Martinez sabiam do acordo e que o Cartel de Cali estava oferecendo a quantia de "US$ 10 milhões imediatamente após a morte ou captura de Pablo Escobar".

Para que fique registrado, nunca conseguimos averiguar essas informações, e tivemos sérias dúvidas de que o general e o coronel estivessem envolvidos em uma trama tão sombria. No entanto, quando alguns dos bundões de Washington souberam disso, quiseram retirar as Forças Especiais (o Delta Force e o SEAL Team Six) norte-americanas da Colômbia e tentaram impedir que Javier e eu viajássemos e morássemos em Medellín.

Quem eram os líderes de Los Pepes? Todos nós tínhamos as nossas suspeitas e, em dado momento, Pablo Escobar chegou a acusar o coronel Hugo Martinez de ser o sombrio líder do grupo.

Ficávamos o mais longe possível deles, mas, a certa altura, eles estavam chegando perto demais, e estávamos muito preocupados.

JAVIER

Com pouco mais de 1,50m de estatura e cabelos ruivos esvoaçantes na altura do ombro, Dolly Moncada era delicada e bonita. Vestida de modo simples, com uma calça jeans muito bem passada, blusa de seda e sem maquiagem ou joias, nem parecia que era uma das mulheres mais ricas da Colômbia.

Na verdade, quando a conheci, estava convencido de que ela estava com a corda no pescoço. Dolly era viúva de Gerardo Moncada, o associado de Escobar morto em La Catedral. Meu encontro com ela foi intermediado por Oscar, nosso informante que primeiro nos contou a notícia de que Pablo Escobar havia matado Moncada e Galeano dentro da prisão e depois ordenado a chacina completa de todos os membros de suas famílias em Medellín — o massacre que precipitou sua fuga da cadeia.

Dolly de alguma forma escapou da carnificina, mas por pouco. No dia em que a conheci em sua casa no alto das colinas de Medellín, ela estava nitidamente nervosa e amedrontada. Após a morte do marido, se tornou um alvo fácil — uma inimiga de Escobar. E, como eu tenho uma queda por mulheres bonitas, principalmente as vulneráveis, prometi que faria tudo ao meu alcance para ajudá-la.

Ainda assim, havia algo nela que não inspirava muita confiança, algo que traía aquela personalidade durona por trás do comportamento suave e feminino que tentava passar. Parecia frágil, mas também era uma mulher acostumada a estar no comando.

Eu a encontrei poucos dias depois de os capangas de Pablo Escobar saquearem sua casa palaciana e deixarem tudo de cabeça para baixo. Enquanto conversávamos em sua espaçosa sala de estar com uma vista deslumbrante para a cidade de Medellín e uma piscina gigantesca no quintal, olhei ao meu redor para os pratos quebrados espalhados pelo chão e para os sofás e as cadeiras reviradas. Ela disse a mim e ao representante do Gabinete da Procuradoria-geral da Colômbia, que me acompanhou naquela visita incomum, que a maior parte de seus pertences foram roubados pelos invasores. A única coisa que parecia intacta era uma garrafa de uísque de cerâmica. Naquela época, eu era um apreciador de uísque escocês, então na mesma hora reparei na garrafa, que tinha um retrato da princesa Diana e do príncipe Charles e era numerada. Diria que era um item de colecionador. Fiquei me perguntando onde eles teriam conseguido e quanto teriam pagado pela garrafa. Ao me ver olhando para a garrafa, Dolly nervosamente a pegou e me entregou. Agradeci e coloquei a garrafa de volta na mesa. Nunca tinha aceitado um suborno em toda a minha carreira como agente de repressão ao crime e não era agora que começaria a aceitar.

Quando falava, sua voz era hesitante e ela apertava as mãos para evitar que tremessem. Dolly me disse que tinha cinco filhos pequenos para cuidar e que claramente não sabia o que fazer, então fiz o possível para acalmá-la. Ela estava morrendo de medo

— e com razão — de que Pablo Escobar matasse ela e sua família. Era bastante arriscado interrogá-la em Medellín, então tomamos as providências para que ela viajasse até Washington com sua família. Assegurei-lhe que os Estados Unidos a ajudariam e, depois que deixei sua mansão, imediatamente comecei a entrar com a papelada para que ela e diversos membros de sua família obtivessem o visto de residência norte-americano. Na época, achei que era impossível ela não ter nenhum tostão. Dolly devia ter dinheiro — possivelmente milhões de dólares — escondido. Mesmo assim, a DEA bancou todas as passagens de avião, e eu até acompanhei a família — eram dez pessoas no total — a Washington e os entreguei aos nossos agentes, antes de retornar à Colômbia. Eles deveriam ficar em um hotel, onde seriam interrogados pelos nossos colegas da DEA, só que, quando os agentes chegaram para interrogar Dolly, ela e o restante de sua família haviam simplesmente desaparecido. Nunca cumpriram sua obrigação de nos passar informações sobre Pablo Escobar e Los Pepes.

Além de Dolly Moncada, também conheci Don Berna, ainda que, mais uma vez, eu não tivesse a menor ideia de ele que estivesse associado a Los Pepes. Eu não sabia quase nada a seu respeito, somente que o procurador-geral Gustavo Greiff havia permitido que Don Berna visitasse e atuasse como informante do Bloco de Busca. Ninguém sabe como, mas ele havia convencido Gustavo Greiff de que poderia fornecer informações valiosas na busca por Escobar. Então, com o apoio do procurador-geral, Don Berna tinha permissão para entrar na base. Apesar disso, eu e Steve sempre fomos bastante cautelosos com ele, pois não entendíamos muito bem qual o seu papel. Ele visitou o Bloco de Busca em algumas ocasiões. Era difícil não notá-lo. Don Berna era um homem grandalhão com um bigode espesso que adorava usar camisas de mangas curtas para fora da calça jeans. Chegava em um comboio de veículos com tração nas quatro rodas — geralmente reluzentes caminhonetes Toyota Land Cruisers pretas — e sempre estava rodeado por uma dúzia de guarda-costas armados. Sempre o via conversando com os caras da DIJIN. Uma vez, Hugo Martinez, que havia se recusado a se encontrar com ele, me confidenciou que estava desconfiado quanto às informações que Don Berna estava compartilhando com seus homens. No entanto, todos o adulavam por causa das ordens de Gustavo de Greiff.

Foi um dos membros da elite do Bloco de Busca — Danilo — que me apresentou a Don Berna. Lembro-me de que a coisa mais impressionante, além de sua circunferência, era seu relógio gigante. Ele me flagrou olhando para seu pulso, e eu lhe disse que era um belo relógio. Foi então que ele o tirou do pulso e me entregou. Fiquei boquiaberto e comecei a protestar, explicando que não poderia aceitar um presente tão valioso. Era um relógio de ouro da marca Rado e provavelmente valia dezenas de milhares de dólares. Entrei em pânico, e Danilo me incentivou a aceitar. Ele afirmou que Don Berna ficaria ofendido se eu recusasse.

"Ele pode até mandar te matar se você recusar", disse Danilo rindo.

Não era engraçado.

Aceitei o relógio, mas imediatamente escrevi um relatório para Joe Toft e enviei o relógio para a sede da DEA em Bogotá. Assim como aconteceu com a garrafa de uísque de Dolly Moncada, eu não queria saber de suborno.

Em diversas ocasiões, quando os membros das equipes de elite do Bloco de Busca estavam em diferentes missões e tínhamos que encontrar informantes pela primeira vez fora da base, Don Berna mandava seus capangas, e eles faziam uma varredura ao estilo militar para ter certeza de que a barra estava limpa. Quando chegavam na estação rodoviária, onde normalmente encontrávamos com os informantes, as pessoas costumavam sair do caminho dele e de seus homens e os evitar. Nós sempre nos encontrávamos com as pessoas que ligavam para o disque-denúncia no terminal rodoviária, pois o local era enorme e permitia fácil anonimato. E o terminal de Medellín era o mais movimentado da Colômbia, com centenas de ônibus chegando e saindo diariamente, bem como uma imensidão de restaurantes e lojas. Era um ótimo lugar para se perder e um lugar ainda melhor para interrogar um possível informante, já que poderíamos simplesmente passar despercebidos na multidão.

Nós nos encontramos com muitos informantes no terminal. Marcávamos os encontros em lugares como o Kokorico ou Pollos Frisby, uma versão colombiana do KFC, só que muito melhor. Tenho que admitir que sempre era um prazer para nós sair da base e comer alguma coisa que não fosse arroz, feijão e um pedaço minúsculo de frango. Nunca nos importamos muito com o trajeto da base até o terminal, ainda que 70% dos informantes não tivessem nada de útil para nos contar, visto que suas informações não davam em nada. Mas 30% dos informantes nos forneciam informações úteis. Recordo-me de que um dos informantes nos deu informações financeiras que levaram a uma operação em um shopping center pertencente a Luis Carlos Molina, um grande financista que fornecia milhões para Escobar. Ele também foi o responsável pelo assassinato de Guillermo Cano Isaza, editor do jornal *El Espectador*, morto a tiros a mando de Pablo Escobar em 1986. Na operação, lembro-me de que vasculhamos seu escritório principal e apreendermos cerca de meio milhão de dólares em dinheiro vivo. Carlos Molina não estava presente, mas o representante da procuradoria-geral que nos acompanhava apreendeu o dinheiro. Mais tarde, o informante foi morto pelo pessoal de Escobar.

Nos últimos meses da caçada a Pablo Escobar, havia bastante atividade na base de Carlos Holguín. Além das visitas frequentes de Don Berna, tinha uma outra "fonte", um cara barbudo e de cabelo ruivo que todos chamavam de Chaplin. Mais tarde, descobrimos que era um infiltrado dos líderes do Cartel de Cali enviado para acompanhar o trabalho da PNC.

Comecei a reparar também que um coronel da PNC que acabara de ser libertado pelas FARC após cinco anos em cativeiro na selva se mudara para uma das casas da base com a família. O coronel havia sofrido uma série de abusos físicos e psicológicos e parecia desorientado. Ele não tinha nada a ver com o Bloco de Busca, mas foi autorizado a ficar porque não havia outro lugar para onde pudesse ir. O coronel, cujo nome eu nunca soube, era um duro lembrete — o custo humano das diversas guerras que dilaceravam o país.

Um dos pontos positivos era nossa interação com o major Jesús Gómez Padilla, o segundo encarregado da divisão uniformizada. Ele foi um dos grandes heróis anônimos da caçada a Pablo Escobar. O inglês dele não era bom, mas ele sempre tentava cuidar de Steve e de mim. Jesús Gómez havia sido treinado pelas forças dos EUA e era um perito em operações de campo, especialmente nas selvas dos arredores de Medellín. Nós o acompanhamos em muitas operações, principalmente na selva e nas montanhas, na caçada à Pablo Escobar. Em uma operação, ele nos levou até uma *finca*, espécie de estância, pertencente a Escobar. Estávamos seguindo uma pista obtida de um dos parentes do narcotraficante que havia nos procurado na base. A mulher ligou para o disque-denúncia e nos disse que Escobar estava escondido na finca. Partimos imediatamente, mas não conseguimos encontrá-lo. Um dos problemas foi que ela não tinha telefone e teve que ir até uma loja próxima para telefonar ao disque-denúncia, razão pela qual demoramos algumas horas para organizar a operação. Após fazermos um inventário da propriedade, encontramos vários cartazes e fotografias de Pablo Escobar vestido como o revolucionário mexicano Pancho Villa e em trajes de gângster à moda antiga. Em outra ocasião, recebemos uma pista de uma mulher que disse que só falaria com um gringo, então atendi o telefone. Ela me disse que um dos *sicarios* de Escobar estava namorando uma amiga dela e, naquela noite, se encontraria com ela em uma discoteca em Medellín.

Eu sabia que tínhamos que agir imediatamente, só que era tarde da noite de um sábado, e a base estava praticamente vazia. Portanto, entrei em contato com um dos capitães, cujo apelido era *Galletas* (biscoitos). Mais do que depressa, ele montou uma equipe de elite com quatro outros caras da DIJIN, e fomos para a discoteca para encontrar nossa fonte. Ela me disse que usaria um vestido vermelho e se sentaria no bar, que mais tarde descobri ser um salão de dança em estilo rústico, frequentado por pessoas da classe trabalhadora que dançavam a noite toda ao som de salsa e merengue.

A discoteca era escura e barulhenta. Cerca de oitenta pessoas se aglomeravam na pista de dança coberta com serragem, e outras estavam de pé no rústico bar de madeira bebendo garrafas de cerveja e virando doses de *aguardiente*. Na mesma hora vi a informante — uma morena de cabelos compridos, salto alto e um vestido vermelho colado. Eu vestia a minha calça jeans e camisa polo de sempre, assim, passava despercebido na multidão; mas, quando me aproximei do bar, a bela informante soube imediatamente quem eu era, começou a andar em minha direção e me puxou para a pista de dança, enquanto os agentes colombianos — meu reforço — aguardavam na porta. Ela havia dito ao telefone que não queria lidar com os policiais colombianos porque não confiava neles. Nunca perguntei o motivo, mas disse aos dois policiais da PNC que me acompanhavam que esperassem. A pista de dança estava lotada com casais suados, e a música estava alta e pulsante. Apesar de colar seu corpo ao meu e falar ao meu ouvido, eu mal conseguia ouvir o que ela dizia. Ao nos aproximarmos de um casal na pista, ela fez sinal com os olhos na direção de um adolescente baixo e magro de pele escura que dançava lentamente com uma menina. Ele apertava tanto a jovem em seus braços que nem percebeu quando me aproximei dele pelo lado. Peguei minha arma e a apontei contra sua barriga, dizendo que ele estava preso. Aconteceu um pequeno tumulto, à medida que ele tentava lutar comigo e escapar. A dança parou, e então alguém percebeu que eu estava armado. Ouvi gritos e percebi que as pessoas estavam tentando se mandar do bar, mas mantive o foco e segurei minha arma com uma das mãos e o ombro do adolescente com a outra. De repente, a música parou. Quando ele tentou escapar, os caras da PNC rapidamente abriram caminho em meio aos clientes assustados e o dominaram, quebrando garrafas de cerveja e copos de aguardente enquanto arrastavam o delinquente para fora do bar; depois, eles o empurraram no banco de trás de uma viatura policial à espera no estacionamento da discoteca. Apesar do pânico, ninguém ficou ferido. Assim que saímos da discoteca arrastando nosso prisioneiro, a salsa voltou a tocar e os casais retornaram à pista de dança. Simplesmente continuaram a dançar como se nada tivesse acontecido.

Conduzimos o interrogatório na base na presença de Juan, um representante do gabinete de Gustavo de Greiff, que fez suas perguntas e depois permitiu que eu fizesse as minhas. Na maior parte do tempo, Juan era bastante sério, mas também era divertido e se tornou um bom amigo e um grande aliado para nós da base. Era alto, robusto e não tinha medo de nada nem de ninguém. Era muito respeitado pela PNC. Foi ele quem fez amizade com Juan Pablo e nos deu a frequência de rádio de Pablo Escobar. Ele confiava totalmente em nós e nos repassaria qualquer informação que obtivesse nas operações da PNC em Medellín. Eu e Steve sempre o levávamos para tomar café e comer um lanche, e dividíamos o dormitório com ele quando estávamos na base.

Foi Juan quem mais falou quando nos sentamos para interrogar nosso prisioneiro adolescente. O *sicario* tinha apenas 17 anos, mas era um veterano na guerra contra as drogas em Medellín. Ele nos contou em um tom bastante arrogante que já havia matado dez policiais. E, nesse mesmo tom, que me irritou muito, disse que amava Pablo Escobar e ficaria contente em matar e morrer por ele. O *sicario* ganhava US$100 dólares para cada policial que matava e dava a maior parte de sua grana para a mãe. Segundo ele, Escobar havia lhe dado uma nova vida na favela onde crescera, o que possibilitou que ele tirasse sua mãe da pobreza extrema. Sua mãe agora tinha uma geladeira novinha em folha, comida e um teto para morar, e isso era a única coisa que realmente importava para ele. O dinheiro que sobrava de suas atividades ilegais era usado para comprar tênis e calças jeans novos e cerveja. Ele sabia muito bem que a expectativa de vida entre os pistoleiros de Pablo Escobar era de somente 22 anos, e que sua vida no crime provavelmente encontraria um fim com um tiro de um policial ou em ataque do grupo de justiceiros. Além dos associados endinheirados de Escobar no cartel, Los Pepes — bem como alguns membros corruptos do departamento de polícia — tinham como alvo os jovens pistoleiros que trabalhavam para o narcotraficante. Os grupos de direitos humanos narravam os incontáveis massacres contra jovens das *comunas* pobres que rodeavam a cidade. Ao mesmo tempo, ele sabia que nunca conseguiria sair do bairro miserável onde passou a vida, mas isso nem sequer importava. Ele reiterou que morreria por Pablo Escobar, a quem considerava um santo. Quando ouvi isso, eu soube na hora que esse era um dos principais motivos pelo qual Escobar ainda estava foragido e nossos esforços para caçá-lo se mostravam tão infrutíferos ao longo de todos aqueles anos. Foi esse código deturpado de honra e lealdade que possibilitou que Pablo Escobar se escondesse à vista de todos, protegido por seu próprio povo, que estava disposto a sacrificar as próprias vidas por ele.

Após a prisão do adolescente, a informante me ligou de volta e eu tomei as providências para que DEA lhe pagasse US$5 mil pela informação. Nunca descobri o que aconteceu com o jovem assassino arrogante e durão. No entanto, nunca me esquecerei do que ele me disse quando pedi que nos dissesse seu nome.

"Angelito", respondeu. Anjinho.

STEVE

Quando eu estava em Medellín, tentava ligar para Connie pelo menos uma vez por dia. Se não conseguisse entrar em contato, eu falava para Javier transmitir alguma mensagem à minha esposa, pois eu ligava cedo para ele todas as manhãs na embaixada para deixá-lo por dentro do que acontecera na noite anterior em Medellín. Se tivesse tempo, e se Connie tivesse chegado à embaixada para trabalhar, Javier a encontraria e assim conseguíamos conversar alguns minutos. Mas, não raro, eu simplesmente não tinha tempo para conversar, porque saíamos para uma operação ou vigilância. Quando isso acontecia, Javier sempre fazia questão de falar para Connie que eu estava bem e que falaria com ela no final do dia. Acho que Connie só queria saber se eu estava bem para que pudesse seguir o seu dia.

Ela já estava acostumada com a minha ausência. Tudo teve início quando morávamos em Miami, e eu tinha que trabalhar horas a fio. Quando morávamos no sul da Flórida, era comum que ficasse ausente por dias, para seguir suspeitos, realizar entregas controladas para apreensão de drogas e fazer viagens mundo afora, quando necessário. No entanto, quando Pablo Escobar fugiu, e eu e Javier começamos a morar em dias alternados na base de Medellín, o "ficar ausente" assumiu proporções totalmente novas.

Connie nunca deixou que seu pouco domínio no espanhol ou seu medo de explosões de carros-bomba aleatórias atrapalhassem sua vida em Bogotá. Ao sair, ela falava o pouco de espanhol que sabia, sempre seguido por gestos e sorrisos. Penso que sua habilidade de rir de si mesma fez os colombianos a receberem de braços abertos. Quando Connie não estava trabalhando ou tinha um dia de folga e eu não estava em casa, ela passava o tempo com amigos, tanto norte-americanos como colombianos. Ela também adorava ler, fazer compras e passar um tempo caminhando e fazendo alguns exercícios ao ar livre. Apesar de todas as advertências do Departamento de Estado sobre estar constantemente em alerta máximo em Bogotá, Connie tentava fazer as mesmas coisas que fazíamos nos Estados Unidos. Durante os dezoito meses de caçada a Pablo Escobar, ela ficou muito sozinha, mas raramente reclamava de alguma coisa. Estava ciente do que eu e Javier fazíamos e que isso era prioridade para a embaixada e para a Colômbia, então Connie fazia tudo que estivesse ao seu alcance para me apoiar.

Óbvio, havia inconvenientes: ela tinha que usar a van da embaixada para ir e voltar do trabalho — o trajeto no horário de pico demorava mais de uma hora — e ela tinha que carregar um walkie-talkie sintonizado na frequência dos fuzileiros navais da embaixada, para o caso de enfrentar uma situação perigosa e precisar de ajuda. Connie é bastante astuta e aprendeu rapidamente a se manter alerta com o que se passava ao seu redor. Sempre que saía sozinha em Bogotá, prestava muita atenção ao que os outros ao seu redor estavam fazendo, se ela estava sendo seguida ou se alguém estava prestando excessiva atenção a ela.

Com o objetivo de ocupar seu tempo e controlar a ansiedade, Connie desempenhou diversas funções na embaixada dos Estados Unidos. Visto que não podia trabalhar como enfermeira registrada na Colômbia, ela se dedicava de corpo e alma a cuidar da comunidade de expatriados norte-americanos que trabalhava para a embaixada. Naquela época, devido à violência na Colômbia, os cônjuges das pessoas que trabalhavam na embaixada não tinham permissão para trabalhar em outro lugar que não fosse a embaixada, então Connie trabalhava com a esposa de outro agente da DEA, Mary Lou Rinehart, como agente de ligação com a comunidade (CLO, na sigla em inglês). Sua principal responsabilidade era preparar pacotes de boas-vindas para cidadãos norte-americanos recém-chegados para trabalhar na embaixada e ajudá-los a se estabelecerem em Bogotá. As duas também cuidavam de muitas das funções sociais que envolviam o pessoal da embaixada, coordenavam e supervisionaram a festa anual de Natal do Exército da Salvação para crianças colombianas carentes e faziam um importante trabalho voluntário com igrejas católicas que ajudavam os desabrigados em Bogotá. Ela também lidava com quase tudo que precisava ser feito.

Entre as diversas atribuições importantes das agentes de ligação com a comunidade estava a organização do horário da quadra de tênis na residência do embaixador. Pode até parecer futilidade, mas estava longe disso. Nas manhãs de segunda-feira, os funcionários da embaixada faziam uma fila do lado de fora da sala dela para conseguir um horário para jogar tênis. Connie sempre fazia questão de garantir o horário de Joe Toft, um jogador de tênis competitivo, a fim de que ele tivesse o dia e a hora que desejava todas as semanas.

Após a fuga de Pablo Escobar, Connie também passou uma temporada no escritório da DEA como nossa arquivista. E, quando eu estava em Bogotá, isso nos dava a oportunidade de nos vermos um pouco, apesar de sempre respeitarmos o respectivo espaço de trabalho um do outro. Connie almoçava com a turma dela e eu com a minha, embora na maioria das vezes almoçássemos na minha mesa ou no refeitório da embaixada, por causa da carga de trabalho da caçada a Pablo Escobar.

Quando Connie começou a trabalhar para a agência postal da embaixada, nossas vidas mudaram para sempre.

Entre suas funções, estava acompanhar a correspondência dos Estados Unidos até o aeroporto internacional, com o intuito de garantir que chegasse em segurança ao avião, e separar cartas e pacotes que chegavam dos Estados Unidos. Certo dia, ela reparou em uma revista *Time* que trazia uma reportagem de capa a respeito das adoções internacionais. Segundo a reportagem, a Colômbia era o país líder mundial em adoções norte-americanas. Connie leu o artigo com grande entusiasmo e mais do que depressa entrou em contato com a agência governamental que intermediava as adoções em Bogotá.

Não sei como, Connie ficou muito próxima da mulher que gerenciava o Instituto Colombiano de Bienestar Familiar, órgão federal que fiscalizava as adoções em todo o país. Antes que percebêssemos, estávamos na fila para adotar uma criança na Colômbia! E, com a ajuda da nova amiga de Connie — uma mulher que chamaremos de Alissa (nome fictício) —, uma série de obstáculos foram inesperadamente facilitados, quando não totalmente eliminados. Ainda que tenhamos passado por todo o processo, o instituto nos aprovou como pais adotivos em tempo recorde, após averiguar nossas credenciais. Devo dizer que o fato de termos passaportes diplomáticos também pesou. Quando Alissa nos contou que tinham uma possível criança para adotarmos, corremos para seu escritório. Ela alegou que não poderia nos mostrar o arquivo da criança que estava em sua mesa, mas, quando ela saiu da sala para uma reunião, Connie e eu ficamos sozinhos e demos uma espiada.

Na mesma hora me apaixonei pela garotinha embrulhada em uma manta da foto. O nome dela era Monica, e nós ficamos repetindo seu nome, os dois sonhando em cobrir aquela preciosa garotinha com todo nosso amor, em como estaríamos juntos quando seu primeiro dentinho caísse, em seu primeiro dia no jardim de infância e em seu baile de formatura do colégio! Estávamos literalmente sonhando acordados e nenhum dos dois dormiu na noite anterior ao dia que pegaríamos aquele pequeno pacotinho que se tornaria nossa filha. No dia seguinte, viajamos para Zipaquirá, uma cidadezinha ao norte de Bogotá, com um motorista da DEA. A estrada para o instituto, que não era exatamente um orfanato, e sim uma instalação local para famílias adotivas, era estreita e íngreme. O elegante edifício de concreto branco e telhado vermelho estava localizado em um ligeiro declive perto do sopé da montanha. Eu e Connie demos as mãos à medida que caminhávamos pela entrada aberta e ensolarada em direção à recepção. Ainda que fosse um dia abafado de outubro, as salas do Instituto Bienestar, que mais lembravam uma caverna com seus móveis simples de madeira e ladrilhos de cerâmica vermelho, pareciam frias e arejadas para nós.

Alissa nos encontrou nas instalações do Instituto Bienestar de Zipaquirá e foi cumprimentada efusivamente pela recepcionista e pelos demais funcionários. Ela nos conduziu pelo corredor principal até uma grande sala para aguardar a chegada da cuidadora e do bebê. A cuidadora estava na casa dos 40 anos, era bem vestida e atraente. Segurava Monica no colo e, ao dar instruções explícitas à equipe do instituto sobre os horários de alimentação de Monica, Connie e eu percebemos um triste olhar de relutância em abrir mão do bebê que estivera sob seus cuidados nos últimos meses. Por fim, ela entregou Mônica para Alissa e deixou a sala em prantos.

Com seus grandes olhos negros e uma perfeita tez morena, Monica era um bebê lindo e saudável. Primeiro, ela nos olhou sem entender muito bem o que estava acontecendo, e fomos avisados de que ela demoraria um tempinho até sorrir e se acostumar conosco. Talvez ela sentisse algum tipo de ansiedade de separação, então começamos a nos preparar para a frustração. No entanto, ela parecia contente e permitiu que a gente a pegasse no colo sem chorar no escritório arejado. Não demorou muito para que Monica se sentisse confortável conosco. Após deixarmos Zipaquirá, ela sorriu no carro e nossos corações derreteram. Éramos oficialmente seus pais adotivos e fomos avisados de que todas as formalidades de adoção levariam mais algumas semanas para serem concluídas. No caminho para a embaixada, a fralda de Monica vazou em cima de Connie, mas mesmo assim a levamos imediatamente para conhecer todo mundo do escritório da DEA — sua nova família norte-americana!

Naquela época, durante a caçada a Pablo Escobar, Bogotá não era considerado um lugar para crianças, e se você tivesse um filho enquanto estava destacado para trabalhar lá, tinha que se transferir depois de seis meses. Mas, como estávamos no meio da caçada, fiz um pedido à DEA para que eu estendesse a minha estadia no país. Assim, Monica — a única criança da embaixada — era mimada por todos, inclusive por Javier, o eterno solteirão. E, após Monica entrar em nossas vidas, Connie se tornou mãe em tempo integral, pois envolvia muito mais trabalho do que qualquer coisa que ela já tinha feito na embaixada.

À medida que nos acomodávamos com nossa menininha, Pablo Escobar estava ficando cada vez mais preocupado com a própria família. No final de novembro de 1993, a família estava prestes a se mudar — desta vez para Frankfurt, onde eles tinham uma propriedade. Descobrimos pelo gabinete de Gustavo de Greiff que a esposa de Pablo Escobar, a filha de 9 anos, Juan Pablo e sua namorada de 21 anos pegariam um voo da Lufthansa para Frankfurt — apenas um dia antes da data marcada para o voo. Não nos restava muito tempo antes que o voo comercial partisse, assim, nos esforçamos para elaborar um plano — um que chegasse rapidamente nas esferas mais altas dos governos norte-americano e alemão.

Ao consultarmos a lista de passageiros, vimos que todos tinha reservas na primeira classe, então nos apressamos para enviar um agente no mesmo voo. Mandamos um agente chamado Ken

Magee equipado de câmeras de espionagem de última geração. Um desses equipamentos era uma minúscula câmera escondida de 35mm que ficava disfarçada em uma bolsa de equipamento fotográfico. A lente ficava discretamente apontada para fora de um pequeno orifício na bolsa. O acionador da câmera ficava escondido na alça da bolsa para que o agente conseguisse apontá-la na direção que queria e fazer a foto, sem que fosse necessário tirar a câmera para fora da bolsa. Era imprescindível para nós documentar com quem a família estava viajando e com quem conversaram durante a viagem.

Seguindo as ordens do general Octavio Vargas, a PNC enviou o coronel Leonardo Gallego para embarcar no voo. Conhecíamos e confiamos em Leonardo Gallego, um oficial muito inteligente, competente e honesto. A ação envolveu nosso escritório da DEA em Frankfurt, o governo colombiano e, é claro, a sede da DEA em Washington e a embaixada de Bogotá. Nosso posicionamento era bem claro: em nenhuma circunstância os membros da família Escobar tinham autorização para buscar asilo na Alemanha e deveriam retornar à Colômbia o mais rápido possível. A família nunca soube que tínhamos um agente e um oficial da PNC no voo.

Horas antes do horário de partida do voo, peguei meu próprio equipamento fotográfico, e Javier e eu corremos para o Aeroporto Internacional El Dorado. Em primeiro lugar, queríamos confirmar se as pessoas na lista do voo eram de fato a família Escobar. E, embora fosse uma possibilidade muito remota, queríamos averiguar o aeroporto caso o próprio Pablo Escobar aparecesse. Nós sabíamos que isso não aconteceria, mas seria uma humilhação se acontecesse e não estivéssemos preparados.

O aeroporto estava um caos. Alguém vazou a história para a imprensa colombiana e havia uma multidão de pessoas tirando fotos; assim, quando comecei a tirar fotos com minha pequenina Pentax 35mm que sempre carregava no bolso, eu não parecia um peixe fora d'água. Repito, queríamos saber se mais alguém viajaria com a família. Javier e eu ficamos para trás e assistimos ao desenrolar da confusão. Vimos diversos guardas armados do gabinete de Gustavo de Greiff escoltando a família. Os guardas vestiam roupas comuns e carregavam cassetetes e rifles, que usavam para dispersar os fotógrafos que tentavam filmar a família Escobar enquanto caminhavam pelo aeroporto. O procurador-geral ordenou que os guardas protegessem a família e garantiu que tivessem acesso a uma sala privada na área internacional do aeroporto, onde ficaram fora de vista do público geral para aguardar o voo. Por um lado, foi uma boa ideia por motivos de segurança, ainda mais porque Los Pepes estavam tentando matá-los. Mas, por outro lado, nenhum outro colombiano estava recebendo tratamento especial como aquele, e tenho certeza de que Gustavo de Greiff viu isso como uma oportunidade de demonstrar a Pablo Escobar que o Gabinete da Procuradoria-geral estava tentando ajudá-lo. Em retrospecto, acho que isso foi bastante ingênuo da parte de Gustavo de Greiff. Nunca acreditei que Escobar tivesse qualquer intenção de se entregar pela segunda vez, como acreditava o procurador-geral. Acho que Pablo Escobar só queria levar sua família para um local onde não precisasse se preocupar com a segurança deles, e depois reiniciaria sua campanha de atentados e matança em uma escala jamais vista. Achamos também que Gustavo de Greiff queria receber todo o crédito, caso Escobar se entregasse pela segunda vez; isso o ajudaria em sua campanha para concorrer à presidência da Colômbia. A coisa toda era motivada por interesse próprio e política.

Assim que o avião decolou, Javier e eu retornamos à embaixada e o trabalho começou. Joe Toft teve uma reunião com o embaixador Morris Busby, que entendeu a gravidade da situação. Caso a família fosse autorizada a permanecer na Alemanha, cujos padrões de asilo eram menos restritivos, perderíamos uma vantagem importante no que dizia respeito a levar Pablo Escobar à justiça. Eu tinha certeza de que estávamos chegando mais perto de seu paradeiro e que ele cometia cada vez mais erros ao contatar seu filho e nos possibilitar localizar seus esconderijos com cada vez mais precisão na Colômbia.

Enquanto o avião da Lufthansa estava no ar, o embaixador não perdeu tempo. Ele queria pressionar a Alemanha o máximo possível para que o país devolvesse a família e recorreu diretamente a "Washington", conforme Joe Toft nos contou. Ao dizer isso, ele se referia ao Secretário de Estado Warren Christopher e até mesmo ao presidente Bill Clinton, aconselhado a entrar em contato com o chanceler alemão, Helmut Kohl, para ter certeza de que os alemães estavam cientes da situação. Obviamente, era uma questão bastante delicada, e tudo estava acontecendo sob os holofotes da imprensa global. Por sua vez, o governo colombiano apoiava totalmente a posição dos Estados Unidos e também pressionava os alemães.

Quando a aeronave aterrissou em Frankfurt, Joe Toft nos disse que as negociações ainda estavam em andamento com o governo alemão. O avião taxiou para uma seção especial da pista, e a família Escobar foi levada em um ônibus particular para uma sala especial de "quarentena" no aeroporto de Frankfurt até que uma decisão final fosse tomada. Mais tarde, o coronel Leonardo Gallego nos disse que os alemães não tinham ideia do que fazer e estavam apavorados. Muitas autoridades queriam que a família ficasse, ao passo que outras queriam que fossem embora. Em algum momento, foi tomada a decisão de autorizar que todos passassem a noite na Alemanha enquanto as negociações estavam em andamento com o presidente colombiano, o chanceler alemão e as autoridades norte-americanas. Magee, nosso agente no voo, nos ligou para confirmar que isso estava sendo feito e que os agentes da DEA de Frankfurt estavam no aeroporto com seus colegas alemães monitorando a situação. Foi um impasse tenso. Magee nos contou que as autoridades alemãs ainda não haviam se decidido sobre a família Escobar e estavam propensos a lhes dar asilo. Posteriormente, soubemos que os representantes dos três governos discutiram acaloradamente até o último momento. A família Escobar havia pedido um visto de permanência de três meses e planejava solicitar asilo quando os alemães finalmente decidiram mandá-los de volta para a Colômbia.

"Todos eles solicitaram visto na Alemanha, onde queriam ficar três meses como turistas", disse um comunicado da polícia alemã. "Após a conclusão do interrogatório das autoridades alfandegárias, o Ministério do Interior da Alemanha decidiu devolvê-los."

A família retornou no próximo voo para Bogotá, onde Magee estava sentado duas fileiras à frente da família, que estava sendo acompanhada por quatro oficiais de imigração alemães. Magee conseguiu fotografar os passaportes da família no voo e, quando inspecionou seus assentos depois que eles saíram do avião, encontrou vários envelopes com grandes quantias de dinheiro anotadas, totalizando US$80 mil. Mais tarde, descobrimos que, além do dinheiro, Maria Vitória, esposa de Escobar, também carregava grandes quantias de ouro e joias. Magee também encontrou uma carta amassada escrita em inglês que dizia, em parte: "Temos um amigo em Frankfurt. Ele diz que entrará em contato para nos ajudar. Diga a ele para ligar para Gustavo de Greiff." Quem quer que fosse o destinatário da carta, nunca a recebeu, pois a família Escobar estava sob vigilância constante quando chegou a Frankfurt e nunca conseguiu entregá-la.

Assim que a família aterrissou em Bogotá, o governo colombiano ordenou que o gabinete de Gustavo de Greiff se retirasse do caso. Esse gabinete não estaria mais encarregado da proteção da família, e todos foram escoltados por oficiais da PNC até o Tequendama, um imponente hotel cinco estrelas no centro de Bogotá. O amplo complexo de arranha-céus oferece mais de cinco centenas de suítes, diversos restaurantes, piscinas, lojas e um spa. Foi parcialmente arquitetado por Le Corbusier nos anos 1950 e já foi considerado o auge da elegância e sofisticação pelas classes altas da Colômbia. O Tequendama abrigava regularmente eventos e conferências internacionais e foi o hotel de escolha dos dignitários visitantes.

No entanto, durante o reinado sangrento de Pablo Escobar, nós também éramos um alvo, e Javier e eu escapamos por um fio da explosão de um dos carros-bomba do narcotraficante no final de janeiro de 1993 — duas semanas após Escobar ter anunciado guerra total contra as autoridades colombianas no meio da segunda caçada. Eu e Javier tínhamos um encontro marcado com um informante no hotel, e eu estava em minha caminhonete esperando do lado de fora do apartamento de Javier quando ouvi no rádio do carro que duas poderosas bombas explodiram no centro da cidade — uma em um estacionamento que destruiu dezenas de carros e outra no Tequendama. Ambos os carros-bomba tinham mais de 45 quilos de explosivos. Seguimos na direção do hotel, mas, por causa das explosões, o trânsito estava congestionado. Decidimos voltar para casa e contatar nosso informante, que não estava no hotel quando as bombas explodiram. Até hoje não sabemos se nós éramos os alvos.

Quase um ano depois, quando a família Escobar se mudou para sua espaçosa suíte no Tequendama, ainda havia madeira compensada em algumas das janelas do hotel que tinham sido quebradas durante a explosão. Na entrada do hotel, havia diversos oficiais militares com equipamentos parecidos com a SWAT, empunhando AK-47s e conduzindo pastores alemães aparentemente ferozes. E quando a notícia de que a família Escobar estava prestes a fixar residência no hotel se espalhou, muitos dos outros hóspedes e os moradores da torre residencial próxima fugiram. A divisão de inteligência da Polícia Nacional da Colômbia providenciou para que a suíte da família Escobar tivesse monitoramento, antes mesmo de eles se instalarem. Os policiais foram posicionados um andar acima para que pudessem ouvir as ligações para Escobar, que estava cada vez mais preocupado com o destino de seus familiares. Com a família por perto, todos esperávamos que Pablo Escobar ligasse com mais frequência e permanecesse por mais tempo na linha para que finalmente conseguíssemos prendê-lo.

Los Pepes, que antes declararam ter encerrado sua campanha de terror contra os associados de Pablo Escobar, divulgou um comunicado à imprensa colombiana no dia do retorno da família à Colômbia, afirmando que estavam prontos para retomar sua guerra contra o narcotraficante.

Escobar ligou quase imediatamente após os membros de sua família, com olhos merejados, exaustos e nervosos, chegarem ao hotel. Ele pressionava Juan Pablo a fazer contato com grupos de direitos humanos e com as Nações Unidas. Em 30 de novembro de 1993, Escobar divulgou seu próprio comunicado à imprensa, contendo sua assinatura e impressão digital. Foi endereçado às pessoas que ele suspeitava fazerem parte do grupo de justiceiros, incluindo o coronel Hugo Martinez, os irmãos Castaño e membros do Cartel de Cali.

"Srs. Los Pepes", começava a carta. "Vocês dizem em seu comunicado mentiroso que nunca atacaram minha família e eu lhes pergunto: por que vocês bombardearam o prédio onde minha mãe morava? Por que sequestraram meu sobrinho Nicolas? Por que torturaram e estrangularam meu cunhado Carlos Henao? Por que tentaram sequestrar minha irmã Gloria? Vocês sempre foram hipócritas e mentirosos."

Pablo Escobar prosseguiu, acusando o grupo de fortes vínculos com as autoridades colombianas: "A promotoria tem muitas provas contra vocês. O governo sabe que vocês são o braço militar de Los Pepes, o mesmo grupo que massacra jovens inocentes nas esquinas. Já sofri mais de 10 mil ataques e operações. E vocês, nada. Todos os meus bens estão sendo confiscados. E os de vocês, não. O governo nunca emitirá um mandado de prisão para vocês. O governo fará valer a justiça cega contra policiais criminosos e terroristas."

Seja lá o que Pablo Escobar tenha afirmado em sua carta entregue à imprensa nacional da Colômbia, a realidade é que sua família foi apanhada em uma armadilha, reféns da brutal guerra que ele havia iniciado. Após retornar à Colômbia, Maria Victoria implorou às autoridades que a deixassem sair do país, para ir a qualquer lugar em que conseguisse viver em paz com seus filhos.

Para a família Escobar, cercada por militares e policiais colombianos, o Tequendama era praticamente uma prisão e, para eles, se provaria amaldiçoada. Mas talvez tenha sido uma maldição para todos nós. Afinal de contas, na língua chibcha da tribo colombiana Muisca, *tequendama* significa "aquele que se precipita". Sob muitos aspectos, se provaria o local mais apropriado para a queda iminente da família Escobar.

PARTE QUATRO

PARTE QUATRO

JAVIER

Antes mesmo de embarcar no avião rumo à Miami, eu sabia que era uma perseguição inútil. Não queria ir, pois sabia que as interceptações de radiofrequência do tenente Hugo Martinez nos aproximavam cada vez mais do esconderijo de Pablo Escobar. Tínhamos certeza de que o narcotraficante ainda estava em Medellín. Também tínhamos certeza de que ele estava cada vez mais desesperado.

Os principais associados de Pablo Escobar estavam caindo como peças de um dominó. No final de novembro, poucos dias após a tentativa de fuga da família Escobar para a Alemanha, Juan Camilo Zapata, um importante traficante e homem responsável por lavar o dinheiro do Cartel de Medellín, fora morto pelos membros do Bloco de Busca em sua fazenda, nos arredores de Medellín. Em 26 de novembro de 1993, dia de sua morte, enviei o seguinte telegrama: "O Escritório de Bogotá (BCO) recebeu informação da Polícia Nacional da Colômbia/Força-Tarefa de Medellín a respeito da morte de Juan Camilo Zapata-Vasquez... Isso ocorreu mais cedo no mesmo dia em Medellín, Colômbia, ao tentarem entregar o mandado de citação a Juan Camilo por homicídio."

Juan Camilo Zapata-Vasquez era criador de cavalos e dono do Castillo Marroquín, um castelo ao estilo hispano-árabe no norte de Bogotá, onde dava suntuosas festas e tinha uma discoteca. Durante a primeira caçada a Escobar, nós fizemos uma operação nesse castelo, mas ele já estava longe. Nos primeiros anos da caçada a Escobar, Juan Camilo Zapata-Vasquez conseguiu passar despercebido, pois não era muito conhecido, nem mesmo pela polícia colombiana, ainda que tentássemos a todo custo convencê-los de que ele era uma peça-chave. Juan Camilo, conhecido no submundo pelo apelido de El Caballista, também era responsável por organizar os sequestros para o cartel. Além de comandar as gangues de drogas em Bogotá.

"Segundo a PNC, eles conseguiram localizar Juan Camilo por meio de um dispositivo de rastreamento eletrônico", prossegui no telegrama. "Aproximadamente às 17h30, a força-tarefa da PNC/Medellín chegou à Finca La Florida, localizada na comunidade de Copacabana, no departamento de Antioquia. Quando abordado pelos policiais, Juan Camilo Zapata-Vasquez disparou vários tiros com uma pistola 9mm. A PNC revidou e ele acabou morto."

Com Zapata e outros fora de cena, todo mundo sabia que estávamos nos aproximando do alvo.

No dia 1º de dezembro de 1993 era o aniversário de 44 anos de Pablo Escobar e ele ficou descuidado; comemorou conversando por mais tempo no rádio-telefone com sua família. Mais tarde, descobrimos que ocorreu até uma pequena festa secreta, com bolo de aniversário e um baseado, acompanhado de um único guarda-costas.

Cerca de uma semana antes de seu aniversário, dava para sentir o clima de expectativa e empolgação na base. A agitação era bastante positiva. Pablo Escobar falava ao telefone com mais frequência e sabíamos que estava totalmente sem dinheiro, já que todos os seus homens responsáveis pela lavagem de dinheiro e seus *sicarios* estavam sendo capturados ou mortos pela polícia. Recebíamos também uma enxurrada de ligações no disque-denúncia, e choviam relatos de colombianos que haviam visto Escobar em Medellín. Além disso, Steve e eu estávamos enviando cerca de dez teletipos por dia aos nossos agentes em todo o mundo com pistas a respeito de outros membros do Cartel de Medellín que haviam deixado a Colômbia. Essas pistas eram baseadas no enorme volume de interceptações telefônicas, interrogatórios e informantes, e acabaram resultando em dezenas de prisões nos Estados Unidos. Nossos colegas nos Estados Unidos também nos repassavam muitas pistas que, por sua vez, eram passadas ao Bloco de Busca.

Na Colômbia, as ligações entre Pablo Escobar e Juan Pablo estavam ficando mais longas e recorrentes, ao mesmo tempo que Gustavo de Greiff continuava a pressionar o narcotraficante para que se entregasse a ele. Com o pai foragido, Juan Pablo, com 17 anos à época, assumiu a liderança da organização. "Juan Pablo é a pessoa responsável por coordenar as atividades diárias de Pablo Escobar (ou seja, segurança, correspondências, estratégias)", escrevemos em um telegrama confidencial da DEA em 21 de setembro de 1993. "Ouvimos Juan Pablo ameaçando pessoas em nome de Pablo... A liderança de Juan Pablo Escobar na organização de Pablo Escobar é outra indicação de que seu pai está no fundo do poço, tendo que contar com o filho... para gerenciar suas atividades."

Nas últimas duas semanas de sua vida, interceptamos Escobar implorando ao filho que tentasse encontrar dinheiro, já que todos os seus fornecedores haviam morrido ou se escondido para escapar de Los Pepes e da polícia. Foram essas ligações que culminaram em sua morte, uma vez que possibilitaram que o tenente Hugo Martinez o rastreasse com maior precisão. Todos nós sabíamos que o Bloco de Busca estava chegando cada vez mais perto, e havia um enorme sentimento de entusiasmo quando saíamos para as operações. Em muitos casos, sabíamos ele tinha escapado por um triz, e durante uma das últimas operações a uma fazenda nos arredores de Medellín, Escobar não estava na casa pois tinha ido até o bosque próximo com o intuito de obter um melhor sinal para seu telefone. Ao perceber que a fazenda havia sido invadida, conseguiu escapar não se sabe como. No entanto, por mais que não o capturássemos por pouco, tínhamos certeza de que Pablo Escobar estava onde sempre estivera — em sua cidade natal, Medellín, escondido à vista de todos.

Contudo, a ordem de ir a Miami vinha diretamente do embaixador Morris Busby, que havia sido informado por agentes federais de que Escobar estava a caminho do Haiti e que nossa antiga fonte, El Navegante, que nos ajudara na caçada a Rodríguez Gacha, me daria as informações, desde que fizesse isso pessoalmente. Na época, El Navegante vivia em um local não revelado no sul da Flórida. E insistia em me repassar — e só a mim — a pista sobre Escobar.

Eu não queria ir. Argumentei com Joe Toft; argumentei com Morris Busby. Mas, no final das contas, não podia argumentar com o embaixador dos Estados Unidos e, assim, um dia depois do aniversário de Pablo Escobar — em 2 de dezembro de 1993 —, fui até o Aeroporto Internacional El Dorado e embarquei no primeiro voo para Miami. À tarde, quando desembarquei, fui recebido no aeroporto por um dos agentes locais da DEA, que me levou até o local de encontro previamente combinado — um armazém que mais lembrava uma caverna, próximo ao aeroporto internacional.

Quando entrei, El Navegante estava ao telefone. Assim que o vi, percebi que algo importante estava acontecendo. A expressão em seu rosto era de surpresa e seus olhos arregalados me observavam entrar no armazém com o outro agente. Ao me aproximar, ele apoiou o telefone em seu ombro e olhou diretamente para mim.

"Acaban de matar a Escobar", disse ele.

Tinham acabado de matar Pablo Escobar.

STEVE

Era uma quinta-feira do dia 2 de dezembro de 1993. Eu estava em Medellín, na base Carlos Holguín, ao passo que Javier foi enviado a Miami para acompanhar uma possível pista. Sabíamos que seria um desperdício de tempo, no entanto, aquilo não era muito diferente dos milhares de tentativas e operações infrutíferas que caracterizaram a segunda caçada a Pablo Escobar.

Verdade seja dita, a Colômbia já estava me aborrecendo e eu contava nos dedos os dias que faltavam para o Natal e para a nossa viagem de férias de duas semanas aos Estados Unidos. Seria o primeiro Natal de Monica com toda a família, e todos estavam ansiosos para conhecê-la. E eu mal podia esperar para ver meus dois filhos, Josh e Zach.

Eu havia acordado cedo naquela manhã, especialmente porque meu quarto ficava bem em cima da cozinha. Mesmo com as janelas fechadas em nosso alojamento, ainda podíamos ouvir o tilintar das panelas e dos utensílios no horário de sempre — aproximadamente às 3h30 — enquanto o pessoal preparava o café da manhã para as tropas. Levantei entre 5h e 6h, me vesti e fui saber o que estava sendo planejado pelos comandantes da PNC naquele dia.

Por causa das atividades de Los Pepes, aparentemente informações mais confiáveis estavam chegando. Estávamos realizando cada vez mais operações diárias. Durante dias, o clima na base era de euforia, como se soubéssemos que estávamos perto de capturar Pablo Escobar. Há muitos meses não víamos esse tipo de entusiasmo.

Primeiro, conversei com os outros gringos para ver o que estavam fazendo e a fim de saber em que informações estavam trabalhando. Curiosamente, me deparei com um dos caras da CIA embalando seu equipamento de coleta de dados e levando-o para um caminhão alugado. Não posso dizer que fiquei triste em vê-lo partir. Em seguida, falei com os caras que estavam cuidando do disque-denúncia e, depois, com os caras da coleta de dados. Depois disso, bati na porta da sala do coronel Hugo Martinez, mas era muito cedo e ele ainda não tinha chegado. Às vezes, ele participava de outras reuniões e o pessoal sabia que o coronel trabalhava em seu beliche pela manhã. Liguei também para o escritório central da DEA na embaixada, com o intuito de avisá-los que eu estava firme e forte e para ver se tinham algo novo.

Um pouco mais tarde, a unidade DIJIN com a qual trabalhávamos deixou a base para acompanhar o tenente Hugo Martinez e as unidades que operavam o equipamento de localização. O equipamento usava triangulação para localizar de onde vinham as radiofrequências. Naquela época, os telefones celulares funcionavam em radiofrequências, e o tenente Hugo Martinez havia passado meses a fio tentando descobrir a radiofrequência que Pablo Escobar usava para conversar com sua família, até então os únicos residentes do Hotel Tequendama, em Bogotá.

Sabíamos em qual frequência Pablo Escobar falava quando entrava em contato com o filho para lhe dar instruções e se atualizar. Cada vez que o tenente Hugo Martinez se aproximava com seu radiogoniômetro, os caras da DIJIN se posicionavam na área geral do sinal.

Após o almoço, eu estava parado na porta da sala usada pela Delta Force e pelos SEALs da Marinha (os outros gringos da base), e vi um agente da CIA sair da base com o equipamento de monitoramento da agência, completamente alheio ao entusiasmo à sua volta, e, ao mesmo tempo, vi a equipe executiva do coronel Hugo Martinez correr para a sua sala. Eu os segui para ver o que estava acontecendo. Ao chegar à porta, o coronel sinalizou para que eu entrasse com os outros. Ele estava falando e ouvindo um rádio portátil da polícia. Os outros policiais colombianos estavam obviamente entusiasmados e tomavam as providências a fim de mobilizar todo o Bloco de Busca para uma operação. Claro que leva mais do que alguns minutos para preparar seiscentos policiais com armamentos, organizar e deixar os veículos prontos, informar os diversos níveis de hierarquia de comando sobre o que está acontecendo e, depois, aprontar todas as tropas para sair.

Eu não tinha certeza de com quem o coronel Hugo Martinez estava conversando no rádio, mas tive a impressão de que era com o grupo de elite da DIJIN. Eles acreditavam que haviam localizado Pablo Escobar.

E então, tudo aconteceu ao mesmo tempo. A equipe executiva de Hugo Martinez começou a discutir diferentes táticas e opções, contudo era evidente que o coronel Hugo Martinez tinha controle total da situação. Disse ao seu pessoal de campo que estávamos reunindo todos e que seguiríamos ao encontro deles o mais rápido possível. Aparentemente, ele queria que as tropas da linha de frente aguardassem até que a ajuda chegasse, mas também disse a todos para prosseguirem com a missão caso não tivessem outra escolha.

Em seguida, o rádio ficou em silêncio por vários minutos, e fiquei apreensivo de que aquilo pudesse ser outro alarme falso. Nos dezoito meses desde que Pablo Escobar fugiu da prisão, havíamos sobrevivido a 15 mil operações e centenas de aparições do narcotraficante. Em todos as ocasiões, ele havia conseguido nos enganar.

Mesmo assim, alguma coisa estava diferente. Todo mundo falava baixinho com o coronel e havia uma nítida sensação de entusiasmo no ar. Permaneci imóvel, esforçando-me para ouvir o rádio da polícia. Após o que mais parecia uma eternidade, uma voz triunfante cheia de estática ressoou pelo rádio.

"Viva Colombia!"

Todos na sala gritaram estrondosamente de alegria.

Todos sabíamos que Pablo Escobar estava morto.

JAVIER

Não tenho certeza se eu disse alguma coisa para El Navegante quando ouvi a notícia. Simplesmente me virei e pedi ao agente da DEA que me levasse de volta ao aeroporto, onde consegui pegar um voo para Bogotá. Steve também me ligou para contar a ótima notícia e, quando embarquei no voo, o mundo inteiro sabia que Pablo Escobar estava morto.

O voo de volta a Bogotá estava repleto de jornalistas que fariam a cobertura da história. Reconheci que muitos deles eram da Telemundo e da Univision, mas não disse nada a ninguém.

Sentado em meu assento, diferentes emoções passavam pela minha cabeça. Estava contente com a morte de Pablo Escobar e ansioso para retornar à Colômbia o mais rápido possível. Mas também estava furioso. Após seis longos anos rastreando Escobar na Colômbia, acabei sendo enviado para fora do país devido a uma pista que instintivamente sabia que era falsa. Não tenho certeza de como o Haiti entrou em cena. Recebemos também informações de que o narcotraficante estava escondido em uma igreja em Bogotá. Só que isso não condizia com seu padrão. Pablo Escobar era uma criatura de Medellín. Seu maior apoio, bem como seus maiores inimigos, estavam em sua cidade natal, e ele nunca se distanciava muito. Despejara rios de dinheiro no desenvolvimento comunitário das favelas e ainda era amado pelos milhares de habitantes necessitados da cidade. Medellín era sua zona de conforto. Além disso, sabíamos que estava preocupado demais com a segurança de sua família. Seria improvável que deixasse Medellín, quem dirá a Colômbia.

Assim que pisei em Bogotá, fui direto para a embaixada. Joe Toft saiu de sua sala quando soube que eu havia chegado e me parabenizou pela morte de Escobar. Nunca mais falamos sobre Miami. Foi como se aquilo nunca tivesse acontecido.

STEVE

Após parabenizar o coronel Hugo Martinez e os demais presentes, corri para a sala onde ficava o disque-denúncia para relatar os acontecimentos ao escritório da DEA em Bogotá. Liguei para o escritório da embaixada, mas não consegui falar. Depois de várias tentativas, liguei para o escritório administrativo da DEA, até que finalmente uma das assistentes administrativas atendeu. Pedi à moça que chamasse Joe Toft o mais rápido possível. Eu lhe disse que era urgente. Pareceram longos minutos de espera até que ouvisse a voz rouca de Joe Toft.

"A polícia colombiana acabou de matar Pablo Escobar", disse ele antes mesmo que eu tivesse a chance de dizer alô. Seu amigo general Octavio Vargas Silva, chefe da PNC, já o havia contatado. Lá se foi minha chance de ser o primeiro a contar a Joe Toft sobre o grande acontecimento. Seus próprios contatos chegaram antes.

Eu lhe disse que estava indo para o local no bairro de Los Olivos, perto do Complexo Esportivo Atanasio Girardot, construído por Pablo Escobar em seus áureos tempos no início dos anos 1980, quando ainda se comportava como Robin Hood. Disse-lhe também que mais tarde o informaria.

"Certifique-se de dar uma boa olhada no corpo", ordenou Joe Toft. "Para termos certeza de que Pablo Escobar está realmente morto."

Corri para o dormitório a fim de pegar minhas coisas e minha câmera, mas, quando retornei para o pátio, todo o Bloco de Busca já havia desaparecido. As únicas pessoas que sobraram foram os guardas e os civis. Comecei a pensar em uma série de opções para chegar ao local onde o tiroteio acabara de ocorrer. Nesse momento, um jipe solitário voltou ao complexo. Era o coronel Hugo Martinez, seu motorista e um guarda-costas. Ele retornara para pegar sua câmera de vídeo e, a seu convite, pulei no jipe e fomos até o local.

Era um tranquilo bairro residencial de casas geminadas de dois ou três andares. Do outro lado, havia um pequeno canal de drenagem que descia a rua com algumas pequenas passarelas suspensas que cruzavam a água. A conversa telefônica entre Juan Pablo e Pablo Escobar que resultou na localização exata de Escobar primeiro levou o tenente Hugo Martinez ao lugar errado. No entanto, o tenente percebeu que, como havia água nas proximidades, isso afetava negativamente suas leituras. Somente depois de neutralizar a água e recalibrar o equipamento é que ele conseguiu localizar o esconderijo exato de Pablo Escobar no bairro Los Olivos.

Quando cheguei com a equipe do coronel, as pessoas já estavam correndo pelas calçadas e se aglomerando do lado de fora da casa na tentativa de descobrir o motivo do tiroteio. À medida que cada vez mais policiais chegavam, mais e mais pessoas saíam para assistir. A notícia de que Pablo Escobar havia sido morto se espalhou rapidamente.

Acompanhei o coronel Hugo Martinez até a residência de três andares e vi diversos oficiais da DIJIN com quem trabalhávamos à paisana. Todos estavam animados e mais do que depressa me contaram que Pablo Escobar havia sido morto. Houve muitos apertos de mão e tapinhas nas costas. Fiquei sabendo que, quando o tenente Hugo Martinez localizou Escobar usando o equipamento de localização de frequência de rádio, a DIJIN rapidamente posicionou policiais na frente e nos fundos da casa. Apreensivos com a possibilidade de o narcotraficante ter uma rota de fuga alternativa que ninguém conhecesse ou de que pudesse chamar reforços para ajudá-lo a escapar, os policiais da DIJIN decidiram arrombar a porta da frente e capturá-lo logo. Os policiais arrombaram a porta da frente e entraram. O tenente Hugo Martinez já tinha avistado Pablo Escobar por uma janela do segundo andar da casa, mas os policiais não quiseram se arriscar. Fizeram uma busca e liberaram o primeiro andar. Depois, seguiram para o segundo andar, onde Escobar fora visto, e foi então que o narcotraficante começou a atirar contra a polícia, que revidou. Pablo Escobar subiu até o terceiro andar com a polícia em seu encalço. Naquele andar, tinha uma janela que ficava próxima ao telhado da casa ao lado, e o guarda-costas do narcotraficante pulou direto para o telhado e começou a atirar para dar cobertura à fuga de Escobar. A polícia ordenou que parasse e largasse a arma. Como ele continuou a atirar, os policiais da Polícia Nacional da Colômbia o alvejaram e ele caiu do telhado. Alvaro de Jesús Agudelo, conhecido como El Limón (o Limão), despencou de uma altura de mais três metros em uma área gramada ao lado da casa. Antes mesmo de atingir o solo, já estava morto.

Pablo Escobar escalou descalço a mesma janela e subiu no telhado da casa vizinha com o intuito de fugir. Ficou perto da parede de outra casa, ao lado direito da janela. Essa parede lhe forneceu um tipo de barreira contra os policiais no chão, mas não contra os policiais que o perseguiam. Carregando duas pistolas, o narcotraficante começou a andar sobre o telhado e disparou contra os policiais que estavam em sua cola. Mas tanto os que estavam em seu encalço quanto os que estavam no chão revidaram, atingindo o narcotraficante inúmeras vezes. Pablo Escobar tombou, seu corpo estatelado no telhado, a barriga branca exposta por sua polo azul-marinho justa demais.

Os estampidos dos tiros que acabaram com a vida do primeiro narcoterrorista do mundo foram tão rápidos que ninguém conseguia acreditar que ele estava de fato morto.

Mas era verdade.

Anos após anos de decepção na caçada ao narcotraficante mais brutal do mundo, a Polícia Nacional da Colômbia finalmente tivera um ótimo dia. Estavam radiantes com a conquista, e eu fiquei extremamente feliz por eles.

E, apesar de Pablo Escobar e seu único guarda-costas terem se envolvido em uma troca de tiros com a polícia, nenhum policial saiu ferido. Um dos policiais da DIJIN escapou da morte por um triz. Ao virar o corredor no segundo andar para subir as escadas enquanto perseguia Escobar, tropeçou e caiu. Naquele exato momento, Escobar atirou contra ele. Se o policial não tivesse tropeçado e caído, teria sido atingido pelo narcotraficante. A queda acabou salvando sua vida.

Eu e o coronel Hugo Martinez, bem como diversos outros policiais da PNC, fomos até a janela do terceiro andar, de onde Escobar e seu guarda-costas haviam pulado para o telhado da casa vizinha de dois andares. Vi quase todos os policiais da DIJIN parados no telhado, alguns ainda segurando suas armas de longo alcance, ao lado de um corpo caído sobre as telhas. Olhei de relance para o cadáver do homem mais procurado do mundo: não parecia mais o criminoso entroncado e bigodudo cujo sorriso cínico estampava os cartazes de procurado. Enquanto estava foragido, Escobar ganhara muito peso. A barba estava mal feita. A calça jeans ensanguentada parecia nova e estava cuidadosamente enrolada até os tornozelos, pois era nitidamente comprida demais para ele. As solas dos pés estavam cortadas e imundas por causa de sua fuga desesperada pela casa e pelas telhas quebradas e desniveladas do telhado. Quando os policiais me viram, gritaram para me avisar que haviam capturado Escobar. Acenei de volta e tirei um monte de fotos.

Em seguida, acompanhei o coronel Hugo Martinez e seu pessoal de volta ao térreo e demos a volta no quarteirão até a rua dos fundos. Ao chegarmos à casa em que Escobar havia sido abatido no telhado, avistei um corpo estatelado na grama — era o cadáver de El Limón, o último *sicario*.

Tirei fotos para análise e avaliação subsequentes. Depois, subimos uma escada que nos levou ao telhado onde Escobar estava. Tirei inúmeras fotos do corpo de Pablo Escobar, bem como de seu coldre duplo de ombro e das duas pistolas que usou para atirar contra a polícia. Tirei fotos também dos policiais da DIJIN parados ao lado do corpo de Pablo Escobar. Muitos dos policiais, inclusive alguns uniformizados, queriam tirar uma foto com o narcoterrorista, então eu tirei. Os policiais da DIJIN queriam que eu tirasse uma foto com eles e Escobar, e tirei. A foto no telhado, em que estou agachado próximo ao cadáver de Escobar segurando uma das mangas de sua camisa, se tornou bastante conhecida, como também trouxe alguns problemas para mim, sobretudo em Washington e Bogotá, logo após a morte de Pablo Escobar. A foto dava a impressão de que um norte-americano havia matado Pablo Escobar, quando na verdade todo o trabalho havia sido feito pela polícia colombiana.

Entretanto, eu nem sequer cheguei a pensar em oportunismos diplomáticos. Como todas as outras pessoas à minha volta, fui tomado pela euforia do momento. Após tantos anos de terror, de centenas de policiais assassinados, de sequestros e bombas que ceifaram a vida de inocentes, Pablo Escobar estava morto. Deixe-me até sublinhar isso: Ele estava morto. Se me deixei levar pelo momento, tudo bem, admito: estava transbordando de alegria.

Conforme tirava as fotos, eu continuava a examinar o corpo. Detectei um total de três ferimentos — um na parte de trás de uma perna, um nas nádegas e um na orelha direita. Era óbvio que o ferimento que o matou fora o tiro na orelha. Quando jovem policial, fui treinado em investigações de homicídio e suicídio, e já havia trabalhado com os dois antes. Ao analisar a área em volta do ponto de perfuração na orelha de Pablo Escobar, não identifiquei nenhum sinal de queimadura de pólvora que indicasse um suicídio por arma de fogo ou um tiro sendo disparado à queima-roupa.

Definitivamente não foi suicídio. Determinar a causa da morte foi essencial porque, anos depois, seu filho, Juan Pablo, por exemplo, tentaria manipular a verdade e afirmar que seu pai cometeu suicídio no telhado. Por algum motivo, isso deveria passar a imagem de que o narcotraficante era corajoso.

Portanto, o suicídio estava fora de questão. O coldre duplo de ombro estava ao lado do corpo de Pablo Escobar, além de duas pistolas 9mm. O ferrolho de uma das armas estava travado, o que sinalizava que não havia mais balas na arma. Eu já havia identificado sinais de tiroteio na casa, e havia nítidos sinais de outra troca de tiros no telhado. Após examinar a cena e as provas, não tive motivo para não acreditar na polícia colombiana e em sua versão dos fatos. Afinal, Javier e eu confiamos nossas vidas a esses policiais no último um ano e meio, e nunca suspeitamos de que mentissem para nós.

Durante o tempo em que estávamos no telhado, pude ver a multidão se aglomerando lá embaixo na calçada. As pessoas estavam saindo para ver se Pablo Escobar realmente estava morto. Vi a mãe de Escobar fora de si e sua irmã chegando ao local. Observei enquanto elas discutiam com a polícia. Em seguida, a irmã se aproximou para ver o corpo do guarda-costas de Escobar e começou a berrar com a polícia que eles haviam matado a pessoa errada. Segundo ela, aquele não era seu irmão. Os policiais conseguiram tranquilizá-la e então lhe disseram que seu irmão estava morto e estirado no telhado.

Os militares colombianos chegaram e cercaram o perímetro para manter as pessoas afastadas da casa conforme a investigação prosseguia. A imprensa local começou a chegar, bem como os peritos e legistas. Falei com o tenente-coronel Norberto Peláez, um dos comandantes militares, e ambos concordamos que era melhor eu não ser visto pela mídia. Não queria tomar o crédito da Polícia Nacional da Colômbia, e nenhum de nós queria passar a impressão de que os norte-americanos haviam liderado e conduzido aquela operação final. Desci do telhado e retornei para o interior da casa onde Pablo Escobar foi morto. Tirei inúmeras fotos de cada cômodo e do que tinha dentro da casa. Havia um táxi amarelo estacionado na garagem da residência, o que confirmou nossas suspeitas de que Pablo Escobar circulava livremente por Medellín, enquanto conversava com seu filho em seu telefone celular. Na última conversa que tiveram, Juan Pablo o repassava uma lista de perguntas que faziam parte de um pedido de entrevista de um meio de comunicação colombiano.

No início da noite, eu já havia gastado quatro rolos de filmes e estava pronto para voltar à base. Norberto Peláez foi comigo e providenciou outros policiais para a nossa proteção. Estavam bastante preocupados com minha segurança e insistiram em me levar de volta, o que achei prudente. Ainda estávamos extasiados com os acontecimentos do dia. Encontrei-me com outros norte-americanos na base e lhes contei tudo o que tinha visto. Liguei para Connie a fim de que ela soubesse que eu estava bem e depois expliquei tudo para Joe Toft. Assegurei-lhe de que, sem dúvidas, Pablo Escobar estava realmente morto.

Mais tarde naquela noite, a mãe de Pablo Escobar, Hermilda, e duas irmãs identificariam o corpo no necrotério da cidade — o mesmo necrotério onde os corpos de mais de quatrocentos policiais haviam passado nos últimos dezesseis meses, todos assassinados pelos capangas do narcotraficante durante a segunda caçada a Escobar.

"Assassinos!", gritava Hermilda em desespero para a polícia que protegia o necrotério.

Joe Toft parabenizou todo mundo e informou que as providências para me levar de volta a Bogotá estavam sendo tomadas.

Assim que a polícia começou a retornar à base, a segurança aumentou radicalmente. Todos se prepararam para represálias. Naquela noite, sentimos que havia uma alta probabilidade de ataques contra a base. Aumentamos a vigilância do perímetro e todos mantiveram suas armas perto.

Contudo, foi uma das noites mais tranquilas que eu já passei em Medellín. Em razão das iniciativas da polícia colombiana e do governo na luta contra Pablo Escobar, e os ataques brutais de Los Pepes, praticamente todos os membros da organização criminosa de Escobar estavam mortos ou presos, então a realidade é que não havia restado ninguém para nos atacar. Ainda assim, não posso afirmar que dormi em paz. Estávamos todos agitados por conta dos acontecimentos do dia e, embora sentíssemos que o peso do mundo havia sido tirado de nossos ombros, ainda estávamos um tanto paralisados em uma névoa de descrença.

Nós fizemos isso mesmo? Tudo tinha realmente acabado? Parecia um sonho.

Em Bogotá, César Gaviria anunciou em rede nacional de televisão as boas notícias e, em Washington, o presidente Clinton parabenizou por telefone o presidente colombiano: "Centenas de colombianos — policiais corajosos e pessoas inocentes — perderam a vida por causa das campanhas de terrorismo de Pablo Escobar. Seu trabalho honra a memória de todas essas vítimas."

Após todos retornarem à base, fui abordado por Norberto Peláez, que me informou que nenhuma outra câmera havia funcionado naquele dia, e as fotos que eu havia tirado eram as únicas que registraram a cena logo após o tiroteio.

Sempre gostei de Norberto Peláez. Ele era bem-apessoado, perspicaz e seu inglês era excelente. Também havia sido treinado na academia nacional do FBI, um programa internacional de treinamento para líderes de nível executivo, e era muito admirado por seus oficiais subalternos. Com pouco mais de 1,80m de altura, Norberto Peláez era esguio, tinha cabelos e olhos pretos e estava em excelente forma física. Era membro da equipe executiva e do círculo interno do coronel Hugo Martinez. Quando morei na base, ele costumava me convidar para passear pelo complexo e, às vezes, íamos até a vizinhança para comer um sanduíche e beber uma cerveja. Já fomos até tomar sorvete juntos e conversamos sobre nossas famílias e onde crescemos. Até contei a Norberto Peláez sobre Connie e eu, e como estávamos felizes por adotar Monica e contávamos os dias para podermos apresentá-la às nossas famílias quando retornássemos para casa. Pode parecer meio piegas, mas aquelas caminhadas para tomar sorvete realmente me passavam uma sensação de normalidade e me permitiam esquecer por alguns minutos a tensão e o estado de alerta máximo que caracterizavam nosso cotidiano na base.

Eu confiava em Norberto Peláez; desse modo, quando ele pediu os filmes das minhas fotos, concordei em entregá-los sem hesitar. Peguei os quatro rolos de filme 35mm e Peláez entregou-os a um major que revelou as fotos. O major concordou em me devolver os negativos junto com as cópias das fotos que eu queria. Mais tarde naquela noite, fiquei sabendo que os filmes haviam sido revelados, só que o major se recusava a devolver meus negativos ou as fotos. Quando pedi para Norberto interceder, recebi os negativos e as fotos, mas não todos. O major ficou com vários negativos, que nunca mais vi. A maioria deles era dos policiais da DIJIN em pé no telhado com o corpo de Pablo Escobar — as fotos que tirei da janela do terceiro andar.

Na manhã seguinte, recebi um telefonema da embaixada me informando que Javier chegaria à base policial de Medellín mais tarde naquele dia e que ambos retornaríamos a Bogotá naquela mesma noite. Providenciei que um helicóptero da polícia pegasse Javier no aeroporto de Medellín e o levasse até a base. Fiz minhas malas e comecei a me despedir dos outros norte-americanos e de nossos amigos policiais. Assim que Javier chegou, houve mais comemoração, porque ele fazia parte da caçada a Pablo Escobar desde 1988. O que mais lamento é ele não estar presente quando o narcotraficante foi morto.

Eu teria preferido que ele estivesse lá para compartilhar a alegria quando a investigação terminou. Em contrapartida, Javier nunca carregou uma câmera enquanto estava em Medellín, logo, não teríamos registrado os acontecimentos históricos daquele dia se ele estivesse lá em meu lugar.

Repórteres de todo o mundo foram para Medellín com o objetivo de fazer a cobertura da morte do homem mais procurado do mundo e de seu tumultuado funeral no dia seguinte. Milhares de admiradores de Pablo Escobar das favelas de Medellín lotaram a pequena capela, onde a família do narcotraficante tinha providenciado um velório com o caixão aberto ao público. Quando seu corpo foi levado para a igreja sob uma chuva torrencial, a multidão se debatia para chegar perto de seu caixão de prata e tocar seu corpo. Os enlutados gritavam "Viva Pablo" e tomaram o caixão, antes mesmo que a cerimônia religiosa começasse. A multidão estava tão descontrolada que a família Escobar foi obrigada a fugir antes mesmo do enterro no cemitério Montesacro, no topo da colina, para sua própria segurança.

Não ficamos para ver nada disso, porque simplesmente não nos importávamos; estávamos felizes com sua morte. Quando Javier chegou, demos outra olhada na casa em Los Olivos, vasculhamos a carteira de Pablo Escobar em busca de números de telefones, nomes e qualquer outra coisa que pudesse nos levar a outros membros do Cartel de Medellín. Mas não achamos nada. Além disso, ficando sabendo pelos nossos chefes na embaixada de um incidente na noite anterior, no mesmo dia em que Pablo Escobar fora morto, que representava uma possível ameaça contra Connie e eu. Meu supervisor imediato e sua esposa moravam na mesma rua que eu e Connie, a cerca de 27 quarteirões ao sul. Naquela noite, a esposa do meu supervisor estava passeando com o cachorro na calçada próxima de seu apartamento e percebeu que um carro com quatro homens subia e descia vagarosamente a rua, como se procurassem um endereço. Acabou que o carro começou a andar devagar, e o motorista lhe perguntou se ela sabia onde o señor Steve Murphy morava. Os cônjuges de todos envolvidos no grupo eram bastante cientes sobre as situações possivelmente perigosas e como se cuidar. Ela disse aos homens que não conhecia nenhum Steve Murphy e, mais do que depressa, voltou para seu apartamento, onde um guarda armado estava alocado. Nunca descobrimos mais informações sobre aqueles homens ou por que estavam perguntando onde eu morava. Contudo, a DEA e a embaixada consideraram o ocorrido uma grave ameaça e designaram uma equipe de segurança com três homens para o nosso prédio. O destacamento ficava posicionado no portão de entrada do nosso complexo de três edifícios. Após retornar a Bogotá, eu trabalhava na embaixada todos os dias e Connie ficava em casa cuidando de Monica. Achávamos irônico que os guardas estivessem lá para nos proteger, mas que não nos conhecessem. Quando Connie levava Monica para passear no carrinho, passava diante do destacamento de segurança e eles não tinham ideia de quem era ela.

Naquela tarde, Javier e eu fomos levados para o aeroporto de Medellín por um helicóptero da Polícia Nacional da Colômbia. No aeroporto de Rionegro, embarcamos em um avião de volta para Bogotá. No Aeroporto Internacional El Dorado, pegamos um táxi de volta à embaixada, onde as pessoas nos esperavam no escritório da DEA, ansiosas para ver as fotos que eu havia tirado após a morte de Pablo Escobar. Eu sabia que algumas pessoas com as quais trabalhávamos queriam nos parabenizar. Ambos sabíamos que a vitória não era só nossa, mas também deles.

Chegamos em uma sexta-feira chuvosa, bem no horário de pico, em que tudo estava congestionado. O taxista era muito bom em pegar trajetos para fugir do trânsito. Ao sentar no banco de trás do táxi, me senti estranho, pois não conseguia me lembrar da última vez em que pegara um táxi. Em todas as nossas viagens de ida e volta ao aeroporto, sempre dirigíamos um carro blindado da DEA com escolta militar. Nosso avião chegou atrasado de Medellín, o que explica por que não havia ninguém para nos receber. Pegar um táxi de jeans, camisa polo e tênis na Colômbia era estranhamente libertador, um verdadeiro sinal de que talvez as coisas estivessem voltando ao normal em um país que havia sido um campo de batalha durante tantos anos.

Chegamos à embaixada mais ou menos na hora do jantar — hora do jantar para nós, norte-americanos. Fizemos o check-in pela entrada principal e pegamos o elevador até o terceiro andar. Usamos nossos cartões magnéticos para acessar o escritório da DEA a partir do saguão do elevador. À medida que andávamos pelo corredor, achei esquisito que houvesse um monte de gente circulando depois do horário de expediente. Quando Javier e eu saímos do elevador, pudemos ouvir as pessoas comentando em voz alta o quanto estavam orgulhosas. Normalmente, a embaixada ficava deserta nas sextas-feiras à noite, já que todos ficavam ansiosos para dar início ao final de semana. Quando Javier e eu finalmente entramos no escritório e vimos as serpentinas e os balões, nos demos conta do que estava acontecendo.

"PABLO ESCOBAR GAVIRIA ESTÁ MORTO SIM!" — estava escrito em letras maiúsculas e em negrito em uma faixa pendurada em nosso escritório. Todos os nossos companheiros de trabalho nos aplaudiram. Um a um, todos nos cumprimentaram com abraços e apertos de mão. Fiquei atônito ao ver Connie tão tarde da noite de uma sexta-feira sem nossa filhinha, mas depois soube que ela havia organizado tudo com a ajuda de Rosa, nossa babá de confiança, para que pudéssemos comemorar nossa grande vitória sobre Pablo Escobar. Quando finalmente cheguei ao fundo da sala onde Connie me aguardava, fui recebido com um longo abraço e muitos beijos. Em seus braços, senti um misto de alívio e euforia. O risco de ter deixado Miami tinha valido a pena. Foi difícil, mas foi uma aventura e tanto. E, agora que tudo estava acabado, logo voltaríamos para casa com nossa filhinha.

Quando eu e Javier chegamos às nossas mesas, onde largamos nossas malas para participar da festa, mal conseguíamos andar, pois éramos seguidos por mais e mais pessoas que nos enchiam de perguntas, nos parabenizavam ou somente nos ofereciam uma cerveja gelada. Connie e algumas das outras pessoas no escritório haviam providenciado várias caixas de cerveja e muita pizza para a comemoração.

Assim que mostrei as fotos tiradas em Medellín no dia anterior, todo mundo se aglomerou ao meu redor e, durante horas, eu e Javier contamos a história de como a PNC havia encontrado e matado Escobar. Todos queriam cópias de nossas fotos, pois reconheciam que participaram de um momento histórico — haviam ajudado a acabar com o reinado de Pablo Escobar, o homem mais procurado do mundo. Acho que todos nós da DEA, assim como das outras agências com as quais trabalhamos, sentimos um alívio imenso depois que Escobar foi morto.

Afinal de contas, levá-lo à justiça foi um empenho em equipe; não apenas meu, de Javier e de nossos amigos da polícia colombiana. Outras pessoas da DEA contribuíram significativamente para a caçada a Pablo Escobar, mas não tiveram o mesmo reconhecimento. O trabalho dessas pessoas foi de suma importância, e tudo contribuiu para pressioná-lo ao ponto em que o narcotraficante cometeu o erro fatal de conversar ao telefone durante muito tempo naquele dia. O caso Pablo Escobar era prioridade máxima na embaixada, o que fez com que o ritmo de outras investigações desacelerasse um pouco. Todos os recursos foram direcionados para nós e para essa operação. Agora que Escobar estava fora da jogada, isso significava que poderíamos todos voltar a trabalhar para frustrar as outras ameaças contra os colombianos e contra o nosso próprio país.

A Polícia Nacional da Colômbia mereceu e conquistou a maior parte do reconhecimento pelo seu trabalho árduo, compromisso e sacrifícios. Eles foram verdadeiros aliados e amigos, além de fazerem tudo o que estava ao seu alcance para proteger Javier e eu. E todo o efetivo norte-americano que contribuiu com essa investigação também merece reconhecimento por seus empenhos — não somente as pessoas da embaixada em Bogotá, mas em todo o mundo. Enviamos inúmeras pistas para escritórios da DEA ao redor do globo, bem como para outras agências de repressão ao crime e às drogas nos Estados Unidos, e todos os escritórios seguiram essas pistas prontamente e com o máximo de profissionalismo. Depois de todos esses anos, a brutal caçada a Pablo Escobar ainda é reconhecida como um dos melhores exemplos do que pode ser conquistado quando agências e países deixam de lado seus egos e diferenças para trabalharem juntos em prol de um mundo melhor.

Por fim, a cerveja e a pizza acabaram e saímos em busca de uma boate. Connie tinha tomado as providências para que nossa amiga dormisse no apartamento e cuidasse de Monica. E saímos para continuar nossa festa! Não me lembro de nenhum dos restaurantes, boates ou bares que visitamos naquela noite, embora tenha sido uma das melhores noites da minha vida.

Todo mundo sabia que, no exato momento em que Pablo Escobar foi morto a tiros — descalço naquele telhado —, todos os colombianos estariam mais seguros. Semanas depois, quando conferimos o índice de homicídios em Medellín, não ficamos tão surpresos ao ver que havia caído quase 80%.

Festejamos a noite toda e manhã adentro. Quando o sol nasceu em Bogotá, segurei forte a mão de Connie enquanto saíamos do bar e caminhávamos em direção à rua. Tudo parecia mais leve naquela manhã, e até mesmo a neblina que sempre envolvia a cidade parecia se dissipar, enquanto os colombianos despertavam para uma nova era.

Ao nos aproximarmos de nosso apartamento, o sol estava nascendo.

Um jornaleiro já vendia os jornais da manhã. Eu tinha visto alguns dos jornais colombianos que saíram no dia em que Javier e eu voltamos para Bogotá. Nós até tiramos foto com o jornal *El Tiempo*, que declarava "AL FIN, CAYO!" ("Finalmente, ele caiu!") na primeira página. Mas foi a manchete do *La Prensa* que chamou minha atenção naquela manhã gloriosa: "ALEGRIA IMORTAL! — COLÔMBIA ENTRE O DELÍRIO E O ALÍVIO", estampava a manchete em negrito que dominava a primeira página.

Eu não poderia ter dito melhor.

CONCLUSÃO

JAVIER

Após a morte de Pablo Escobar, não levou nem duas semanas para que os cartéis da cocaína retomassem suas atividades.

Óbvio que o Cartel de Cali se beneficiou imensamente da destruição do Cartel de Medellín. Quando se analisa a história da guerra relacionada às drogas, quando o principal grupo de traficantes é desmantelado, sempre há outro pronto para ocupar o seu lugar. Mais do que isso, os líderes do Cartel de Cali — os irmãos Orejuela — observaram e aprenderam com todos os erros de Pablo Escobar enquanto ele ainda estava vivo. Os líderes do Cartel de Cali aprenderam a importância de manter a discrição e de se concentrar na melhoria de suas redes de distribuição. Sempre frisei que o Cartel de Medellín funcionava como um bando de cowboys no Velho Oeste, ao passo que os traficantes de Cali se comportavam mais como empresários e eram mais sofisticados — como os homens de negócios de Wall Street.

Não estou dizendo que a guerra contra as drogas foi um fracasso completo. A caçada a Pablo Escobar foi um enorme sucesso, mas talvez tenha sido assim porque foi uma guerra pessoal para muitos dos envolvidos. Todos nós tínhamos perdido amigos e comparecido a funerais policiais. Sobrevivemos a sequestros, explosões de carros-bomba e ao atentado contra a Avianca — tudo isso causado por um único homem. Levou-se quase uma década para se livrar de Pablo Escobar, mas ajudamos os colombianos a retomar as rédeas do próprio país e sinto orgulhoso disso. Sinto orgulho também em dizer que foi a primeira vez na história que um cartel foi desmantelado por completo.

No entanto, apesar da morte do sanguinário narcotraficante, pouca coisa mudou na Colômbia, onde os novos cartéis ainda controlavam o processo político. A prova disso foi um informante que nos entregou uma cópia de uma linha grampeada em que Miguel Ángel Rodríguez Orejuela, chefe do Cartel de Cali, contava a um associado como havia providenciado um depósito de mais de US$3,5 milhões para a campanha presidencial de Ernesto Samper. Faltavam somente alguns dias para as eleições e Ernesto Samper estava praticamente empatado com outro candidato importante, Andrés Pastrana Arango.

Em um silêncio estarrecedor, o embaixador Morris Busby ouviu as fitas e as repassou para Joe Toft, que perdeu totalmente a cabeça. As fitas também foram entregues ao presidente César Gaviria, que as enviou ao procurador-geral. Mas Joe Toft estava enfurecido e sabia que as autoridades provavelmente não fariam nada antes das eleições, assim, pediu permissão a Washington para vazar as fitas para a imprensa. O pedido foi negado, e todos nós cruzamos os braços e assistimos a Ernesto Samper ganhar por uma estreita margem de votos.

Entretanto, Joe Toft, um veterano com trinta anos de experiência em guerras contra as drogas, tanto nos Estados Unidos como na América Latina, estava farto. Ele vazou as fitas para repórteres colombianos e norte-americanos e em seguida foi pessoalmente à TV colombiana denunciar a "narcodemocracia" em que o país havia se transformado. Depois disso, ele se demitiu da DEA.

Nenhum de nós poderia culpá-lo. Todos havíamos lutado arduamente e por muito tempo, e, no momento em que Ernesto Samper ganhou, parecia que o sacrifício de centenas de policiais, juristas e jornalistas corajosos que lutaram contra Pablo Escobar fora em vão.

Após a vitória de Ernesto Samper, enquanto eu me preparava para deixar a Colômbia, me lembrei daquela remota noite de verão, quando eu e meu ex-parceiro Gary Sheridan ficamos repentinamente trancados em um restaurante pois os capangas de Pablo Escobar haviam assassinado o candidato presidencial Luis Carlos Galán durante uma campanha eleitoral nas imediações de Bogotá. Pablo Escobar havia escolhido a dedo o *sicario* Jhon Jairo Velásquez Vásquez, conhecido pela maioria de nós como Popeye, como um dos capangas para puxar o gatilho. Popeye, que se vangloriava de ter matado quase trezentas pessoas enquanto trabalhava para Escobar, apesar de se suspeitar que ele acabou com a vida de muito mais gente, foi condenado pelo assassinato de Luis Carlos Galán e foi para a prisão na Colômbia. Mas, em 2014, saiu da prisão depois de cumprir 22 anos de uma sentença de 30 anos. A última coisa que fiquei sabendo a seu respeito era que ele estava organizando passeios sinistros em Medellín, em que levava os visitantes para os locais de alguns dos piores massacres da cidade e ao cemitério para mostrar as covas de todas as pessoas que ele havia matado.

Você enlouquece quando tenta entender as coisas que acontecem na Colômbia.

E a loucura fica muito pior. Há alguns anos, o general Miguel Maza Márquez, que era um bom amigo da DEA enquanto estávamos caçando Pablo Escobar e encarregado do agora extinto DAS — o equivalente colombiano do FBI — foi considerado culpado pelo homicídio de Luis Carlos Galán. Fiquei desolado quando soube que ele havia sido preso por reduzir o destacamento de segurança ao redor de Galán, pouco antes de ele ser assassinado. Não sei por que ele mudou o destacamento de segurança em torno de Luis Carlos Galán, mas tenho certeza de que a intenção não era matá-lo. Ninguém estava mais comprometido com a luta contra Pablo Escobar do que o general Miguel Maza, que sobrevivera a sete atentados diferentes do Cartel de Medellín contra sua vida, incluindo um carro-bomba que explodiu fora de seu escritório em Bogotá.

No verão de 1994, pouco tempo após deixar o governo, Gustavo de Greiff fez uma turnê internacional de palestras em que apelava para o fim da guerra mundial contra as drogas. O homem responsável por processar os cartéis de cocaína da Colômbia queria agora legalizar as drogas! Não falei que é impossível entender a Colômbia? Sem dúvidas, nunca conseguiremos compreender Gustavo de Greiff, cuja decisão de negociar com um assassino como Pablo Escobar prolongou a guerra contra as drogas, resultando na morte de milhares de vítimas inocentes.

No entanto, deve-se considerar seu ponto de vista da guerra contra as drogas. Apesar dos bilhões que foram destinados às agências e aos órgãos de repressão ao crime e à substituição de safras agrícolas com o objetivo de ajudar os agricultores pobres a deixar de lado o lucrativo cultivo de coca, grande parte dessa guerra foi um fracasso. Vi recentemente estatísticas elaboradas pelas Nações Unidas demonstrando que a Colômbia teve um nível recorde de cultivo de coca em 2017. O plantio de coca foi o suficiente para a produção de mais de 1.300 toneladas de cocaína, um aumento de mais de 30% em relação à colheita do ano anterior, segundo o Escritório das Nações Unidas sobre Drogas e Crime (UNODC) na Colômbia.

O consumo de drogas ilegais é um problema global. Há traficantes somente à espera de uma oportunidade para ascender e ganhar dinheiro, sem se importar com quem perderá a vida pelo consumo de drogas ou será morto por atrapalhar os negócios. Precisamos de uma melhor repressão ao crime em todo o mundo para prender os responsáveis pelo envio dessas mercadorias letais. A pior ameaça que você pode fazer a um traficante de drogas estrangeiro é a de extraditá-lo para os Estados Unidos.

Só que também precisamos estar cientes das prioridades da educação social e ser melhores em ajudar as pessoas a compreender os malefícios do consumo de drogas.

Sempre me recordarei de que Pablo Escobar tinha placas em seus laboratórios de cocaína na selva que afirmavam: "Se você for pego usando o produto, eu te mato."

Por certo, era um exagero, mas a ordem de Pablo Escobar passa uma importante mensagem. Como sociedade, precisamos ser mais inflexíveis com a dependência química. Precisamos melhorar a educação sobre os malefícios das drogas. Precisamos ampliar programas como o Programa Educacional de Resistência às Drogas e à Violência (DARE, na sigla em inglês), que ensina crianças em idade escolar sobre o perigo do consumo de drogas e de pertencer a gangues. No entanto, não podemos simplesmente deixar isso a cargo dos sistemas educacionais escolares; a conscientização sobre o uso de drogas deve ser abrangente. Precisa acontecer em grupos religiosos e em casa. Isso diz respeito a todos e é um problema de todos.

Se tem uma coisa que eu aprendi na DEA é que lutar na guerra contra as drogas exige total comprometimento de todos de sua equipe. Para que as pessoas de bem vençam, precisam do apoio de todos.

Quando cheguei à Colômbia em março de 1988, tive problemas com gravatas. Não que eu não gostasse de usar terno e gravata, simplesmente meus dedos não tinham muita habilidade quando se tratava de fazer um nó de gravata elaborado. Não eram ágeis ou treinados o bastante para essas delicadezas, até mesmo porque passei boa parte da minha carreira perseguindo bandidos pelo Texas e pelo México.

Eu conseguia lidar com qualquer tipo de arma de fogo, mas era um caso perdido com uma gravata. Acredite em mim, quando você está bebendo cerveja choca nas encardidas cidades fronteiriças, onde comecei minha carreira e ganhei experiência como jovem policial e depois como agente infiltrado da DEA, terno e gravata não são necessários.

No entanto, na Colômbia, as coisas eram diferentes. Mesmo antes de chegar, eu sabia que seria um marco na minha carreira policial. Como agente especial da DEA destacado para Bogotá, agora eu era uma espécie de diplomata. Meu escritório ficava na embaixada dos Estados Unidos na capital da Colômbia e esperava-se que eu me vestisse de acordo todos os dias quando fosse trabalhar.

Terno e gravata. Terno e gravata. Todo santo dia. Disse a mim mesmo que estava tudo bem, desde que eu ainda pudesse usar minhas botas de cowboy.

Não consegui dominar a arte de dar um nó na gravata antes de ter que assumir meu novo cargo. Em casa, no Texas, sempre que eu me colocava diante de um espelho determinado a vencer o nó, ele sempre me afrontava como se debochasse de minha incapacidade de lidar com uma tarefa tão simples. Quando olhava para o meu reflexo no espelho, após me debater com o nó da gravata, eu me concentrava no fino pedaço de seda em volta do meu pescoço. Por que não conseguia acertar? O nó sempre saía torto e desalinhado.

No início, minha nova namorada me ajudava. Começamos a namorar pouco depois que cheguei a Bogotá, depois que ela terminou com seu namorado do Departamento de Estado. Era uma morena alta e esbelta com olhos cor de mel e também uma veterana quando se tratava de postos administrativos da DEA na Europa. Ela trabalhava árdua e incansavelmente, ia à embaixada aos finais de semana para acompanhar as informações e comunicações, e trabalhava até tarde da noite boa parte dos dias de semana. Mantivemos nosso relacionamento em segredo, mas um dia fomos descobertos. Antes de ingressar na DEA, ela havia trabalhado no departamento masculino da Saks Fifth Avenue, então, deu nós profissionais em toda a minha singela coleção de gravadas e, depois, prendeu habilidosamente um velcro em cada uma delas. No meu guarda-roupas em Bogotá, eu tinha diversas gravatas fixadas com velcro com nós impecáveis. Tudo que eu precisava fazer era enrolar uma ponta da gravata já com o nó em volta do colarinho da minha camisa e prender as tiras de velcro juntas.

Ainda assim, nunca imaginei que minha permanência duraria tanto tempo. Na metade dos meus seis anos no país, aquelas gravatas com velcro começaram a ficar desgastadas. Os nós estavam quase se desfazendo e as cores começaram a desbotar. Desse modo, voltei para a frente do espelho e pratiquei com um novo conjunto de gravatas. Mais do que nunca, eu estava decidido a dominar o esquivo nó.

Curiosamente, minhas habilidades com a gravata progrediram logo depois que rastreamos e matamos Pablo Emilio Escobar Gaviria. Sim, foram nossos colegas da Polícia Nacional da Colômbia que de fato puxaram o gatilho, mas, depois de passar as noites em claro caçando aquele ser desprezível por seis anos, era a nossa vitória também.

Os policiais da PNC ficaram tão contentes e aliviados com a morte do famigerado barão da cocaína que aparentemente mal conseguiam esperar para homenagear todos os policiais que participaram da busca, incluindo os agentes norte-americanos da DEA que trabalharam por tanto tempo ao lado deles. Os norte--americanos eram meu parceiro Steve Murphy e eu — nós dois, policiais veteranos que de alguma forma acabaram longe de casa, perseguindo o criminoso mais famoso do mundo.

Mas vamos voltar à gravata. No dia em que senti mais orgulho em minha carreira, tirei um tempo a mais na frente do espelho com uma gravata vermelha estampada que eu escolhera na noite anterior. Vesti uma camisa branca engomada e me certifiquei de que meu terno cinza claro estivesse passado. Penteei e passei gel no cabelo e, quando fiquei pronto, achei que estava razoável. Na verdade, agora posso admitir, ao relembrar as fotos tiradas há tantos anos atrás: eu estava mais que razoável. Estava lindo!

Eu me encarei mais uma vez no espelho e ajustei meus óculos. O governo colombiano estava prestes a me proclamar um herói, e eu queria estar o mais bonito possível para a cerimônia de premiação organizada pelo diretor da PNC com a presença dos homens que eu mais admirava na Colômbia, que foram nossos parceiros locais na caçada a Pablo Escobar.

Desculpe, retiro o que disse: nós éramos seus parceiros; eles estavam sempre no comando e estão entre os homens mais corajosos que já conheci, dispostos a sair dia e noite mesmo sabendo que havia uma grande possibilidade de nunca mais voltarem. Para mim, os membros de elite da PNC eram os melhores entre os melhores.

E eu sabia que o que os tornava tão bons na guerra contra Escobar não eram as drogas nem o dinheiro.

Era a vingança, nua e crua. Vingar todas as pessoas inocentes e centenas de policiais e agentes especiais assassinados a mando de Pablo Escobar. Para eles, a guerra contra o narcotraficante era pessoal, e, após perder colegas de confiança na Colômbia e presenciar as atrocidades mais cruéis que Escobar podia conceber, a caçada se tornou pessoal para mim também.

Semanas antes de a PNC nos entregar as premiações, Escobar havia sido morto a tiros em Medellín. Seu corpo ficou estendido entre as telhas quebradas da casa que se revelou ser seu último esconderijo. A troca de tiros com Pablo Escobar colocaria um fim aos anos de trabalho investigativo arriscado por parte das autoridades colombianas e norte-americanas — todos nós trabalhamos juntos para simplesmente livrar o mundo do mal.

Pablo Escobar era a encarnação da maldade. Não era um herói. Ainda que tenha gastado uma pequena fração dos bilhões que ganhou vendendo cocaína para fazer melhorias nas favelas de Medellín e construir um estádio de futebol, sua brutalidade devastou a Colômbia por anos.

A cerimônia foi bastante formal, e fiquei surpreso ao ver todos os homens com quem havia trabalhado nos escalões superiores da polícia colombiana vestindo ternos e trajes formais de polícia. No decorrer das duas caçadas a Pablo Escobar, passamos muito tempo juntos, pois morávamos na base Carlos Holguín da PNC em Medellín, e muitos de nós usavam o velho e bom uniforme do policial à paisana — jeans desbotados e camisetas polo.

Contrariando a política dos Estados Unidos, que proíbe os agentes federais de acompanhar os policiais locais nas operações, Steve e eu acompanhamos esses corajosos policiais em milhares de operações fracassadas e emboscadas em Medellín e arredores para levar Pablo Escobar à justiça.

E lá estávamos nós. Vestidos com nossas melhores roupas, socializando e batendo papo, bebericando doses de uísque como se fôssemos celebridades em um coquetel. Era difícil não reviver os acontecimentos do dia 2 de dezembro de 1993, dia em que Pablo Escobar foi morto e que o Cartel de Medellín deixou de ser uma potência no tráfico de cocaína ou uma ameaça terrorista. Era difícil contabilizar o número exato das dezenas de milhares de civis inocentes que Escobar e seu exército de *sicarios* mataram durante o reinado de terror que começou quando ele ordenou um atentado fatal contra o ministro da justiça em 1984. E o banho de sangue continuou com os assassinatos de juízes, um candidato à presidência, jornalistas e centenas de policiais.

Em pé, no grande salão do século XIX onde ocorria a cerimônia de premiação, recordei-me dos muitos funerais da polícia a que compareci em Medellín, na época em que Pablo Escobar oferecia a seus assassinos adolescentes a recompensa de US$100 por cada policial morto.

Eu sabia que estava aceitando meu prêmio em nome de todos aqueles jovens policiais que morreram no cumprimento do dever. Sentia orgulho de estar ao lado do destemido comandante, coronel Hugo Martinez, militar honrado que arriscara a própria vida como chefe do Bloque de Búsqueda — o Bloco de Busca que reuniu seiscentos policiais de elite na caçada ao primeiro narcoterrorista do mundo. Com o copo de uísque na mão, fiz um brinde informal a Hugo Martinez e a seu filho, o tenente que recebeu o nome em homenagem a seu pai, e o homem mais velho ficou radiante de orgulho. Hugo Martinez Jr. era tão destemido quanto seu velho, cuja determinação era inabalável.

O silêncio tomou conta da sala de pé direito alto decorada com as pinturas a óleo dos maiores heróis da independência da Colômbia. Sabíamos que a morte de Pablo Escobar foi um marco na história da Colômbia, tão importante quanto suas guerras históricas contra a Espanha. Sob o olhar de Simón Bolívar e do soldado e estadista Francisco José de Paula Santander Omaña em suas sofisticadas fardas militares, aguardamos imóveis o início da cerimônia de entrega dos prêmios. O general Octavio Vargas Silva, vestido formalmente com uma farda cerimonial cáqui, na qual ostentava a infinidade de medalhas coloridas dispostas com precisão militar sobre o bolso esquerdo de seu paletó de lã, pigarreou. Em seguida, leu uma proclamação do governo colombiano antes de conferir os prêmios de segurança pública mais prestigiosos do país. O general Octavio Vargas era o criador original do Bloque de Búsqueda e escolhera a dedo todos os policiais que faziam parte dessa incrível equipe, embora no final não tenha recebido muito crédito por isso. Para mim, ele foi um grande líder e um cidadão honrado. Depois de receber seu bônus do governo colombiano por liderar a vitoriosa busca contra Pablo Escobar, ele simplesmente doou todo o dinheiro para um fundo de famílias de policiais mortos no cumprimento do dever pelos capangas de Escobar.

Uma policial, também fardada em todo o seu esplendor, seguia o general Octavio Vargas solenemente, segurando uma caixa de couro. Cada medalha era amarrada a uma fita de seda nas cores da bandeira colombiana, vermelho, azul e amarelo, e dispostas em uma almofada de veludo dentro das caixas. Quando chegou minha vez, prestei bastante atenção à medida que o general removia cuidadosamente a medalha da caixa e a prendia no lado esquerdo do meu terno, logo acima do meu coração. Apertamos as mãos.

"Javier, a Colômbia agradece por sua bravura", disse o general Octavio Vargas, um militar entroncado cujos cabelos pretos estavam ficando grisalhos e cujas sobrancelhas eram grossas e densas. "Você é um herói."

"*Soy un gran amigo de la Policía Nacional*", respondi emocionado.

Sempre me senti muito próximo do general Octavio Vargas, em parte porque ambos começamos a caçar Pablo Escobar ao mesmo tempo. Ele sempre me chamava pelo primeiro nome e sempre ouvia meus conselhos sobre as estratégias de busca, embora eu fosse apenas um agente e ele fosse o chefe da Polícia Nacional da Colômbia.

Após prender a fita em meu terno, o general permaneceu na fila para conceder os outros prêmios.

Até então me senti, e ainda hoje me sinto, profundamente honrado com toda a cerimônia. Ainda tenho a medalha que fica pendurada no meu refúgio masculino. Os colombianos homenagearam a DEA ao lado de seus bravos heróis policiais, embora o sacrífico derradeiro tenha sido dos colombianos, com a perda de tantos policiais na caçada a Pablo Escobar.

No decorrer dos anos em que passei caçando Escobar, tive vontade de desistir inúmeras vezes, pois ficava indignado com a morte de tantos colombianos que eu considerava meus melhores amigos. Havia o capitão Pedro Rojas, que meu ex-parceiro Gary Sheridan e eu convencemos a ir atrás dos membros do cartel em Montería. Ele e seu motorista acabaram torturados, mortos, e seus corpos foram esquartejados. Na época, fiquei desolado. Mas, de alguma forma, o sacrifício de policiais como Rojas — que, dotados de bravura e senso de dever, perderam suas vidas em prol da batalha contra o mal — me fez recobrar os ânimos e me deu forças para ficar e lutar.

E aprendi muito com os colombianos. A primeira coisa que aprendi é que você não deve recuar nunca, sobretudo quando o resto da humanidade está de olho para ver o que fará.

Nós somos os heróis, e os heróis sempre vencem.

Semanas após a cerimônia de premiação, repassei cada momento em minha cabeça, deleitando-me com a honra que tive — com o orgulho e a sensação de ter desempenhado um papel histórico.

O governo colombiano reconhecia nosso valor e determinação.

Durante muito tempo, me agarrei a esse inestimável pensamento, até mesmo porque, em meu próprio país, nosso trabalho de rastrear o fugitivo mais procurado do mundo passou quase despercebido.

STEVE

Não me tornei policial para ganhar prêmios, e não fazemos nosso trabalho para obter reconhecimento especial.

Como Javier, me senti profundamente honrado em ser reconhecido pelos colombianos com a medalha da Cruz de Serviços Distintos da Polícia Nacional da Colômbia, mas também me senti decepcionado, já que a morte do homem mais procurado do mundo nem sequer apareceu na primeira página do *DEA World*, nossa publicação interna bimestral, editada em Washington.

Recebemos apenas uma singela crítica positiva na revista, e nosso chefe Joe Toft prometeu que nos inscreveria para o Prêmio de Serviços Distintos da Procuradoria-geral, um dos prêmios mais prestigiosos da polícia dos Estados Unidos. Com nossa contribuição, ele redigiu as recomendações enquanto Javier e eu ainda estávamos na Colômbia, mas a papelada foi apresentada tarde demais, e a procuradoria-geral em Washington não a aceitou. Naquela época, Javier e eu fomos transferidos de volta para os Estados Unidos, e Joe Toft já havia se aposentado. Nossos supervisores de primeiro e segundo níveis, que ainda estavam em Bogotá, nos asseguraram que fariam o acompanhamento e reenviariam a recomendação no ano seguinte, em 1995. A recomendação foi finalmente submetida à procuradoria-geral, só que, em vez de nossos nomes, saiu os nomes dos nossos supervisores de primeiro e segundo níveis. Sentimos como se tivéssemos sido apagados da história.

Em junho de 1995, a então procuradora-geral Janet Reno entregou a segunda maior forma de reconhecimento concedida a um funcionário do Departamento de Justiça aos nossos supervisores de primeiro e segundo níveis na DEA. "Pelos vigorosos e dedicados esforços em condições arriscadas e hostis, na investigação de dezoito meses e na recaptura de Pablo Escobar Gaviria. Sua supervisão diária do caso, emocional e fisicamente extenuante, acabou levando à morte de Pablo Escobar e de seus associados assassinos dentro do Cartel de Medellín, encerrando o Cartel de Medellín e seu reinado de terror na Colômbia", afirmou Janet Reno.

Os dois homens eram honrados agentes da lei com muita experiência. Um deles ajudou a montar o caso do governo dos Estados Unidos contra Carlos Lehder, o único membro do Cartel de Medellín a ser extraditado e condenado nos Estados Unidos. Contudo, eles mal haviam pisado em Medellín. Não viviam dia após dia em um quartel da PNC infestado de mosquitos, onde ficava o Bloque de Búsqueda. Na embaixada em Bogotá, eles faziam um excelente trabalho, mas Javier e eu éramos os soldados da linha de frente na guerra contra as drogas dos Estados Unidos. A recompensa por nossas cabeças era de US$300 mil — alvos secretos que o exército de jovens pistoleiros de Pablo Escobar ficaria mais do que contente em ter matado.

Após retornarmos aos Estados Unidos, muitas pessoas nos perguntaram como sobrevivemos àqueles anos na Colômbia sob tanta pressão e medo. Penso que conseguimos sobreviver a tantos horrores pois estávamos determinados a livrar o mundo da materialização do mal chamada Pablo Escobar. E devo dizer que foi nossa crença em Deus que nos sustentou na batalha. Como alguns guerreiros remanescentes, fazíamos parte do exército de Deus e acreditávamos em algum nível que ele tinha um plano para nós. E esse plano não incluía morrer na Colômbia.

Sabíamos também que a DEA nos apoiava em tudo, sobretudo depois da tortura e do assassinato de nosso ex-colega da

DEA Enrique "Kiki" Camarena Salazar no México, em 1985. O governo dos Estados Unidos respondeu à morte de Kiki pelas mãos dos capangas do traficante mexicano Miguel Ángel Félix Gallardo de forma rápida e intensa, perseguindo os homens que o sequestraram brutalmente, administrando anfetaminas para que Kiki permanecesse consciente durante mais de trinta horas de tortura antes de matá-lo. De algum modo, Pablo Escobar deve ter se dado conta de que, se fosse direta e deliberadamente atrás de mim e de Javier, o governo dos Estados Unidos imporia sanções e restrições que poderiam de fato suspender ou dificultar de forma radical suas operações de tráfico de drogas e o fluxo de bilhões de dólares em receitas. Nesse caso, os lucros provavelmente eram mais importantes para Pablo Escobar do que o assassinato de dois agentes da DEA.

Javier e eu também sabíamos que os membros da elite da polícia colombiana — os homens da PNC e da DIJIN que conhecemos tão bem — que trabalharam na caçada a Pablo Escobar sempre nos apoiaram. Eram as pessoas com quem compartilhávamos informações, com quem convivíamos, comíamos e compartilhávamos algumas das mesmas situações perigosas. Confiamos a eles nossas vidas. Quando estávamos no meio de um fogo cruzado, sabíamos que esses caras resistiriam e lutariam, não fugiriam para se proteger. Mas, devido ao respeito que tínhamos um pelo outro, eles sabiam que também ficaríamos ao lado deles e lutaríamos.

Após a morte de Pablo Escobar, eu e Javier seguimos caminhos diferentes. Javier passou um tempo em Porto Rico perseguindo outro grupo de narcotraficantes e acabou retornando à Colômbia para atacar o Cartel de Cali, que havia ganhado importância depois que Escobar saiu de cena. No verão de 1994, deixei a Colômbia com minha jovem família e comecei a trabalhar em Greensboro, Carolina do Norte, Atlanta e Washington, D.C.

Ficamos em silêncio durante anos sobre nossos papéis em uma das maiores caçadas policiais do mundo a um narcotraficante. Não comentamos nada, mesmo quando uma enxurrada de reportagens e livros atribuíram erroneamente a outros a ruína de Pablo Escobar. Um autor chegou até a nos acusar de cooperar com Los Pepes, os justiceiros assassinos colombianos que perseguiam Pablo Escobar durante o fim da segunda caçada. E ainda que tudo isso simplesmente não fosse verdade, permanecemos em silêncio. Desenvolvemos esse tipo de controle depois de passar boa parte da vida trabalhando como agentes infiltrados. Você não se envolve, apenas faz seu trabalho.

Durante anos, apenas fizemos nosso trabalho, dedicado a livrar o mundo da praga dos narcotraficantes.

Mas então, há seis anos, nos encontramos repentinamente no centro das atenções internacionais, quando a Netflix nos pediu ajuda para organizar a série *Narcos*. Nosso trabalho no caso Pablo Escobar foi finalmente revelado ao mundo, embora com a licença poética dos escritores e produtores do que se tornou uma série extremamente popular.

Hoje, quando nós dois relembramos a caçada a Pablo Escobar, nos beliscamos para ver se é real. Na verdade, éramos apenas dois caras de uma cidade do interior que tiveram a oportunidade de trabalhar no caso mais importante de nossas vidas — ser os soldados da linha de frente na maior caçada a um narcotraficante da história.

EPÍLOGO

STEVE

Nunca pensei que retornaria a Medellín depois da morte de Escobar, mas, alguns meses depois, lá estava eu em uma rotina familiar, sentado no banco de trás de um jipe da PNC em um trajeto de revirar o estômago pelas estradas sinuosas rumo à cidade. Desta vez, Connie estava ao meu lado. Estávamos indo a um orfanato para adotar a nossa filhinha, Mandy. Ao deixar nosso apartamento em Bogotá antes do amanhecer, estávamos animados, com nossa expectativa a mil, embora isso significasse viajar para um lugar ao qual eu não queria nunca mais voltar. Deixamos Monica dormindo com uma babá e, felizes, partimos em nossa jornada.

Depois de pousarmos em Medellín, Connie não disse mais nada, era a sua primeira vez na cidade. Posso dizer que ela estava nervosa, provavelmente todas as vezes em que eu viajei para a cidade em circunstâncias muito piores tenham vindo à sua memória. Nunca falamos a respeito, mas todo o horror decorrente do meu trabalho na caçada a Pablo Escobar deve ter vindo à tona de uma só vez, e ela já estava visivelmente pálida ao desembarcamos da aeronave da Avianca e sermos recebidos na pista do aeroporto de Rionegro por uma equipe de segurança completa de policiais da PNC fortemente armados para nos escoltar até a cidade. Eram todos membros do Bloco de Busca e, para mim, era um reencontro feliz. Para Connie, era um show de horror.

Eles queriam que embarcássemos no helicóptero Huey, a nossa espera na pista, mas Connie empacou no meio do caminho. Ela deu uma olhada no helicóptero e apertou minha mão, e então, em um sussurro quase inaudível, se inclinou e disse: "Eu não vou entrar nessa coisa de jeito nenhum."

Talvez todas aquelas medidas de segurança fossem exageradas, mas eu mal percebi. Estava acostumado a ser um alvo gringo e, pelo que eu sabia, ainda era um alvo na Colômbia, mesmo depois da morte de Pablo Escobar e da ruína do Cartel de Medellín. No último ano e meio, eu havia me acostumado a sempre estar em alerta e ser escoltado o tempo todo por policiais colombianos robustos armados até os dentes. E, apesar de Connie ter morado em Bogotá durante o reinado de terror de Escobar, Medellín era diferente. Durante anos, a cidade foi o marco zero da guerra às drogas — uma cidade que vivia em constante tensão, onde cada carro estacionado poderia ser um carro-bomba.

Na verdade, tive que pedir autorização especial da embaixada para retornar a Medellín e adotar Mandy. Após a morte de Escobar, Connie e eu sabíamos que nosso tempo era limitado na Colômbia, que ainda era um posto independente para agentes da

DEA. Precisamos ir embora com nossa filha Monica, mas queríamos urgentemente uma irmã para nossa bebê. Alissa, que nos ajudara muito em nossa primeira adoção, estava deixando o emprego na agência federal em Bogotá e não podia mais nos auxiliar. Desta vez, fui eu quem tomou a iniciativa, depois de conhecer a vice-diretora de uma agência de adoção de Medellín. Ela estava visitando a embaixada com um grupo de norte-americanos que tinham acabado de adotar crianças por meio de uma agência de adoção de Medellín, a Casa de María y el Niño. Connie passou as informações para Alissa, que fez o contato inicial em nosso nome antes de deixar seu posto em Bogotá. Semanas após a morte de Pablo Escobar, conversamos muitas vezes com a diretora por telefone, uma mulher animada chamada Maria, cujo inglês era excelente. Ela prometeu encontrar um bebê para nós e, em abril de 1994, nos enviou uma foto de Mandy pelo correio. Óbvio que ela era linda, com a cabecinha quase coberta de cabelos escuros e covinhas profundas nas bochechas. Mostramos a foto para Monica, que parecia confusa com a perspectiva de conhecer sua nova irmãzinha, mas estávamos em êxtase e mal podíamos esperar para ter Mandy em nossos braços.

O embaixador Morris Busby em pessoa autorizou nossa viagem a Medellín para concluirmos a adoção de Mandy, e eu avisei a Connie antes que precisaríamos de escoltas armadas durante todo o tempo em que estivéssemos lá. Além do mais, só poderíamos ficar na cidade durante o dia. Pernoitar era considerado arriscado demais. Mesmo que Escobar não fosse mais uma ameaça, a situação ainda era tensa por causa dos sobreviventes da gangue de *sicarios* que perambulavam pelos morros das favelas.

Assim que Connie me chamou de canto no aeroporto de Medellín, aproximei-me do tenente que viera ao nosso encontro e, com a maior gentileza possível, disse-lhe que não pegaríamos o helicóptero, pois tínhamos inúmeros compromissos na cidade. O tenente passou um rádio para o coronel em comando da PNC em Bogotá que havia cuidado de nosso destacamento de segurança e explicou a situação. O coronel instruiu o tenente a fazer o que fosse necessário e a ficar conosco enquanto estivéssemos em Medellín.

Não sei ao certo se Connie ficou feliz com a alternativa, pois fomos escoltados por toda a cidade em uma caravana de jipes da CNP na companhia de policiais à paisana fortemente armados. Saindo do aeroporto, eles dirigiam pela estrada sinuosa rumo à cidade em uma velocidade frenética.

Claro que eu já havia contado à Connie sobre essas viagens apavorantes, mas ela não entendia muito a situação até ver por si mesma. Embora não carregássemos mais nossas pistolas, com os dedos sobre o gatilho, a viagem foi tão perigosa e intensa quanto antes. Connie ficou nervosa e tensa durante todo o trajeto e se agarrava a qualquer coisa que pudesse. À medida que o jipe nos sacudia pelas traiçoeiras estradas montanhosas, estendi a mão para ela, mas ela continuou imóvel, nitidamente horrorizada com aquela operação maluca.

A Casa de María y el Niño era a única casa em uma rua tranquila nos arredores da cidade. Uma extensa estradinha de terra levava a uma cerca que rodeava a propriedade. Ao passarmos pelo portão, vimos crianças correndo e brincando nos campos que cercavam o orfanato. Elas ficaram animadas com a chegada dos dois gringos que desceram da caravana da polícia, e alguns dos meninos correram para nos cumprimentar quando descemos do jipe. Outras nos seguiram e agarravam nossas mãos enquanto nos dirigíamos do gramado para o prédio principal. Mais tarde, descobrimos que todos esperavam que fôssemos adotá-los.

O prédio em que a agência de adoção ficava era limpo, mas deteriorado. Havia muitas fotos de crianças nas paredes, e todos que encontramos foram educados e profissionais. À medida que caminhávamos pelos corredores, podíamos ouvir as crianças cantando, brincando e rindo. Aquilo nos impressionou muito. Não ouvimos choro nem gritos de criança.

Maria, a diretora com quem tínhamos falado inúmeras vezes ao telefone, estava lá para nos receber quando entramos. Ela era uma mulher de meia-idade, bem-vestida e extremamente educada. Seu inglês era fluente, e ela nos contou que já havia viajado diversas vezes para os Estados Unidos. Ela segurava um maço de documentos que nos permitiriam ser pais adotivos temporários até que a adoção pudesse ser concluída. Em outra ocasião, precisaríamos voltar a Medellín para concluir tudo, mas poderíamos levar Mandy conosco assim que a víssemos.

Assinamos toda a papelada no escritório de Maria, verificando rapidamente a data de nascimento de Mandy, seu peso ao nascer e o nome de sua mãe. Após as formalidades burocráticas, fomos conduzidos a uma sala maior, onde Mandy foi trazida até nós por um funcionário. Ela havia sido deixada naquela manhã pela cuidadora temporária, que recebeu outro bebê naquele mesmo dia.

Mandy, no auge de seus cinco meses, sorriu para nós assim que a vimos, e pequenas covinhas se formaram em suas bochechas macias. Ela tinha os olhos mais bonitos e os cílios mais longos que já vimos em uma criança. Nunca chorava ou se agitava quando as pessoas a pegavam no colo. Maria permitiu que a segurássemos e imediatamente nos apaixonamos.

Ficamos preocupados com Monica, que na época tinha quatorze meses. Não sabíamos como ela lidaria com uma irmã mais nova. Na noite em que chegamos, Monica nos encontrou na porta da frente com Susan Jaquez, nossa melhor amiga na Colômbia e esposa de outro agente da DEA. Susan cuidou de Monica enquanto estávamos em Medellín e ajudou a prepará-la para a chegada de Mandy, mesmo que já estivéssemos fazendo isso por semanas, explicando a Monica que ela logo teria outra menina para brincar. Quando entramos no apartamento, ela estava bastante animada e começou a agir como a irmã mais velha.

Arrumamos os cobertores no chão e descemos para apresentar as meninas, incluindo Susan. Connie apresentou Monica a Mandy e explicou que aquela era sua nova irmã. Imediatamente, Monica se aproximou da irmã e começou a balbuciar, oferecendo a Mandy uma mamadeira, trazendo lenços de papel e uma bonequinha para brincar. Prestamos muita atenção às duas, pois Monica não entendia o quanto um bebê era delicado. Ela tentava entregar brinquedos e bonecas maiores para Mandy, que, por ser pequenininha, não conseguia fisicamente pegá-los; então Monica simplesmente largava os brinquedos, boa parte do lado da irmã, e um ou dois em cima dela, então tínhamos que nos atentar a isso.

Mas, no geral, Monica e Mandy imediatamente se tornaram irmãs e criaram esse vínculo especial desde o primeiro dia.

Algumas semanas mais tarde, retornamos ao orfanato para concluir o processo de adoção de Mandy. Os policiais na PNC foram nos buscar no aeroporto de Rionegro, e desta vez ninguém tocou no assunto de entrar em helicóptero de combate; simplesmente entramos nos jipes e fomos conduzidos rapidamente para a cidade, onde assinaríamos a papelada legal que tornava Mandy oficialmente um membro de nossa família.

Assinamos os papéis no escritório vazio e nos preparávamos para ir embora, ansiosos para voltar para nossas duas garotinhas em Bogotá.

Concluídas as formalidades, Maria nos perguntou se poderia falar conosco em particular, antes de retornamos para Bogotá. Nós nos sentamos nas cadeiras de espaldar reto em seu escritório, apreensivos de que pudesse haver alguma coisa errada com o processo de adoção. Contudo, Maria nos garantiu que Mandy era legalmente nossa filha e que ninguém poderia tirá-la de nós.

"Eu quero saber quem você realmente é", perguntou Maria, encarando-me com um olhar firme.

Ao lhe perguntar por que ela estava me questionando, Maria se desculpou pela franqueza da pergunta, mas explicou que sua agência havia concluído a adoção com muitos norte-americanos, no entanto, ela nunca tinha visto ninguém como nós — com tamanha segurança.

"Eu trabalho para o Departamento de Justiça", respondi, talvez eu tenha sido meio seco. Seja como for, esperava que aquilo acabasse ali.

Mas ela sabia que eu não estava contando a história toda — algo que não havia sido incluído na papelada oficial, onde nos identificamos como funcionários do governo dos Estados Unidos.

"Por favor, diga-me o que você faz no Departamento de Justiça", disse ela. "Não vai sair desta sala, mas eu preciso saber."

Foi quando lhe perguntei se ela sabia o que significava *DEA*. Maria ergueu as sobrancelhas e abriu um grande sorriso.

"Achei que era esse mesmo o caso", disse ela. Em seguida, através da grande janela de seu escritório, ela apontou para um prédio de oito andares localizado em uma colina acima do orfanato e perguntou se eu sabia quem havia morado lá.

Eu lhe disse que era o edifício Monaco, agora abandonado, onde Pablo Escobar havia morado com sua família — o mesmo prédio que Los Pepes atacaram durante os meses finais de sua campanha assassina contra o Cartel de Medellín.

Eu ainda estava receoso com aquele tipo de questionamento e lhe perguntei se isso era um problema. Maria respondeu mais do que depressa que não havia problema algum, e que ela e todos os seus funcionários no orfanato tinham um enorme respeito pela Polícia Nacional da Colômbia e pelo que os norte-americanos fizeram para tentar solucionar os problemas com o tráfico de drogas e a violência em seu país.

E então, com os olhos cheios d' água, ela nos contou a história de seu filho adolescente que estava terminando o ensino médio e estudando muito para conseguir entrar na faculdade. Um dia, por acaso, estava no lugar errado na hora errada, passando por um grupo de traficantes de drogas em meio a uma acirrada discussão. Antes que seu filho e seus amigos conseguissem sair do caminho deles, os traficantes começaram uma troca de tiros, e seu filho, preso no fogo cruzado, foi atingindo por uma bala perdida. Ele morreu na hora.

Eu mal conseguia imaginar o quão doloroso aquilo fora para Maria e sua família. No entanto, sabia que era a história de praticamente toda a Colômbia quando o país estava sob o reinado do mal de Pablo Escobar. Havia milhares de histórias parecidas com a de Maria, de pessoas inocentes — crianças — que pagaram o derradeiro preço.

Naquele momento, senti que deveria falar a verdade a Maria e lhe expliquei que eu e Javier éramos os dois gringos que haviam passado quase dois anos morando na base Carlos Holguín, trabalhando com o Bloque de Búsqueda com o intuito de capturar Pablo Escobar. Maria ficou emocionada. As lágrimas começaram a escorrer livremente pelo seu rosto. Ela contornou a sua mesa e abraçou Connie e eu.

"Obrigada", disse ela em meio às lágrimas enquanto me abraçava forte. "Obrigada por adotar essa doce menininha. E obrigada por tudo o que você fez pela Colômbia."

Em seguida, Maria nos acompanhou até o comboio policial que nos esperava em frente ao prédio e acenou enquanto partíamos.

Projetos corporativos e edições personalizadas dentro da sua estratégia de negócio. Já pensou nisso?

Coordenação de Eventos
Viviane Paiva
viviane@altabooks.com.br

Assistente Comercial
Fillipe Amorim
vendas.corporativas@altabooks.com.br

A Alta Books tem criado experiências incríveis no meio corporativo. Com a crescente implementação da educação corporativa nas empresas, o livro entra como uma importante fonte de conhecimento. Com atendimento personalizado, conseguimos identificar as principais necessidades, e criar uma seleção de livros que podem ser utilizados de diversas maneiras, como por exemplo, para fortalecer relacionamento com suas equipes/ seus clientes. Você já utilizou o livro para alguma ação estratégica na sua empresa?

Entre em contato com nosso time para entender melhor as possibilidades de personalização e incentivo ao desenvolvimento pessoal e profissional.

PUBLIQUE **SEU LIVRO**

Publique seu livro com a Alta Books. Para mais informações envie um e-mail para: autoria@altabooks.com.br

CONHEÇA OUTROS LIVROS DA **ALTA CULT**

Todas as imagens são meramente ilustrativas.

 /altabooks   /alta-books   /altabooks /altabooks

ROTAPLAN
GRÁFICA E EDITORA LTDA
Rua Álvaro Seixas, 165
Engenho Novo - Rio de Janeiro
Tels.: (21) 2201-2089 / 8898
E-mail: rotaplanrio@gmail.com

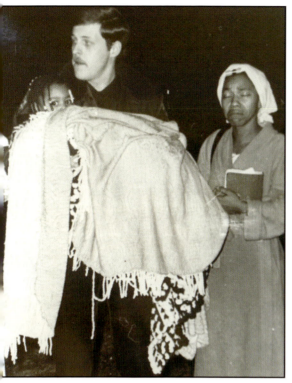

◀ De farda, Steve e outro policial, Dave Gaither, entraram em uma casa em chamas e resgataram uma mulher e seu bebê no meio da noite, antes da chegada do corpo de bombeiros. Bluefield, Virgínia Ocidental — por volta de 1980. *(Bluefield Daily Telegraph)*

▼ Steve com outros agentes do Grupo 10 de Miami, após a apreensão de quinhentos quilos de cocaína. Miami, Flórida — outono de 1988.

▲ Apreensão de dinheiro em notas pequenas e joias de dois "lavadores" de dinheiro. Miami, Flórida — primavera de 1991.

◀ Apreensão de 72 quilos de cocaína por Steve, a Guarda Costeira dos EUA e a Força Policial Real das Bahamas. Freeport, Bahamas — outono de 1989.

◂ Javier em um laboratório de cocaína na selva colombiana. *(Agente Especial da DEA John Iwinski [falecido])*

▾ Javier com Bob Brown, oficial militar aposentado que trabalha para o Narcotics Assistance Program, designado para a Embaixada de Bogotá, visitando um laboratório de cocaína na selva colombiana. *(Iwinski)*

▲ Javier e um membro da Polícia Nacional da Colômbia na Hacienda Nápoles de Pablo Escobar, nos arredores de Medellín. O propriedade tinha um parque temático de dinossauros e um zoológico, com réplicas em tamanho real de dinossauros e animais exóticos de todo o mundo. *(Iwinski)*

▼ Javier na entrada da fazenda e zoológico de Pablo Escobar.
(DEA Special Agent Gary Sheridan)

▲ Connie e Steve aproveitando um belo passeio no mar. Fort Myers, Flórida — setembro de 1990.

▼ Javier de smoking antes de uma festa na embaixada em Bogotá, 1991.

▲ À esquerda, Javier com seu primeiro parceiro da DEA na Colômbia, Gary Sheridan, e o Capitão Humberto Guatibonza, designado para o Bloco de Busca. Eles estavam comemorando a prisão em Nova York do *sicario* do Cartel de Medellín Dandeny Muñoz Mosquera, conhecido por seu apelido, La Quica. A prisão foi resultado direto da investigação de Javier baseada nas informações fornecidas à DEA.

◀ Javier em frente ao helicóptero da Polícia Nacional da Colômbia que levaria Steve e ele para a base de Carlos Holguín, em Medellín. Durante o auge da caçada a Escobar, era mais seguro voar para a base do que correr o risco de tentativas de assassinato nas estradas sinuosas do aeroporto até a cidade.

◄ Javier indica a profundidade das "caletas", ou buracos, descobertos em laboratórios de cocaína e esconderijos. Eles eram frequentemente usados pelo Cartel de Medellín para armazenar dinheiro e armas. *(Iwinski)*

▼ Javier entra em uma caleta para mostrar até que ponto os criminosos iam a fim de armazenar armas e dinheiro para o cartel. *(Iwinski)*

▲ Javier posa com ouro e pilhas de dinheiro apreendidos em um esconderijo de Escobar em Medellín durante a caçada ao narcotraficante. *(Sheridan)*

◀ Javier posa com uma arma de ouro maciço que pertenceu a Pablo Escobar. *(Sheridan)*

▲ Membros do Cartel de Medellín, incluindo Gustavo Gaviria (segundo à direita), primo de Pablo Escobar e seu homem de confiança.

▼ Única foto existente de Pablo Escobar com o infame membro do Cartel de Medellín, Carlos Lehder, à sua esquerda. Atualmente, Lehder está preso nos Estados Unidos e testemunhou contra o ex-líder panamenho Manuel Noriega quando foi extraditado para os Estados Unidos para enfrentar acusações de tráfico e lavagem de dinheiro. A foto foi apreendida pela Polícia Nacional da Colômbia em uma busca em uma das propriedades de Escobar em Medellín.

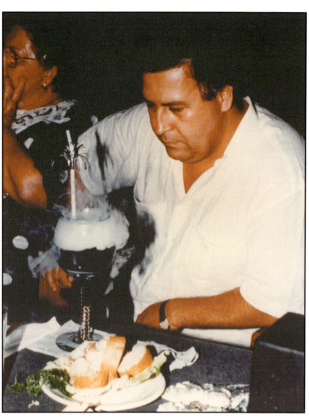

▲ Foto de Pablo Escobar apreendida durante uma batida em um de seus esconderijos. O narcotraficante posa com um enorme coquetel.

◀ Foto de Pablo Escobar com sua esposa, Maria Victoria, apreendida em uma batida a um esconderijo em Medellín.

Javier e Steve sentados em frente à entrada da "cela" de Escobar em La Catedral imediatamente após a fuga do narcotraficante. Envigado, Colômbia — julho de 1992.

▲ Steve sentado no helicóptero da Polícia Nacional da Colômbia. Medellín, Colômbia — final de 1992.

▼ Javier posa com um exemplar do livro que Pablo Escobar escreveu para presentear no Natal. Os livros, todos encadernados em couro, foram encontrados depois que o narcotraficante escapou de La Catedral no verão de 1992. Javier liderou a busca da DEA na prisão.

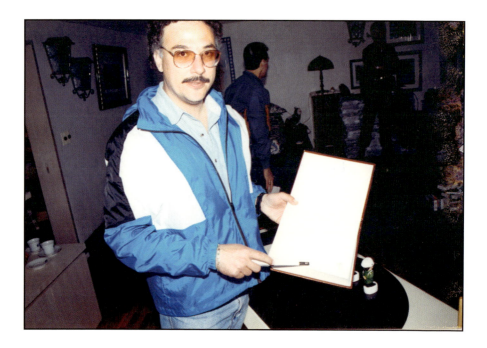

▲ Steve sentado na mesa de Pablo Escobar em La Catedral, após sua fuga. Envigado, Colômbia — julho de 1992.

▼ Membros da unidade DIJIN da Polícia Nacional da Colômbia com Steve, após o confronto armado que matou Pablo Escobar e seu único *sicario*, Limon. Medellín, Colômbia — 2 de dezembro de 1993.

◂ Steve e Javier na embaixada dos Estados Unidos em Bogotá, segurando um pôster de "Procurado" de Pablo Escobar e a primeira página do jornal colombiano *El Tiempo*, um dia depois de Escobar ser morto pela Polícia Nacional da Colômbia. Bogotá, Colômbia — 3 de dezembro de 1993.

▼ General Octavio Vargas Silva, líder do Bloco de Busca, coloca uma medalha em Javier — janeiro de 1994. *(Iwinski)*

Javier, Steve, Gary Sheridan, Tenente-Coronel Leonardo Gallego da CNP e o agente J. J. Ballesteros da ATF na festa de "despedida" de Steve, antes de seu retorno permanente aos Estados Unidos. Steve ganhou de presente uma placa escrito Pablo. Bogotá, Colômbia — junho de 1994.

▲ Javier e os membros do Bloco de Busca participam de uma cerimônia de premiação após a morte de Pablo Escobar. Javier e Steve, que não estiveram presentes na cerimônia, foram agraciados com as maiores honrarias da área de segurança pública na Colômbia. *(Iwinski)*

◄ Connie e Steve com suas filhas adotivas Monica e Mandy, pouco antes de retornarem para os Estados Unidos. Bogotá, Colômbia — junho de 1994.